农业供给侧结构性改革：难点与对策

NONGYE GONGJICE JIEGOUXING GAIGE:
NANDIAN YU DUICE

农业部农村经济研究中心课题组 著

中国农业出版社

图书在版编目（CIP）数据

农业供给侧结构性改革：难点与对策 / 农业部农村经济研究中心课题组著．—北京：中国农业出版社，2017.11（2019.8 重印）

ISBN 978-7-109-23551-9

Ⅰ．①农…　Ⅱ．①农…　Ⅲ．①农业改革—研究—中国
Ⅳ．①F320.2

中国版本图书馆 CIP 数据核字（2017）第 283671 号

中国农业出版社出版
（北京市朝阳区麦子店街 18 号楼）
（邮政编码 100125）
责任编辑　闫保荣　章　颖

北京通州皇家印刷厂印刷　新华书店北京发行所发行
2017 年 11 月第 1 版　2019 年 8 月北京第 2 次印刷

开本：700mm×1000mm　1/16　印张：14.25
字数：232 千字
定价：40.00 元

课题组主持人： 王忠海

课 题 组 成 员： 习银生　翟雪玲　曹　慧　彭　超
张雯丽　张　振　马　凯

前　言

PREFACE

推进农业供给侧结构性改革是打造我国农业市场化改革的升级版，以顺应我国经济发展进入新常态背景下农业发展面临的新形势、新任务与新要求。习近平总书记明确指出：新形势下，农业主要矛盾已经由总量不足转变为结构性矛盾，主要表现为阶段性的供过于求和供给不足并存。推进农业供给侧结构性改革，提高农业综合效益和竞争力，是当前和今后一个时期我国农业政策改革和完善的主要方向。因此，就农业供给侧结构性改革这一问题开展深入研究，不仅具有重要的实践意义，有助于破解农业农村改革发展的现实难题，而且具有重要的理论价值，有助于促进“三农”理论研究工作的开拓创新。

农业部农村经济研究中心作为农业农村政策研究机构，在国内外都拥有较高的知名度与影响力，多年来形成了许多具有决策参考价值的研究成果，在“三农”领域较好地发挥了政策咨询与参谋助手作用。围绕深化对农业供给侧结构性改革的理解与认识，2016 年我们就将其列为中心的年度重点研究课题，组织中心的骨干研究力量开展专题研究，形成了一批初步的研究成果。在 2016 年研究的基础上，2017 年我们结合学习贯彻习近平总书记系列重要讲话和中央 1 号文件精神，继续围绕这一主题开展了跟踪研究。本书所呈现出来的就是我们两年持续研究的成果。

本书的内容包括一份主报告和七份分报告。研究的主报告试图在深刻把握农业供给侧结构性改革基本内涵的基础上，系统地梳理农业供给侧结构性改革所面临的难点问题，进而提出深入推进农业供给侧结构性改革的思路与建议。七份分报告则是选取稻谷、小麦、玉米、大豆、棉花、油菜、甘蔗等七大种植业产业，力求紧扣其产业特性与产品特点，描述产业的发展现状，剖析产业供给侧存在的结构性问题，提出深化产业供给侧结构性改革的目标思路与对策建议。

本书的研究框架是在课题组成员充分讨论基础上形成的，待细化提纲确定后再明确写作分工，初稿形成后也是经过多次讨论形成最后的定稿。主报告由王忠海、习银生、翟雪玲、曹慧执笔，分报告之一由彭超执笔，分报告之二由曹慧执笔，分报告之三由习银生执笔，分报告之四由张振执笔，分报告之五由翟雪玲执笔，分报告之六由张雯丽执笔，分报告之七由马凯执笔。本书是课题组全体成员集体写作的产物，也是大家分工合作形成合力作战的成果。作为课题主持人，我感谢课题组全体成员所付出的辛勤汗水与所展现出的团队精神。

在中国农业出版社的大力支持下本书成功入选了中央宣传部办公厅和国家新闻出版广电总局办公厅“2017年主题出版重点出版物选题”，编辑闫保荣、章颖女士为本书投入了大量的时间和精力，在此表示衷心感谢。同时，由于我们的能力与水平有限，书中难免会存在疏漏与不当之处，欢迎各界同仁批评指正。

王忠海

2017年10月12日

目　　录

CONTENTS

分　报　告

主报告

农业供给侧结构性改革：内涵、难点与对策

农业部农村经济研究中心课题组

推进供给侧结构性改革，是中央在作出我国经济发展进入新常态的重大判断基础上，审时度势作出的重大战略部署。在将“推进农业供给侧结构性改革”写入2016年中央1号文件之后，习近平总书记3月8日在参加十二届人大四次会议湖南代表团审议时进一步明确指出：推进农业供给侧结构性改革，提高农业综合效益和竞争力，是当前和今后一个时期我国农业政策改革和完善的主要方向。2017年中央1号文件进一步把“深入推进农业供给侧结构性改革、加快培育农业农村发展新动能”作为主题。基于这样的背景，本课题研究拟在深刻把握农业供给侧结构性改革的内涵基础上，系统梳理农业供给侧结构性改革所面临的难点问题，进而提出深入推进农业供给侧结构性改革的基本思路与对策建议。

一、深化对农业供给侧结构性改革的理解与认识

农业供给侧结构性改革首次提出于2015年底召开的中央农村工作会议，这发出了新时期深化农业农村改革的强烈信号和目标指向。即：面对我国经济发展进入新常态的时代背景，唯有依靠推进农业供给侧结构性改革，才能破解农业农村发展难题、实现农业强农民富农村美以及如期全面建设小康社会目标。一年多来，尽管对农业供给侧结构性改革的实践探索与理论探讨在不断深入，在一些方面也取得了重大突破与重要成果，但应当说，人们对其认识还不尽一致，甚至还不同程度地存在认识不足乃至认识偏差的现象。因此，有必要对农业供给侧结构性改革的提出背景与基本内涵给出更为全面与系统的阐述，以深化对农业供给侧结构性改

革的理解与认识，助推农业供给侧结构性改革的稳妥推进和取得更为丰硕的成果。

（一）供给侧结构性改革的战略部署

党的十八大之后，习近平总书记 2014 年 5 月在河南考察时首次提出“新常态”的概念，即：我国发展仍处于重要战略机遇期，我们要增强信心，从当前我国经济发展的阶段性特征出发，适应新常态，保持战略上的平常心态。11 月 9 日习近平总书记在亚太经合组织工商领导人峰会上的演讲《谋求持久发展　共筑亚太梦想》中对新常态作出系统阐述。新常态的主要特点：一是从高速增长转为中高速增长，二是经济结构不断优化升级，三是从要素驱动、投资驱动转向创新驱动。面对新常态，我们一方面要看到新的发展机遇（经济增速虽然放缓，实际增量依然可观；经济增长更趋平稳，增长动力更为多元；经济结构优化升级，发展前景更加稳定；政府大力简政放权，市场活力进一步释放），另一方面也要清醒地认识到新常态也伴随着新矛盾新问题，一些潜在风险渐渐浮出水面。总书记特别强调：能不能适应新常态，关键在于全面深化改革的力度。这样，在总书记的演讲中很自然地就将经济发展新常态与全面深化改革有机结合了起来。

正是在提出我国经济发展进入新常态的背景下，继习近平总书记 2015 年 11 月 10 日在中央财经领导小组第 11 次会议上提出要着力加强供给侧结构性改革之后，12 月 18 日至 21 日召开的中央经济工作会议强调：推进供给侧结构性改革，是适应和引领经济发展新常态的重大创新，是适应国际金融危机发生后综合国力竞争新形势的主动选择，是适应我国经济发展新常态的必然要求。这次中央经济工作会议还明确：认识新常态、适应新常态、引领新常态，是当前和今后一个时期中国经济发展的大逻辑，这是我们综合分析世界经济长周期和中国发展阶段性特征及其相互作用作出的重大判断。这也就表明，推进供给侧结构性改革，是中央在我国经济发展进入新常态下的重大战略决策。我们只有在深刻认识我国经济发展进入新常态这一阶段性变化的基础上，才有可能理解推进供给侧结构性改革对我国经济社会发展全局的重大意义，进而也才有可能找准推进农业供给侧结构性改革的基本定位。

（二）农业供给侧结构性改革的提出

2015年12月召开的中央农村工作会议，既是安排部署2016年及“十三五”时期农业农村工作的一次会议，也是贯彻不久前刚刚结束的中央经济工作会议精神的一次会议。会议首次有针对性地对推进农业供给侧结构性改革提出要求和作出部署。这次会议强调，要着力加强农业供给侧结构性改革，提高农业供给体系质量和效率，使农产品供给数量充足、品种和质量契合消费者需要，真正形成结构合理、保障有力的农产品有效供给。会议还就农业领域的去库存、降成本、补短板等提出了明确要求。随后，“推进农业供给侧结构性改革”首次写入2016年中央1号文件中。

在以《中共中央 国务院关于落实发展新理念加快农业现代化 实现全面小康目标的若干意见》为标题的2016年中央1号文件中，“推进农业供给侧结构性改革”出现在对整个“十三五”时期农业农村工作的总体要求中。尽管“农业供给侧结构性改革”在文件中仅出现一次，但文件内容通篇都体现出农业供给侧结构性改革的思路，而且“推进农业供给侧结构性改革”同用新理念引领农业农村发展、下大力气补齐农业农村“短板”、厚植农业农村发展优势和激发农业农村发展的原动力等一道成为专家解读与社会关注的五大亮点。特别是在召开十二届全国人大四次会议与全国政协十二届四次会议的“两会”期间，总书记在3月8日参加湖南代表团审议时的讲话中明确指出：新形势下，农业主要矛盾已经由总量不足转变为结构性矛盾，主要表现为阶段性的供过于求和供给不足并存。推进农业供给侧结构性改革，提高农业综合效益和竞争力，是当前和今后一个时期我国农业政策改革和完善的主要方向。可以说，总书记在讲话中立足我国农业发展的阶段性特征进一步明确了推进农业供给侧结构性改革的定位与方向。

此外，2016年中央1号文件对“十三五”时期也就是经济发展新常态下我国农业农村发展环境所作出的全面系统阐述，清晰地刻画了提出推进农业供给侧结构性改革的现实背景与时代要求。即：当前，我国农业农村发展环境发生重大变化，既面临诸多有利条件，又必须加快破解各种难题。一方面，加快补齐农业农村短板成为全党共识，为开创“三农”工作新局面汇聚强大推动力；新型城镇化加快推进，为以工促农、以城带乡带来持续牵引力；城乡居民消费结构加快升级，为拓展农业农村发展空间增添巨大带动力；新一轮科技革命和产业变革正在孕育兴起，为农业转型升级注入强劲驱动力；农村各项改革全面展开，为农业农村现代化提供不竭原动力。另一方面，在经济发展新常态背景下，如何促进农民收入稳定较快增长，加快缩小城乡差距，确保如期实现全面小康，是必须完成的历史任务；在资源环境约束趋紧背景下，如何加快转变农业发展方式，确保粮食等重要农产品有效供给，实现绿色发展和资源永续利用，是必须破解的现实难题；在受国际农产品市场影响加深背景下，如何统筹利用国际国内两个市场、两种资源，提升我国农业竞争力，赢得参与国际市场竞争的主动权，是必须应对的重大挑战。可以说，强大推动力、持续牵引力、巨大带动力、强劲驱动力和不竭原动力这“五力”，不仅是“十三五”时期农业农村发展的坚实基础与有利因素，而且是农业供给侧结构性改革的坚强后盾与助推要素；必须完成的历史任务、必须破解的现实难题和必须应对的重大挑战这“三个必须”，不仅表明了“十三五”时期农业农村发展的艰巨性与繁难性，而且也彰显出农业供给侧结构性改革的难度之大与任务之艰巨。

（三）农业供给侧结构性改革的内涵

在我国经济发展进入新常态的大背景下，推进农业供给侧结构性改革，既是深化农业农村改革的需要，也是破解农业农村发展难题的需要。继将“推进农业供给侧结构性改革”写入 2016 年中央 1 号文件之后，2017 年中央 1 号文件《中共中央　国务院关于深入推进农业供给侧结构性改革　加快培育农业农村发展新动能的若干意见》以深入推进农业供给侧结构性改革为主线、围绕培育农业农村发展新动能对农业农村工作作出了全面的安排与部署。因此，准确把握农业供给侧结构性改革的基本内涵，既在理论层面具有重要价值也在实践层面具有现实意义，不仅有助于把人们的思想认识统一到总书记的讲话精神与中央的决策部署上来，而且也有助于将农业供给侧结构性改革的实践探索引向深入。

总体上看，把握农业供给侧结构性改革的基本内涵可参照 2016 年 1 月 4 日《人民日报》文章《七问供给侧结构性改革（权威访谈）》中权威人士的解读方式。权威人士认为，对于供给侧结构性改革，我们不妨用“供给侧＋结构性＋改革”这样一个公式来解读。依此，我们从“农业供给侧＋结构性＋改革”的视角对农业供给侧结构性改革的基本内涵作出如下解读：

毫无疑问，农业供给侧结构性改革的核心词是“改革”，也就是要用改革的手段来破解农业的发展难题。我国的农业农村改革自1978年党的十一届三中全会算起虽然已走过了近四十年的风雨历程，但应该说，破除和摆脱计划经济的传统经济体制、健全和完善社会主义市场经济体制的农业农村市场化改革还远未完成，依然行进在通往构建社会主义市场经济体制的大道上。例如，进一步盘活农村土地等资源要素的生产潜能，需要深化农村产权制度改革，以更好地奠定农业农村经济市场化运行的产权制度基础；进一步激发各类农业生产经营主体的创新活力，需要进一步完善相关的体制机制，以更好地保护和调动各种生产经营主体发展农业、富裕农民与繁荣农村的积极性；进一步加强和改善政府对农业农村经济的宏观调控，需要不断建立健全农业农村经济市场化运行的“游戏规则”，以更好地引导农业农村经济走上持续稳定健康发展的轨道；进一步打破和摆脱计划经济旧体系、旧观念对农业农村经济发展的束缚，需要不断加大农业农村经济市场化改革力度，以更好地解放和发展农村生产力。从经济制度变革的层面看，如果说改革开放以来农业农村经济发展取得的辉煌成就最根本的是要归功于市场化改革的不断推进，那么，在我国经济发展进入新常态的背景下，实现农业农村经济的持续稳定与健康协调发展依然要依靠市场化改革的不断深化。

“结构性”指的是局部而不是全局、是部分而不是整体，因此，结构性改革的目标所指不是全局性改革、不是整体性改革，它是坚持了改革的问题导向，进而也增强了深化改革的针对性。我国农业农村经济的体制改革乃至整个国民经济的体制改革是瓦解计划经济体制而走向社会主义市场经济体制，而且经过近四十年的努力我国的社会主义市场经济体制也已经初步建立起来了，当前和今后一个时期我们所面临的是改革走向“深水区”，深化改革的目标所指已不再是全局性改革或整体性改革，而是局部领域和部分内容的改革，尽管其中有不少是难啃的“硬骨头”。因此，推进结构性改革，既包括对已取得的改革成果的肯定，特别是对市场化改革方向的总体肯定，这也是推进结构性改革的坚实基础；也体现了深化改革的针对性，就是把深化改革的矛头所指聚好焦，以对症开方下药。在经济发展新常态的背景下，不仅整个国民经济面临着要通过结构性改革解决的艰巨任务，如中央提出的“去产能、去库存、去杠杆、降成本、补短板”五大重点任务，而且农业农村经济也面临保护资源生态环境、加强农业综合生产能力建设、提高农产品质量安全水平、降低农业生产成本、激活农村各类生产要素潜能、促进农民收入持续较快增长等一系列要通过农业结构性改革解决的艰巨任务。

“供给侧”是相对于“需求侧”而言的。自然经济条件下，产品的供给方与需求方是一体的，一个经济主体的需求满足依靠的是自身的供给，产品的供给增加了通常意味着需求满足程度的提高，反之亦然。而在市场经济条件下，经济活动的基本特征是交换，商品与服务的供给方与需求方是两类不同的经济主体，供给与需求之间的关系比自然经济状况下要复杂多了，两者之间不可避免地存在着多重的对应关系，而且无论是供给还是需求，都兼有总量问题与结构问题，供求总量的平衡并不一定意味着供求结构的平衡。由此我们可以说，所谓的“供给侧”与“需求侧”乃是市场经济条件下的产物，与自然经济基本无关。从原则上讲，供给侧覆盖商品与服务之供给的方方面面，而需求侧针对的主要是商品与服务的消费需求。众所周知，供给与需求是经济活动的一体两面，经济发展既要有需求的拉动，也离不开供给的推动，而且就促进经济的持续健康发展而言，改善供给则是更为根本的应对之策。只有不断地改善商品与服务的供给才能更好地满足市场上的消费需求。在新常态的背景下，推动经济发展的主要着力点在供给侧而不是在需求侧，不仅从国民经济的角度看要在供给侧发力，我国农业的自身发展也要立足在供给侧方面，即要着力改革完善农业供给侧的体制机制，破解农业诸产业的发展难题。

综上所述，我们试将农业供给侧结构性改革的基本内涵作出如下概括：立足经济发展进入新常态的国情农情，把握新常态背景下农业发展的阶段性特征，着眼于健全完善农业农村经济市场化运行的体制机制，针对农业供给侧——重点是农业的生产、流通以及储运加工等农产品供给环节——存在的各种结构性矛盾与问题，在“创新、协调、绿色、开放、共享”五大发展新理念的引领下，坚持以满足农产品的市场需求为导向，通过深化农业市场化的改革举措激活农业生产要素潜能、优化农业资源要素配置、降低农业生产与农产品流通加工等诸环节的成本、改善政府的农业宏观调控、全面提升农业的质量效益和竞争力。

二、我国农业供给侧存在的结构矛盾与突出问题

2017年中央1号文件在开篇中就旗帜鲜明地指出：经过多年不懈努力，我国农业农村发展不断迈上新台阶，已进入新的历史阶段。农业的主要矛盾由总量不足转为结构性矛盾，突出表现为阶段性供过于求和供给不足并存，矛盾的主要方面在供给侧。近几年，我国在农业转方式、调结构、促改革等方面进行积极探索，为进一步推进农业转型升级打下一定基础，但农产品供求结构失衡、要素配置不合理、资源环境压力大、农民收入持续增长乏力等问题仍很突出，增加产量与提升品质、成本攀升与价格低迷、库存高企与销售不畅、小生产与大市场、国内外价格倒挂等矛盾亟待破解。在认真学习和深入领会中央1号文件精神的基础上，我们试将当前我国农业供给侧存在的结构性矛盾与问题归纳为以下四个方面：

（一）农产品的供求总量结构失衡问题突出，调整优化产业产品结构任务艰巨

伴随着农业特别是粮食多年持续增产，我国农产品的供求格局已由过去一个时期以来的供求紧平衡状态，转变为供求总体平衡、个别乃至部分品种供大于求的态势。但是，在总量矛盾得到明显缓解的同时，农产品供给总量的结构性矛盾与问题愈发凸显出来，不仅表现为品种数量的结构问题，更表现为品种质量的结构问题。

从农产品的总量供求看：2010年以来，我国的稻谷、小麦、玉米三大主粮总产量增产15%以上，而消费量增长不到6%。其中玉米产大于销的矛盾尤为突出，2015年全国的玉米产量2 246.3亿千克，而玉米消费量仅为1 750亿千克，产大于销近500亿千克，再加上替代品进口导致许多地方库存爆满，存不下、销不动。同时，棉花、油料等其他大宗农产品面对国外的大量进口，也在市场上呈现出供大于求的状态。可以说，农产品总体上供求宽松、价格低迷已成为基本面。这样的态势并非只是年度性的

短期现象，而是当前和今后一个时期我国农产品供求格局的阶段性特点。在很大程度上，这一特点也将是世界农产品供求的基本格局。

从农产品的供需结构看：2010 年我国人均 GDP 不到 4 500 美元，目前已超过 8 000 美元，这意味着我国开始进入一个由中低收入国家向中高收入国家迈进的关键期，开始进入一个温饱过后追求消费质量的转变期。而在这样的时期，农产品的绿色安全、有机高端、个性化与品牌化需求快速上升，那些大路货、低端消费的需求则明显下降。这种农产品消费需求的升级换档，不仅导致大量普通农产品出现积压卖难，而且也导致优质高端农产品出现供不应求。我国农产品的供需结构出现的这种变化，既是我国经济发展到了一个新阶段和人民生活水平提高的必然反映，产生日益丰富与优质多元的农产品需求；也是农产品供给结构不适应需求变化的必然结果，要求更加多样与优质的农产品供给。

上述农产品供求总量关系与供需结构的变化，不仅对调整和优化农业诸产业的产业结构提出了更高的要求，而且对调整和优化农业诸产业的产品结构提出了更高的要求。有的产业要压缩调减过剩产能，如玉米产业及一些产品的加工业；有的产业要瞄准立足补齐短板，如奶业、大豆产业等。产品结构的调整与优化问题几乎是面向所有农业产业的，就是要以市场需求为导向丰富品种和提升质量，顺应和满足消费者优质多元的农产品需求。如此严峻的挑战可谓是前所未有的，因为这要求我们不仅要在调整优化农业产业的区域布局上做好文章，而且要在全面提高农产品质量上花大力气；不仅要在产品产业增什么与减什么的数量上积极调整，而且要在产业转型升级与产品升级换代的质量上不懈努力。

（二）生产成本快速上升与国内外价格倒挂问题突出，农业降本增效压力巨大

通常情况下，农业生产成本上升，一方面会影响国内生产的发展，要么是“推高”农产品价格，要么是“挤压”生产者收益；另一方面也会损害农业产业的国际竞争力，要么是“抑制”国内农产品出口，要么是“刺激”国外农产品进口。但是，由于农业的产业特性不同于其他产业，其生产成本上升也是经济社会发展的必然结果与不可逆转的趋势。尽管前些年国内就有人发出我国农业将进入或已经进入一个高成本时代的警示，但

是，我国的农业特别是种植业生产成本上升的势头之猛与幅度之大却是始料未及的，其影响的力度之大与范围之广也是超出预期的。

2004年以来，我国农业劳动力成本年均上涨20%以上，土地成本（流转价格）年均上涨25%以上。粮棉油生产成本年均增长10%以上。如近年来广为人们所关注的玉米，据《全国农产品成本收益资料汇编》的统计数据，2000年的每亩*生产成本只有330.56元，其中：物质与服务费用为158.5元，人工成本为126.8元，土地成本为45.26元，但是，每亩生产成本到2013年就突破了1 000元，达到1 012.04元，2014年为1 063.89元；物质与服务费用一直保持了稳步增长的态势，2011年突破300元，达到308.45元，2012年为344.58元，2013年为359.71元，2014年为364.8元；人工成本先是小幅增长，2009年达到192.61元，之后到2014年增速明显加快，2010年为235.1元，2011年为295.49元，2012年为398.4元，2013年为455.17元，2014年达到474.68元；土地成本一路上涨，2008年突破100元，达到103.16元，2013年为196.96元，2014年为224.41元。2014年与2000年相比，玉米的每亩生产成本增加了2.2倍，物质与服务费用增加了1.3倍，人工成本增加了2.7倍，土地成本增加了近4倍。显然，在短短十余年内玉米的每亩生产成本特别是其人工成本与土地成本的上涨情况大大超出了“正常的”上涨空间。

农业生产成本如此快速攀升，不可避免地导致我国原有的低生产成本优势在“十二五”时期发生逆转，由原来的低一块变为高一截。据统计，2014年我国稻谷、小麦、玉米、棉花、大豆每吨生产成本比美国分别高出了39%、14.8%、112%、35.6%和103.3%。由此，农业生产成本特别是人工成本与土地成本的持续攀高成为“推高”稻谷与小麦最低收购价与玉米、棉花等临时收储价格的重要因素，进而成为国内外农产品价格倒挂的基本“力量”。

据统计，进入21世纪以来，猪肉、小麦、食糖、棉花等的国内外价格陆续开始出现倒挂现象，2013年7月，大米、玉米国内价格开始持续高于配额内进口到岸税后价，2014年粮棉油糖肉等主要农产品呈现出全面倒挂的态势。2014年11月，大米、小麦、玉米三大谷物的国内外价差

* 亩为非法定计量单位，1亩=1/15公顷。——编者注

分别高达每千克 1.08 元、0.58 元、0.52 元，均在 2013 年的基础上进一步扩大。

如此快速攀升的农业生产成本与国内外农产品价格倒挂，凸显的是我国农业生产方式的难以为继和农产品国际竞争力的大幅下降。这对加快转变农业发展方式提出了比以往更为紧迫、力度更大的要求，不仅要依靠科技进步特别是用机械替代劳动来降低人工成本，而且要通过发展多种形式的农业适度规模经营特别是服务带动型农业规模经营来降低土地成本。与此相关的还有得到很多人认可的关于成本“地板”与价格“天花板”的说法，其实这种说法只是一个比较形象的比喻，严格说来并不成立，因为如果“地板”踏不破、“天花板”捅不破，那么，中国农业岂不是“老鼠进风箱”——只有死路一条？但是，这也确实表明了我国农业目前所陷入的困境，也足见我国农业节本增效的压力之大与任务之艰巨。

（三）农业资源过度利用与环境状况恶化问题突出，农业可持续发展任重道远

我国人多地少的基本国情，决定了农业发展始终面临着资源环境承载能力的巨大压力，唯有走可持续的农业发展道路，才有可能实现农业资源的永续利用和农业生态环境的不断改善。尽管我国有几千年农耕文明传承与种养结合、循环利用的农业可持续发展理念，但是，过去多年的农业资源过度开发与利用，带来了土地超垦过牧、地下水超采、土地重金属污染、水土流失加剧、面源污染加重等诸多问题，严重影响了农业农村生态环境和制约了农业可持续发展，也成为影响农产品质量安全的重要因素。

据统计，我国的化肥利用率不到 40%，农药利用率为 35%，农膜残留率高达 40%。全国 70%以上的江河湖泊受到污染，上亿亩的耕地不同程度受到重金属污染。地下水超采严重，华北平原形成了 6.7 万平方公里的地下水超采漏斗区。可以说，我国农业资源环境承载能力已近极限，粗放发展、竭泽而渔的发展路子已经走到尽头。

而另一方面，在农业的生产环节各地普遍都存在既影响资源利用又严重污染环境的两大难题：一是种植业的秸秆综合利用问题。目前我国年产出各种农作物的秸秆 10 亿吨左右，近年来各地围绕秸秆的肥料化、饲料化、原料化、燃料化与基料化等“五化”利用也探索出了不少成功模式，

但秸秆综合利用率不高、相关产品开发与价值挖掘不够的问题在很多地方未能得到根本性的解决，以至于秸秆禁烧问题在夏收与秋收季节至今仍令许多地方的基层干部“如临大敌”。二是养殖业的粪便与污水处理问题。目前我国仅畜禽粪污的年产出量就达38亿吨，但综合利用率不足60%。包括畜牧养殖业与水产养殖业在内的大量粪便与污水得不到有效利用，在污染环境的同时也造成资源的巨大浪费。仅从畜禽养殖的粪便等资源化利用看，近年来尽管中央的要求越来越高、地方的工作力度越来越大，但其进展与成效依然不容乐观，任务之艰巨与难度之大远超乎很多人的想象。如此两大难题的同时并存，也充分暴露出我国农业发展中的种植业与养殖业相互脱节与不协调所带来的突出问题：一方面是种植业生产重用地轻养地以及过量使用化肥、农药等化学投入品导致耕地质量明显下降，日渐贫瘠的土地犹如嗷嗷待哺的“羔羊”，急需各种农作物秸秆及畜禽粪便等有机肥料补充自身所需的营养；另一方面则是养殖业生产所产生的大量粪便与污水由于得不到及时有效的处理而污染生态环境和影响人居环境，使得生猪等畜禽养殖业在不少地方几乎成了人人喊打的“过街老鼠”，如何妥善处理粪便与污水在很多地方简直就成了畜禽养殖与水产养殖生产发展的头等大事。

农业资源利用与生态环境的如此状况，既意味着我国农业多年的持续增产付出了过高的资源环境代价，也意味着若不能改弦更张无论是我国的种植业还是养殖业的都将难以为继。这也就是我们这个拥有十多亿人口与仍在发展中的大国必须面对也不得不面对的农业资源环境状况。由此也就足见加快转变我国农业产业发展方式的紧迫性，足见大力推动我国农业可持续发展的任务之重与道路之远。

（四）市场调节不充分与政府调控不协调问题突出，农业市场化改革步履艰难

改革开放以来，我国农业农村市场化改革不断走向深入，不仅从根本上改变了农业农村的面貌，如终结了农产品短缺时代、亿万农民的生活向全面小康迈进，而且有力地推动和支撑了国家的工业化与城镇化进程，如昔日的乡镇企业异军突起、今天活跃于城乡之间的2亿多农民工。但是，近年来我国农业农村经济运行过程中所呈现出来的诸多难题，不仅暴露出

市场机制的调节功能尚未充分发挥出来，而且也在某种程度上显现出政府对农业宏观调控的错位与缺位问题。

前几年我国一度出现粮食产量、进口量与库存量“三量齐增”的所谓“怪现象”，即：粮食年产量稳定维持在6亿吨以上并逐年增加，但进口量增速迅猛，同时粮食库存量也不断增长，特别是玉米等品种积压严重。其实，这种现象一点都不怪。仅从玉米的情况看：2010年的玉米总产是17 725万吨，到2013年就增加到21 849万吨，2014年虽略有减产但总产仍为21 565万吨，2015年更是达到创纪录的22 463万吨。如此力度之大的玉米增产动力何在？如今回过头来看很显然是国家玉米临储政策的执行特别是临储价格的持续提高。据调研了解，吉林省2011年临储玉米的收购价格是每千克1.98元，收购期限为2011年12月14日至2012年4月30日，但由于玉米的市场价格高于临储价格，实际上并没有启动临储收购；2012年临储玉米收购价格提高到每千克2.12元，新粮上市也没有启动临储收购，而是在2013年3月市场价格回落到临储价格以下时才启动，截止到2013年5月末共收购临储玉米103亿千克；2013年不仅临储玉米的价格提高到2.24元/千克，而且在7月初就提前公布了，从当年11月至次年4月末共收购临储玉米283.9亿千克；2014年临储玉米的收购价格仍是每千克2.24元，从当年11月至次年4月末共收购临储玉米250.45亿千克。这样的一些数据意味着：在执行玉米临时收储政策的地方，过高的临储价格不仅屏蔽了玉米的市场价格，而且也迫使那些从事市场化购销的玉米流通与加工主体纷纷退出玉米市场或转而成为执行玉米临时收储政策之企业的“附庸”；在国际市场玉米价格出现回落时，继续执行价格“高高在上”的玉米临时收储政策，必然就会出现国产玉米入库而进口玉米入市的问题；玉米临时收储政策在实际执行中已失去了其本来面目，政府的一种有效的市场调控手段演变为粮食购销市场放开前的价格政策。而与此同时，稻谷与小麦的最低收购价政策及其他产品的临时收储政策也都因收购价格大幅提高而不同程度地陷入不可持续的困境。

其实，无论是最低收购价政策还是临时收储政策，原本是市场放开的体制背景下引导生产与调控市场的两大政府调控手段，其基本的运行机理是启动乃非常态而不启动才是常态。之所以会导致这两项政策难以为继，很重要的原因就是赋予了它们太多的功能，结果不仅使其走样变形也引发了一系列新的矛盾与问题。

可以说，最低收购价政策与临时收储政策的这种演变，不仅抑制了市场机制对农业生产经营活动的有效调节，引发农业资源要素不当配置等诸多问题，而且也使我国社会主义市场经济体制下政府对农业的宏观调控变了味道，带来由于农业调控政策不协调所产生的一系列矛盾与问题。这种演变的出现充分表明：我国的农业市场化改革依然在路上，特别是伴随着改革步入“深水区”，还有不少难啃的“硬骨头”。如深化农村集体产权制度改革，进一步盘活农村资源资产，使其成为亿万农民增收致富的重要来源；创建农业品牌实现农产品优质优价，进一步做大做强农业产业，全面提升农业的国际竞争力；等等。这些都对充分发挥市场在农业资源配置中的决定性作用提出了较之过去更难与更高的要求，都对健全完善政府的农业宏观调控提出许多新的与更高的要求。这也就要求我们必须清醒面对农业市场化改革的这种步履艰难局面，切实遵循市场决定资源配置这个发展市场经济的一般性规律，坚定不移地扎实推进农业市场化改革。

三、深入推进农业供给侧结构性改革的基本思路

2017 年中央 1 号文件的开篇第二段明确：推进农业供给侧结构性改革，要在确保国家粮食安全的基础上，紧紧围绕市场需求变化，以增加农民收入、保障有效供给为主要目标，以提高农业供给质量为主攻方向，以体制改革和机制创新为根本途径，优化农业产业体系、生产体系、经营体系，提高土地产出率、资源利用率、劳动生产率，促进农业农村发展由过度依赖资源消耗、主要满足量的需求，向追求绿色生态可持续、更加注重满足质的需求转变。而且在第三段还指出：推进农业供给侧结构性改革是一个长期过程，处理好政府与市场关系、协调好各方面利益，面临许多重大考验。进而要求：必须直面困难和挑战，坚定不移推进改革，勇于承受改革阵痛，尽力降低改革成本，积极防范改革风险，确保粮食生产力不降低、农民增收势头不逆转、农村稳定不出问题。为此，我们应当以中央的要求为基本遵循，把握方向、明确目标，细化和实化农业供给侧结构性改革的基本思路。

（一）落实五大发展理念，切实转变农业发展观念

理念是行动的先导，正确的行动需要有正确的理念来引导。新的理念将导致新的行动。习近平总书记提出的创新、协调、绿色、开放、共享五大发展理念，集中体现了“十三五”乃至更长时期我国的发展思路、发展方向、发展着力点，不仅是我们党对发展规律认识的深化与升华，也是我们党治国理政思想理论的新飞跃。牢固树立和贯彻落实这五大发展理念，对于推进农业供给侧结构性改革同样具有世界观与方法论的意义。具体说来，这涉及我们如何认识现代农业、如何认识农业及如何认识农产品等三个与农业发展理念有关的问题。

一是如何认识现代农业。简言之，现代农业是用当今时代先进的经营理念、物质装备、科学技术、管理手段等武装起来的农业，是能够引领世界农业发展潮流的农业，是富有生机活力和市场竞争力的农业。在很大程度上可以将现代农业的本质特征概括为市场化和产业化“两化”。所谓市场化，意味着农业生产经营活动是以市场导向为引领的，生产出来的农产品是用来满足市场需求的，并且在农产品的市场交换过程中实现生产者与消费者的“双赢”，也就是将农业的生产经营活动纳入市场经济的运行轨道，发挥市场机制配置农业资源要素的功能和作用，让富有创新精神的农业生产经营主体不断开拓农业产业发展的新业态新空间。所谓产业化，意味着农业产业链条的延伸或拉长，进而内化生产经营主体的市场风险、深化产业链上的分工合作和拓展农产品的增值空间，也就是结合产业特性与产品特点，使产业链上相关的农业生产经营主体在专业化分工与合作原则下形成双赢乃至多赢的利益联结机制，提升农业整体素质、综合实力与市场竞争力，共同做大做强农业产业和培育优质农产品。如果再加上一条的话，就是走资源节约、环境友好的可持续发展道路。这一条可加可不加，因为遵循两个规律即自然规律与经济规律是农业产业的基本属性。

二是如何认识农业。农业是人类社会赖以生存的基本生活资料的来源，其与所谓的二、三产业的最大不同是：农业生产经营活动是自然再生产与经济再生产的统一，在农业生产经营活动中必须遵循动植物等生物的生长发育规律。目前的农业概念早已突破农业生产这一传统的农业观念，它是一个涵盖产中、产前和产后的产业链或产业体系，而生产只是其中的

一个环节。比如农产品的质量安全问题，除与农业生产过程紧密相关外，既涉及产前的生产投入品环节，还涉及产后的储运流通加工等环节。此外，农业多功能性即经济功能、生态功能、社会功能和文明传承功能，也是我们认识农业的一个好的视角。因此，当今时代一提到农业就应当是市场化的农业，就应当是产业化的农业，就应当是可持续发展的农业，就应当是承载多功能的农业。只有从产业链和产业体系的角度来认识农业，才是发展现代农业应有的农业观念。

三是如何认识农产品。种植业的粮棉油糖和果菜茶等是农产品，养殖业的肉禽蛋奶和水产品等是农产品，这些都没有问题。但农作物的秸秆等收获“果实”后的剩余物或残留物，以及养殖业在生产过程中产生的粪便等，究竟算不算是农产品？这样的问题在过去可能不会是个问题。可是，面对农民在田间地头焚烧秸秆和畜禽及水产品养殖业的粪便污染等令人头疼的问题，再将秸秆和粪便等种养业的所谓剩余物和残留物排除在农产品之外恐怕越来越说不过去了。对这些传统观念里的农产品之剩余物和残留物，关键是怎么看！如果认为它们有价值，就会开发利用起来；如果认为无价值，它们就是农业生产的废弃物。针对农作物秸秆的综合利用问题，农业部原常务副部长尹成杰 2012 年出版了一本名为《捡回另一半农业》的书，明确提出“农作物秸秆是重要农产品”的理念。由此我们可以得出这样的认识：要化害为利，变弃为用，变废为宝，将各种农业资源充分利用起来，必须将作物秸秆和畜禽粪便等种养业的剩余物与残留物也视为农产品。

（二）守住三条基本底线，确保改革不出大的偏差

推进农业供给侧结构性改革，是我国农业领域的一场深刻变革，事关农业的自身发展，事关农民的收入增长，事关农村的和谐稳定，在方向上绝不能出现大的失误与偏差。为此，必须守住中央明确提出的三条底线。

一是确保粮食生产能力不降低。解决好十多亿人口的吃饭问题，保障国家粮食安全，始终是我国农业发展的头等大事，任何时候都不能放松。在温饱问题解决之前的农产品短缺时代，促进粮食增产是保障国家粮食安全的主要应对之策。在温饱问题解决之后特别是进入新世纪加入世界贸易组织（WTO）以来，保障国家粮食安全的侧重点由有没有足够的粮食产

出转向更加注重满足多样化与更高质量的粮食消费需求，进而保护和提高粮食综合生产能力成为确保国家粮食安全的主线与现实选择。与此相适应，藏粮于地与藏粮于技成为保障国家粮食安全的大战略。推进农业供给侧结构性改革，绝不能以损害国家粮食安全为代价，而要在保持粮食生产基本稳定、防止粮食生产出现大起大落的基础上，立足粮食综合生产能力不降低这条国家粮食安全底线，积极围绕提质增效优化农业的产业结构与产品结构。只有守住这条底线，农业供给侧结构性改革才会有坚实的根基和稳妥地向前推进。

二是确保农民增收势头不逆转。维护亿万农民的利益是做好我国“三农”工作的根本。总书记讲，做好“三农”工作的一个核心，就是促进农民收入持续较快增长。总书记还讲，检验农村工作成效的一个重要尺度，就是看农民的钱袋子鼓起来没有。推进农业供给侧结构性改革，本质上是要实现我国农业的转型升级与提质增效，毫无疑问是有利于促进农民增收的。但是，做任何事情都是有成本的，是需要付出一定代价的，推进农业供给侧结构性改革本身就意味着发展方式的转变、意味着产品结构与产业结构的调整，由此出现改革的阵痛是不可避免的。而改革的阵痛并不意味着改革的成本要由农民来买单，特别是不应由种粮的农民来买单。近年来农民收入已呈现出增速放缓的态势，2013—2016 年的全国农民人均可支配收入增长分别为 16％、9.5％、7.4％和 6.2％。因此，任何推进农业供给侧结构性改革的政策与举措，都必须充分考虑广大农民的承受力，充分考虑如何促进农民增收，充分考虑如何让亿万农民在改革中受益，而绝不能以牺牲农民的利益为代价。只有守住农民增收势头不逆转这条底线，农业供给侧结构性改革才有可能顺利推进。

三是确保农村稳定不出问题。稳定压倒一切。农村稳则社会安。国内外的历史经验表明，社会和谐稳定是做事兴业的基本前提与根本保障。我国农村改革之所以能够不断向前和取得一系列的丰硕成果，最根本的保证是广大农村有一个比较和谐稳定的社会环境。推进农业供给侧结构性改革特别是包括农村集体产权制度改革等在内的一些重大制度性变革，不仅涉及如何进一步解放农村生产力的问题，也涉及如何进一步完善农村生产关系的问题；不仅要破解一些体制上的难题，也要破除许多机制性的障碍。应当说，我国的农业农村改革改到现在，无论是体制难题还是机制障碍，剩下的都是难啃的“硬骨头”。而对这些“硬骨头”，如果稍有不慎，就有可能引发新的矛盾与问题。因此，改革的推进必须守住确保农村稳定不出问题这个大前提。只要守住了确保农村稳定不出问题这条底线，即便改革推进慢一点也是值得的，而且是看似慢实则快。

（三）瞄准农业供给质量，全面提升农业综合效益

推进农业供给侧结构性改革，既是在经济发展新常态背景下农业自身发展的必然要求，也是我国农业市场化改革走向深入的现实选择。在经济发展新常态背景下，过去更多注重产品数量增长的农业发展之路遭遇瓶颈性的制约，唯有改善和提高农产品质量才能增进生产经营主体的经济效益。农业市场化改革的初衷是更好地满足消费者的农产品需求，在基本满足消费者的农产品数量需求之后其改革目标必然会转向满足消费者更加多样与更高品质的农产品质量需求。因此，推进农业供给侧结构性改革必须牢牢把握住提高农业供给质量这个主攻方向。

一是要强化农业的科技支撑。科技是第一生产力，提高农业供给质量必须要给农业插上科技的翅膀。调整农业科研方向，无论是研发还是推广都要切实扭转片面追求高产的导向，加快培育优质专用、营养健康的新品种，开发绿色高效种养技术，推进农机农艺结合。鼓励面向农业全产业链的科技研发与推广，助推农业的生产流通及储运加工等各环节的节本降耗、提质增效。完善包括各类生产经营主体在内的农业科技创新激励机制，通过多种方式让各种农业科技人员从科技成果的转化与应用中得到合理回报。

二是要优化农业的产业结构。农产品消费需求的变化，既给提高产品质量、产品升级换档提供了重要契机，也给丰富农业形态、产业转型升级提出了新的要求。因此，本轮农业结构调整必须跳出在产品产业选择上增什么与减什么的思维框架，既要立足提高现有产品产业的供给质量，更要瞄准新产业新业态开发新的农产品、打造新的流通方式与培植新的农业产业。也就是要以推进农业供给侧结构性改革来引领农业结构调整，将改革的思维、提质增效的思维贯穿于农业结构调整的全过程。

三是要推进农业的品牌建设。品牌是产品质量与生产者自身信誉的保证，是观察产品是否符合市场需求及如何满足消费者需求的重要风向标。

提高农产品质量、优化农业供给结构，必须把农业品牌建设摆在更加突出和更为优先的位置。创建农业品牌、维护优质的农产品品牌，一定要有“打造百年老店”的意识与自觉，持续强化生产经营主体的自我约束。经济学上有一句非常有名的话：看得见的与看不见的。在光艳的品牌背后是创品牌、护品牌的辛勤汗水。创品牌远远不只是靠推介会打广告就能做到的，必须要有过硬的产品质量和良好的信誉做保证；而守品牌更是要靠自律而不是靠他律，必须要有久久为功的耐心与毅力。“三鹿”品牌的例子是永远的教训，至今中国奶业还在承受其苦。

（四）坚持改革市场导向，着力理顺农业体制机制

我国改革开放以来的农业农村发展，从经济层面看，最根本、最核心的就是沿着市场化改革的基本方向不断推进，既为农业农村发展确立了新的体制基础，也在持续激励农业农村经济开辟新空间与拓展新领域。推进农业供给侧结构性改革，关键在于改革、动能在于改革，成败取决于改革。因此，必须紧紧地抓住理顺政府和市场的关系这个核心，围绕激活市场、激活要素与激活主体来理顺农业的体制机制，全面改善我国的农业供给。

一是要激活市场。改变不合理的农业供给结构，更好地满足消费需求，必须充分发挥市场在资源配置中的决定性作用，让市场的力量来引领结构调整和推动改革深化。这给正确处理政府与市场两者关系确立了基本的定位。在推进农业供给侧结构性改革的过程中，政府的调控行为要在维护良好的市场秩序、合理引导生产者与消费者行为等方面下工夫，特别是要给市场机制调节留有足够的空间，以避免再度陷入“多了砍、少了赶”的尴尬局面。在运用各种调控手段上，切忌扮演“既当运动员，又当裁判员”的角色，要更多地利用市场手段来平抑市场供求，而不是以行政干预取代市场机制调节，尽力避免政府的宏观调控重蹈“成也萧何、败也萧何”的覆辙。

二是要激活要素。就是要改革优化现有的资源要素配置方式，以提高资源要素的利用效率和唤醒农村沉睡的各种资源资产。在推进农业供给侧结构性改革的过程中，要改革财政支农投入机制，加大财政资金整合力度，发挥财政资金“四两拨千斤”的作用；要深化农村金融改革，创新农

业金融的产品与服务，吸引更多的社会资本投入农业农村；要深化农村集体产权制度改革，使长期沉睡的资源资产焕发生机活力，成为增加与优化农业供给的有生力量。

三是要激活主体。就是要激活各类农业生产经营主体的创新创业精神，以奠定提高农业供给质量与效益的人才基础，培植与壮大推进农业供给侧结构性改革的人力资本。要围绕培养新型职业农民，开展各种专业技能培训，引导农民合作社的规范化建设，培育规模适度的家庭农场。要围绕壮大农民企业家队伍，发展土地集中型、服务带动型和产业集聚型等多种形式的农业规模经营。要围绕引入和创新农业农村发展的新产品与新业态，鼓励各种人才返乡回乡下乡创业。市场经济是企业家“登台表演”的舞台，要努力营造各种类型的农业企业家成长的良好氛围，使其在农业领域和农村这个广阔天地大有作为，引领农业提质增效不断取得新的成果，引领亿万农民步入现代农业的发展轨道。

（五）推动农业绿色发展，加快转变农业发展方式

绿色发展是农业持续健康发展的基本要求，也是农业发展的本质属性——既要遵循经济规律也要遵循自然规律——的具体体现。过去我们为确保粮食等农产品持续增产付出了巨大的资源环境代价，推进农业供给侧结构性改革的一个重要方面，就是要扭转这种人与自然不和谐的局面，以推动农业绿色发展加快转变农业发展方式、提升农业绿色供给能力。

一要加强耕地等农业资源保护与建设。耕地等农业资源乃是人类的衣食父母，习近平总书记强调绿水青山就是金山银山的发展理念，就是要求我们把生态环境保护摆在更加突出的位置，而绝不能以牺牲生态环境为代价换取一时的经济发展。面对农业主要依靠资源消耗的粗放经营方式没有得到根本性改变、农业面源污染和生态退化的趋势尚未得到有效遏制的严峻现实，加强耕地、草原和水资源等农业资源的保护与建设，不可避免地成为农业供给侧结构性改革的重要内容。

二要切实转变各种农业资源利用方式。包括耕地休耕轮作、用地与养地相结合、种植业与养殖业相结合等在内的农业资源循环利用是我国传统农耕文明的重要方面与具体体现，继承这些宝贵财富并使之发扬光大，既是我们的应尽之责也是时代使命。无论是提高各种农业资源的利用效率，

还是防控各种农业面源污染，都要求我们努力学会善待农业资源善用农业资源。唯有如此，我国农业才有可能真正走上产出高效、产品安全、资源节约、环境友好的可持续发展轨道上来。

三要不断开发与拓展农业的多种功能。农业是个具有多功能性的产业，不仅具有经济功能，还具有生态功能、社会功能以及文明传承功能等。农业的这种多功能性，为我们开发新产品和培育农业领域的新产业新业态提供了广阔的前景。如近年来发展势头强劲的休闲农业与乡村旅游等，不仅大大丰富了农产品的概念，而且也在颠覆着人们对农业的传统认识。也正是这样的农业功能开发与拓展，不仅使许多地方从根本上摆脱了过去“守着金山银山要饭吃”的尴尬局面，而且尝到了“绿水青山就是金山银山”的真正甜头，实现了经济效益、生态效益以及社会效益“三个效益”的和谐统一，实现了生产、生态、生活“三个方面”的共赢。可以预期，在绿色发展理念的指引下，伴随着农业功能的不断拓展，我国农业发展方式的转变将进入快车道，进而促进农业绿色供给能力的显著提升。

四、扎实推进农业供给侧结构性改革的对策建议

诚如韩长赋部长 2017 年 7 月 24 日在全国农业厅局长座谈会上的讲话中所言：这次农业供给侧结构性改革，是农业由计划经济向市场经济彻底转变的关键一次跳跃。只有用市场的办法、改革的办法完成这惊险一跳，农业才能建立起一套更加成熟的市场运行机制，在激烈的国际竞争中行稳致远。深入推进农业供给侧结构性改革，必须坚持问题导向，始终瞄准制约农业农村改革发展的体制性问题与机制性障碍，增强对策措施的针对性与指向性；必须在把握方向和理清思路的基础上，既立足当前又着眼长远地“对症下药”，增强对策措施的可行性与可操作性。

（一）坚持市场导向，围绕市场需求安排组织农业生产经营活动

推进农业供给侧结构性改革，就是要把农业生产经营活动引向更好地满足市场需求的轨道上来，使农产品供给在数量上更加丰富多样、在质量上更加优质安全。这对农业供给侧的结构调整提出了远比此前的几轮农业结构调整更高的要求：一是必须突出一个“优”字调整好产品结构。只有

生产出好的优质农产品，才能卖得出去和卖出个好的价钱。为此，无论是种植业产品还是养殖业产品，都要在优化产业的区域布局基础上，放眼产业供给链推进标准化生产、模式化管理与品牌化营销，严把产品质量关。二是必须突出一个“绿”字调整好生产方式。只有好的生产经营方式，才能兼顾产品的质量与效益以及实现生产者与消费者的双赢。为此，无论是种植业还是养殖业，都要大力推进清洁生产和绿色生产，积极推进多种形式的农业规模经营，在绿色发展中协调好经济效益、生态效益与社会效益三者的关系。三是必须突出一个“新”字调整好产业体系。只有把产业体系调顺了，农业的三产融合才能走向深入和实现农业产业升级。为此，既要瞄准拓展农业功能的新产业新业态，开辟农业产业发展的新领域新空间，也要研发和推广与农产品生产流通及储运加工等各环节紧密相关的新技术新模式，为农业产业的转型升级提供发展空间与技术支撑。

（二）完善农产品价格形成机制，真正将市场形成价格落到实处

推进农业供给侧结构性改革的核心所指就是要充分发挥市场在农业资源配置中的决定性作用。由此，完善农产品价格形成机制也就成为了农业供给侧结构性改革的“重中之重”。这也就意味着我们要积极稳妥地推进粮食等重要农产品价格形成机制和收储制度改革，以夯实和打牢使市场在农业资源配置中起决定性作用的基础。从近年这方面改革的进展情况看，取消油菜籽临时收储、开展新疆棉花和东北大豆目标价格试点以及按照“市场定价、价补分离”的原则取消玉米临时收储、对农民实行直接补贴等的改革探索都取得了明显成效，下一步的改革目标主要集中在稻谷与小麦的最低收购价政策上。现在，社会各方面对是否继续坚持小麦与稻谷最低收购价政策的意见并不统一，坚持有坚持的理由，取消有取消的道理。我们的看法是：如果将稻谷与小麦的最低收购价政策作为粮食市场全面放开的政府调控粮食生产与流通的一种手段，那么就有必要也应当继续保留；如果是将其作为政府的价格政策或收购政策，那么就应当也必须取消。现实地看，从确保国家粮食安全特别是口粮安全的角度，稻谷和小麦的最低收购价政策需要在坚持的基础上进一步完善。一是将其明确定位为政府引导生产与调节市场供求的调控手段，目的是稳定稻谷与小麦生产发展，防止生产大起大落。其作为调控手段的性质决定了启动最低收购价收购是一种

非常态而不是常态，只有当稻谷与小麦的市场价明显偏低或出现大幅下跌时才启动。二是最低收购价的定价原则应当是“托市”而不是“包市”。这也就意味着在通常情况下它们要低于市场价格，其在播种前公布的功能作用是发出政府在基于市场供求形势分析基础上的调控信号，以引导生产者的种植行为调整。三是最低收购价政策的具体内容要恪守“五限”原则。即限定品种、限定价格、限定主体、限定时间、限定区域。只有守住了这五条原则，才会使最低收购价的启动不会造成市场的扭曲及多元购销主体的“退市”，进而维护正常的粮食市场流通秩序和市场形成价格的机制。

（三）深化农村集体产权制度改革，奠定盘活农业资源要素基础

深化农村集体产权制度改革是农业供给侧改革的一项重要内容，也是优化农业供给结构的一项重要基础性工作。目前，全国农村集体经济组织拥有土地等资源性资产 66.9 亿亩、各类账面资产 2.86 万亿元，大体上全国平均每个村是 500 万元，东部地区的村有近千万元。这些资产是农村农业发展的重要物质基础，盘活这些资产实际上就是激活农业农村内生发展动力和培育农业农村发展新动能。因此，对于深化农村集体产权制度改革，既要有使命感也要有紧迫感。对于集体所有的土地等资源性资产、用于集体统一经营的经营性资产和用于公共服务的非经营性资产这三类农村集体资产的产权制度改革，中央都已做出明确的安排和部署。资源性资产的改革，就是要继续抓好土地承包经营权的确权登记颁证工作，完善“三权分置”办法，保持土地承包关系长久不变；非经营性资产的改革，主要是结合新农村建设，建立探索集体统一经营的运行管护机制，更好地为集体成员和社区居民提供公益性服务。经营性资产的改革，重点是在清产核资的基础上，将集体经营性资产确权到户，然后发展多种形式的股份合作制。尽管深化农村集体产权制度改革的目标明确、思路清晰、要求具体，但也必须对改革推进的难度有着充分的估计与清醒的认识，因为推进这些改革不仅需要在实践上大胆探索，而且需要在理论上不断创新；不仅需要中央的顶层设计来把握方向，而且需要地方从本地的实际出发来攻坚克难。因此，必须切实把对深化农村产权制度改革的认识统一到中央的决策部署上来，富有创造性地扎实稳妥推进农村集体产权制度改革，为盘活农

业资源要素打牢制度基础，为改善我国的农业供给和促进农业农村发展增添新的动能。

（四）转变农业发展观念，在弘扬农耕文明中推进农业种养结合

观念先于行动，只有观念才能战胜观念和改变观念。推进农业的供给侧结构性改革第一位就是农业发展观念的转变。在创新、协调、绿色、开放、共享五大发展理念的引领下，改善我国农业供给和提高农产品质量效益，很重要的一条就是要牢固树立农业资源循环利用的理念，用“所有农业产出皆是农产品”的观念来看待当今时代的农业和农产品、来拓展农业的多种功能和丰富农产品的种类。随之而来的就是瞄准农作物秸秆的利用与畜禽等养殖粪便的处理两大难题，大力推进农业资源循环利用和种植业与养殖业紧密结合。资源循环利用与种养结合，是我国传统的农耕文明留给我们的重要遗产与宝贵财富。农业种养结合的本质可概括为：遵循动植物生长发育规律，统筹考虑种植业与养殖业的产业特性与产品特点，在产业链上整合农业的各种资源要素，充分利用种养业产品在生物链上的有机联系，实现种植业与养殖业在再生产过程中的深度融合。可以说，资源循环利用、种养结合的农业，就是经济再生产与自然再生产有机结合的农业，就是既遵循经济规律又遵循自然规律的农业，因而也就是绿色发展的农业和可持续发展的农业。因此，以种养结合为抓手来推动农业的转方式与调结构，不仅有助于拉长或延伸农业产业链条，而且会显著提高农业资源的利用效率；不仅有助于改善或提升耕地质量，而且会显著强化农产品质量安全激励机制；不仅有助于防控或减少农业的面源污染，而且会显著改观农村的生态环境与人居环境；不仅有助于培育或壮大优质农产品，而且会显著拓展农业产业功能。为此，应当建立与健全激励机制，鼓励各类农业生产经营主体培育和打造富有生机活力的种养结合模式；宣传与推广成熟模式，让种养结合之花开遍祖国的大江南北，续写农业文明的新篇章。

（五）培育新型农业经营主体，营造农业企业家创业的良好环境

培育和壮大新型农业经营主体、发展农业规模经营，是深入推进农业供给侧结构性改革的重要抓手。目前，全国农户家庭农场已超过 87 万家，依法登记的农民合作社 188.8 万家，农业产业化经营组织 38.6 万个（其

中龙头企业12.9万家），农业社会化服务组织超过115万个。从总体上看，这些新型农业经营主体大都处在成长的关键期，其成长壮大急需政策的引导扶持。中共中央办公厅和国务院办公厅已联合印发了《关于加快构建政策体系 培育新型农业经营主体的意见》，从完善财政税收政策、加强基础设施建设、改善金融信贷服务、扩大保险支持范围、鼓励拓展市场营销和支持人才培养引进等六个方面明确了支持新型农业经营主体发展的政策措施。应当说，这些政策措施都是有"含金量"的，贯彻落实好将有助于新型农业经营主体的成长与壮大，关键是要确保在政策落实过程中不打折扣、不走样变形。应当看到，近年来在新型经营主体培育中和在农业规模经营推进中，确有一些地方不同程度地出现了政策扶持"垒大户"的倾向，一味求大造"盆景"。其实，从各地的实践探索看，农业规模经营至少有三种大的类型：土地集中型、服务带动型和产业集聚型，而且土地集中型也有流转土地的与不流转土地的划分，同时不同产业、不同产品特别是不同经营主体的适度规模也差异很大。农业规模经营的本质是专业化分工与合作基础上的要素集聚，只有坚持市场导向、运用市场的办法才能实现农业资源要素的优化配置；农业规模经营的适度是针对具体生产经营主体的适度，其规模的大小是生产经营主体整合资源的能力即企业家才能的体现。因此，培育壮大新型农业经营主体，引导其多元融合发展、多路径提升规模经营水平、多模式完善利益共享机制和多形式提高发展质量，实际上就是激活与激发生产经营主体的企业家精神与创造力。事实上，无论哪种类型的新型农业经营主体和已出现哪种农业规模经营形式，都可看到引领产品做优做新产业做大做强的农业企业家的身影与风采。为此，要结合贯彻落实《中共中央国务院关于营造企业家健康成长环境 弘扬优秀企业家精神 更好发挥企业家作用的意见》，助推各种类型各个领域的农业企业家创新创业。

（六）加强与改善政府宏观调控，加大政府的农业支持保护力度

市场经济的健康发展，离不开政府的宏观调控。但是，政府调控的理由绝不是所谓的"市场失灵"。在推进农业供给侧结构性改革的过程中，应当围绕改善农业生产条件、维护农业生产者利益以及提高农业国际竞争力，加大对农业支持保护力度，不断加强和改善政府的宏观调控。一是加

大财政对农业农村基础设施建设与公共服务的投入。要切实坚持把农业农村作为财政支出的优先保障领域，在持续增加投入总量的基础上，着力优化投入结构、创新使用方式和提升支农效能；要加大各种涉农资金的整合力度，发挥财政资金“撬动”社会资本的功能作用，补齐农业农村财政投入不足的短板。二是加快农村金融创新步伐。要健全完善农村金融服务体系，创新农村金融服务的体制机制，将更多的金融资源引向农业农村；要大胆创新农业农村金融的产品与服务，丰富农业农村金融服务的内容与形式，提高农业农村金融需求的满足程度。三是增加农业补贴资金。要深入研究各种各类农业补贴的性质、功能与作用，构建符合国情农情的农业补贴框架和丰富农业补贴的种类；要积极探索农业补贴的多种方式，加强农业补贴项目的落实跟踪与效果评估，提高农业补贴的效能与效率。四是统筹和利用好农业的国内外两种资源两个市场。面向国内外两种资源两个市场，是推进农业供给侧结构性改革不可偏废的重要方面。既要有引进国外的资金、技术、模式、产品等农业资源的气度与胸怀，也要有推动国内各种农业资源要素走出去的胆识与谋略。既要眼睛向内，立足国内资源与市场练好内功、强身健体，提高我国农业整体素质、综合实力与市场竞争力；也要眼睛向外，瞄准国外资源与市场大胆走出去、积极引进来，提升我国农业在世界农业的合作与竞争中的话语权和影响力。

分报告

稻谷产业供给侧结构性改革：现状、问题与对策

稻谷是我国最重要的粮食作物之一，稻谷磨制的大米占我国居民口粮的一半以上。近年来，我国稻谷生产保持稳定增长态势。2004 年以来，稻谷和大米市场保持稳中有涨格局。受国内外大米价差影响，2012 年开始我国大米进口激增，但进口量仍在进口配额以内。进入新时期，我国实施了“谷物基本自给，口粮绝对安全”的粮食安全新战略，稻谷和大米作为口粮，被提上了“绝对安全”的“底线”地位。这种“底线”地位是农业供给侧结构性改革的前提和基础，而发展优质稻谷、提高口粮供给质量也成为稻谷产业供给侧结构性改革的主攻方向。本文在描述我国稻谷产业供给侧现状的基础上，深入剖析当前我国稻谷产业供给侧面临的问题和结构性矛盾，明确了当前和今后一段时期稻谷供给侧结构性改革的目标思路，并提出了推进稻谷产业供给侧改革的政策建议。

一、稻谷产业供给侧的现状描述

经过多年持续稳定发展，我国稻谷产能已经稳定在 2 亿吨以上。随着科技创新和技术集成水平提高，我国稻谷单产不断增加。稻谷的生产主体虽然仍以小农户分散作业为主，但新型经营主体发展较快。稻谷加工仍以产地加工为主，加工业呈现出在主产区集聚的态势。我国政府对稻谷实施最低收购价为主的“托市”政策，尤其是近几年国有粮食系统成为稻谷流通主体，稻谷流通“政策市”特征比较明显。

（一）稻谷生产的区域布局

我国是世界上最早种植稻谷的国家。考古发现，距今 7 000 年的河姆

渡遗址中就有我国先民栽培籼稻和粳稻的遗存。目前，我国是世界上最大的稻谷生产国。1978 年以来稻谷生产区域布局呈现出的趋势是：向优势产区集中，总体上由南方向北方移动。东北地区（不含内蒙古）稻谷产量从 1978 年占全国 3%增加到 2015 年占全国 15.8%；东南沿海（江浙沪闽粤）稻谷产量从 1978 年占全国 34.2%下降到 2015 年占全国 20.1%。典型的对比是，浙江从一个稻谷主产省变为稻谷主销省，黑龙江则从一个比较次要的产区变成了全国最重要的稻谷主产省。

品种上，东北作为粳稻产区的重要性不断上升。近年来，随着新品种培育进程加快，江苏、湖北等适宜地区粳稻产量和质量也略有提升。南方籼稻产区中，江苏、浙江、上海等华东产区重要性下降，湖南、江西等华中产区重要性上升。此外，作为米制品的主要原料，糯稻向西南产区集中，成为一种地域性较强的特色优势品种。

稻谷耕作制度变迁也能够解释稻谷区域布局的变迁。2015 年早稻和晚稻分别占我国稻谷播种面积的 18.9%和 20.9%，分别比 1978 年降低 16.5%和 14.1%。2015 年我国中稻（包括粳稻和中籼稻）占我国稻谷播种面积的比例为 60.2%，比 1978 年增加 30.6 个百分点。这一方面是由于我国东北地区粳稻面积扩大，另一方面则是由于我国南方早稻主产区面积不断萎缩（图 1）。

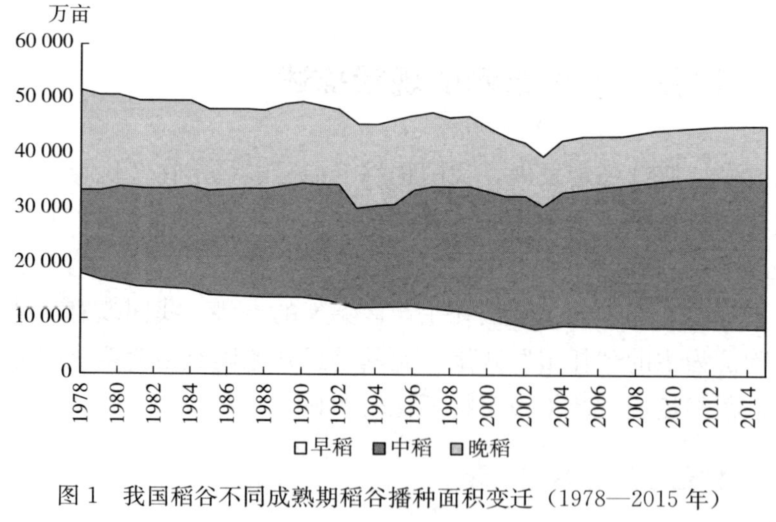

图 1　我国稻谷不同成熟期稻谷播种面积变迁（1978—2015 年）

（二）稻谷产出的基本情况

2004 年以来，我国稻谷生产稳定发展。到 2016 年，我国稻谷总产量达到 20 693.40 万吨，已经连续 6 年稳定在 2 亿吨以上的水平。根据联合国粮农组织（FAO）估计，2016 年世界大米产量 49 516.11 万吨①，折合稻谷约 70 737.30 万吨②，以此计算，我国稻谷约占世界稻谷产量的 29.3%。而根据美国农业部估计，2016 年，印度是世界第二大稻谷主产国，其产量折合稻谷约 15 428.57 万吨。由此，我国稻谷产量比排名世界第二的印度高出 34.1%。③ 从历史上看，1978 年以来，我国稻谷产量一直保持世界第一的地位（图 2）。

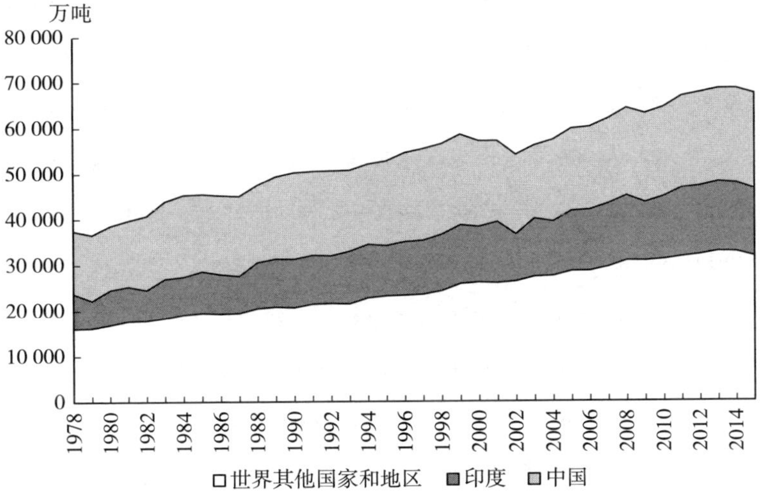

图 2 我国稻谷产量及其在世界上的地位

数据来源：中国国家统计局和美国农业部。

我国稻谷单产水平提高较快。2016 年，我国稻谷单产达到 457.38 千克/亩，比 1978 年增长了 72.4%。主产区中，辽宁、江苏、湖北、吉林

① FAO. Cereal Supply and Demand Brief [EB/OL]. http://www.fao.org/worldfoodsituation/csdb/en/ [2017-07-06]

② FAO 以 70%出糙率计算。

③ 相对而言，政策界更加认可 FAO 的数据，理由在于 FAO 作为国际组织，在数据发布方面更为客观。但是，在国别数据方面，美国农业部能够提供更加详细的数据，且更新较快。经过比较，二者在描述趋势方面差别不大。

稻谷单产居于各省前列，四川稻谷亩产也超过 500 千克。黑龙江、湖南、江西尽管总产量在全国各省份中排名前三位，但是单产水平却排名靠后（表 1）。

表 1　稻谷主产省区单产水平

单位：千克/亩

年份	辽宁	吉林	黑龙江	江苏	浙江	江西	湖北	湖南	广西	四川
1978	363.84	288.89	221.40	321.16	317.08	212.90	278.21	276.35	210.11	305.39
1980	407.09	283.64	251.90	294.77	311.86	234.06	255.52	293.50	242.86	334.94
1985	365.13	378.57	278.70	449.31	379.08	301.34	412.75	367.17	266.02	410.44
1990	453.01	461.12	311.23	464.05	369.59	321.47	452.52	376.50	314.71	468.96
1995	369.30	460.74	375.11	532.84	380.08	328.70	479.03	398.04	347.01	465.68
2000	513.38	427.27	432.66	545.00	413.11	351.20	500.25	409.38	355.26	513.02
2005	488.51	482.46	453.05	515.00	417.93	355.22	492.71	403.35	330.20	480.87
2010	450.28	562.71	443.97	539.46	468.07	373.33	509.55	414.51	356.90	502.90
2011	510.51	601.33	466.71	552.68	483.57	391.86	529.40	422.24	347.71	507.03
2012	511.53	505.84	471.52	561.93	487.04	395.79	545.58	428.42	370.01	512.60
2013	520.53	516.76	466.17	565.62	466.74	400.25	531.97	418.04	376.62	518.91
2014	535.49	524.38	468.17	561.11	477.31	404.29	537.78	426.14	383.67	510.93
2015	572.22	551.49	465.87	568.02	468.57	404.34	551.58	428.58	382.35	519.93

数据来源：国家统计局。

随着我国稻谷单产水平不断提高，我国稻谷单产水平已居世界中等偏上水平。由表 2 可见，我国稻谷单产高于世界平均水平 55%，比主要大米出口国印度和泰国分别高出 81.9%、145.5%；经过多年发展，我国稻谷单产已经与东亚的日本和韩国水平基本相当；但是，2016 年我国稻谷单产仍然比单产最高的埃及和美国分别低 16.2%、15.4%。2016 年我国单产水平仍然落后于澳大利亚、埃及、美国、土耳其、欧盟，比智利、日本、阿根廷等国略高。

表 2　世界各国稻谷单产水平比较

单位：吨/公顷

年份	全球	美国	印度	日本	韩国	埃及	中国	泰国
1978	2.69	5.02	1.99	6.09	6.79	5.43	3.98	1.96
1979	2.66	5.15	1.61	5.99	5.90	5.77	4.31	1.82
1980	2.75	4.95	2.01	5.13	4.85	5.84	4.13	1.89
1981	2.83	5.40	1.96	5.63	5.84	5.56	4.32	1.95
1982	2.98	5.28	1.85	5.69	6.15	5.67	4.89	1.89
1983	3.12	5.15	2.19	5.70	6.20	5.80	5.10	2.04
1984	3.23	5.55	2.13	6.41	6.47	5.66	5.37	2.07
1985	3.23	6.07	2.33	6.22	6.35	5.94	5.26	2.06
1986	3.21	6.33	2.22	6.32	6.37	5.95	5.34	1.95
1987	3.29	6.22	2.20	6.19	6.02	5.51	5.41	2.01
1988	3.35	6.18	2.53	5.91	6.64	6.05	5.30	2.15
1989	3.45	6.45	2.62	6.17	6.47	6.05	5.51	2.09
1990	3.53	6.20	2.61	6.33	6.22	7.28	5.73	1.96
1991	3.55	6.42	2.63	5.86	6.14	7.46	5.64	2.25
1992	3.58	6.43	2.62	6.28	6.27	7.66	5.80	2.17
1993	3.62	6.18	2.87	4.58	5.64	7.80	5.85	2.21
1994	3.66	6.68	2.89	6.77	6.25	7.94	5.83	2.33
1995	3.69	6.30	2.73	6.34	6.05	7.86	6.02	2.41
1996	3.77	6.86	2.83	6.54	6.78	8.29	6.21	2.23
1997	3.79	6.61	2.85	6.42	7.00	8.57	6.32	2.36
1998	3.83	6.35	2.90	6.22	6.42	8.33	6.37	2.39
1999	3.91	6.58	2.98	6.42	6.63	8.91	6.34	2.51
2000	3.90	7.04	2.87	6.70	6.71	9.31	6.27	2.61
2001	3.93	7.28	3.14	6.64	6.84	9.77	6.16	2.62
2002	3.83	7.37	2.67	6.58	6.35	9.69	6.19	2.57
2003	3.92	7.48	3.13	5.85	6.05	9.76	6.06	2.65
2004	3.93	7.83	2.95	6.42	6.73	9.85	6.31	2.63
2005	4.04	7.43	3.17	6.65	6.57	9.51	6.26	2.70
2006	4.05	7.73	3.18	6.34	6.60	10.08	6.28	2.69
2007	4.15	8.09	3.31	6.51	6.28	10.07	6.43	2.77

（续）

年份	全球	美国	印度	日本	韩国	埃及	中国	泰国
2008	4.23	7.68	3.28	6.78	6.91	10.08	6.56	2.78
2009	4.22	7.94	3.19	6.52	7.04	9.87	6.59	2.81
2010	4.24	7.54	3.36	6.52	6.51	9.98	6.55	2.88
2011	4.34	7.92	3.58	6.67	6.58	8.80	6.69	2.82
2012	4.44	8.37	3.72	6.73	6.37	8.80	6.78	2.82
2013	4.41	8.62	3.62	6.72	6.76	8.94	6.72	2.84
2014	4.43	8.49	3.59	6.71	6.91	10.10	6.81	2.77
2015	4.43	8.38	3.60	6.64	缺失	8.92	6.89	2.54
2016	4.51	8.11	3.77	6.81	缺失	8.19	6.86	2.80

数据来源：美国农业部。

部分地区，如江苏、湖北等，属于粳稻和籼稻交错种植的地区，很难计算粳稻和籼稻的准确产量。从地域上看，黑龙江等北方产区是粳稻主产区，湖南、江西等南方产区主要种植籼稻。早籼稻和晚籼稻的产量基本能够根据早稻和晚稻的产量确定，中稻既包括中籼稻产量也包括粳稻产量。从总产量上看，1978 年我国早稻产量占全部稻谷产量的 37.1%，2015 年仅占 16.2%；晚稻占全部稻谷产量的比例由 1978 年的 28.5%降低到 2015 年的 18.1%；中稻所占比例则由 1978 年的 34.4%上升到 65.7%（图 3）。从单产上看，早籼稻和晚籼稻单产不到 400 千克/亩，中稻单产约为 500 千克/亩（图 4）。

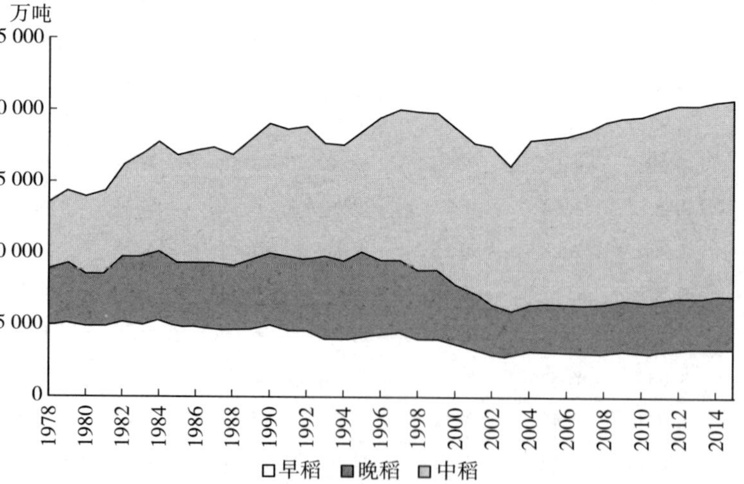

图 3 我国不同成熟期的稻谷产量（1978—2015 年）

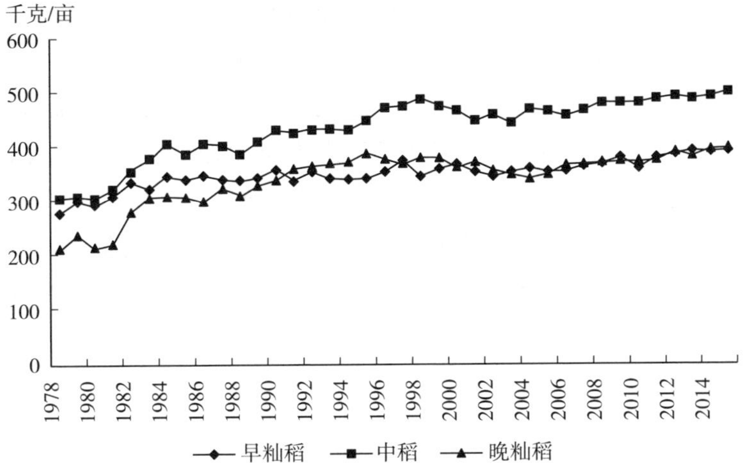

图 4　我国不同成熟期的稻谷单产（1978—2015 年）

（三）稻谷的生产经营方式

大量分散的小规模农户仍然是“养活中国”的主要力量。稻谷作为一种在全国范围内普遍种植的大田作物，生产主体也是传统农户为主。目前，我国 80%以上的稻谷种植户经营面积在 50 亩以下。20 世纪 90 年代以来，我国城镇化快速推进，大量农村劳动力向城镇和二、三产业转移。进入 21 世纪以来，农村土地流转市场迅速发育，各类新型经营主体迅速发展，种粮大户、家庭农场、合作社、龙头企业以及其他类型的社会化服务组织大量涌现。稻谷生产主体也呈现出了规模化的趋势，例如，目前我国稻谷产量前三大主产省湖南、黑龙江和江西分别拥有稻谷种植专业合作社3 030家、5 774 家和 5 089 家。

我国稻谷的良种覆盖率较高。从世界范围看，我国杂交稻谷研发推广处于领先地位，涌现出了 Y 两优、龙粳、黄华占等优质高产品种。早在 2013 年，全国范围内推广面积在 10 万亩以上的杂交稻谷品种就达到 534 个，推广面积超过 2 亿亩。2017 年 10 月，由中国工程院院士袁隆平团队选育的超级杂交稻品种湘两优 900（超优千号），平均亩产 1 149.02 千克，创下了世界水稻单产的最高纪录。截至 2016 年底，全国超级稻累计推广面积达到 12.2 亿亩，推广面积由 2005 年的 3 837 万亩扩大到了 2016 的

1.3 亿亩，所占稻谷种植比重由 8.7%提高到了 30%。①

农村人口变迁与农业劳动力转移，使得我国农业生产由以往的劳动偏倾转向资本偏倾，农业机械作业大规模替代人力畜力作业。在这个诱致性技术变迁的进程中，国家也实施了一系列农业机械化促进政策。经过十多年的发展，我国稻谷种植基本实现了从人力畜力作业为主向机械作业为主的历史性转变。2001 年我国稻谷机播率仅为 5.6%，2015 年已经提升至 42.3%。2001—2015 年，我国稻谷机收水平由 18.0%提高到 86.2%；全国范围内的稻谷机耕水平也由 2008 年的 79.2%提高至 2015 年的 98.9%（图 5）。

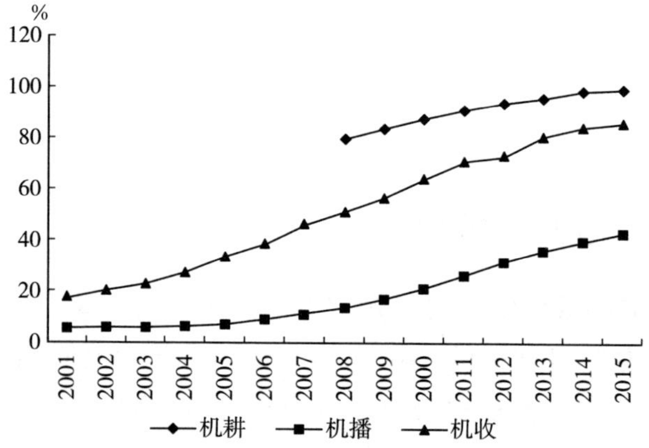

图 5　我国稻谷机械化水平变化情况

分地域看，我国南方户均经营面积较小，稻谷的机械化插秧等技术推广较慢，总体机械化水平较低，东北地区稻谷机械化水平提升速度较快。分环节看，我国稻谷机耕环节机械化发展较快，机收率提升也比较快。因水田不利于大型机械插秧作业，机播是机械化较薄弱的环节。另外，植保环节也是稻谷机械化的薄弱环节。但是，随着无人机技术迅速发展，无人机为稻谷喷洒农药、叶面肥等技术也开始兴起。目前无人机一次性续航能力一般只能支持 10 亩左右小面积的植保要求，因此，无人机植保技术在南方籼稻产区推广比较顺利。

近年来，稻谷生产的化肥使用总体上表现出集约化的态势。2004—

① 全国农业技术推广服务中心．全国超级稻推广现场观摩交流会在广西召开［EB/OL］. http：//www. natesc. agri. cn/lszw/201707/t20170729 _ 5763961. htm [2017 - 07 - 10].

2015 年，我国稻谷生产亩均氮肥投入由 11.31 千克/亩减少到 8.06 千克/亩，磷肥投入由 2.08 千克/亩减少到 0.57 千克/亩，钾肥投入由 1.69 千克/亩减少到 1.41 千克/亩（图 6）。稻谷农药使用也总体上是集约化的。由于缺乏对稻谷单一品种农药施用量的统计，本文用剔除价格因素后的农药支出说明相关趋势。2004 年以来，稻谷亩均农药施用量曾经出现一段时间的增长，2009 年又出现减少的态势，近来表现为零增长，如图 7 所示。

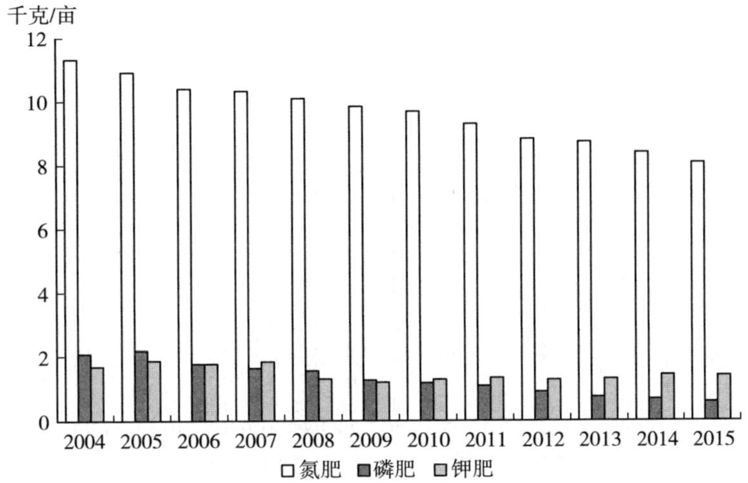

图 6 我国稻谷生产亩均化肥投入变迁

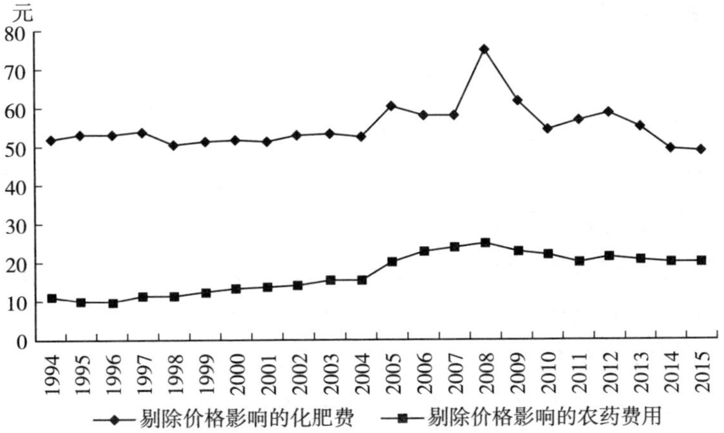

图 7 稻谷投入化肥和农药亩均支出（剔除价格影响）

注：以 1994 年为基期。

2000年以来，稻谷生产中的种子投入呈现出U形的变化态势。亩均种子用量曾经于2007年减少到2.6千克，后来又保持了每年小幅增加的态势。2015年稻谷亩均种子用量已经增加到了2.98千克。这一进程与我国稻谷良种推广相伴随，杂交稻用种量较少，但是杂交粳稻在杂交稻中的地位还比较低。杂交稻制种量于2012年增加到3.45亿千克，此后连续减少，2015年基本稳定在2.39亿千克（图8）。

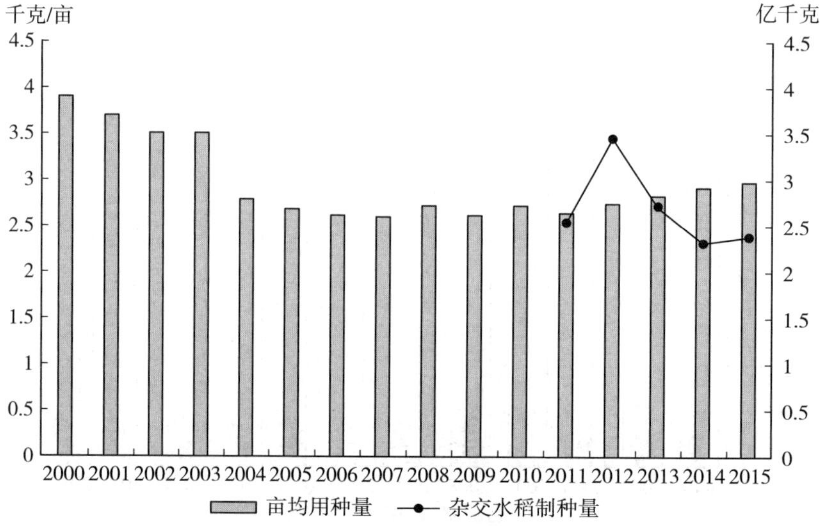

图8　稻谷用种量变化

（四）稻谷的市场流通情况

随着粮食流通市场化进程和农村市场的发育，与大部分农产品类似，稻谷的商品化程度已经比较高。早籼稻、中籼稻、晚籼稻和粳稻的商品化率分别达到84.9%、82.2%、73.9%和89.9%。粮食经纪人在农户收购环节上占有重要地位。国家粮食局2014年针对粮食经纪人的专项调查表明，粮食经纪人的收购量约占总粮食收购量的70%。实际上在稻谷主产区，这一比例一般高于80%。当前，合作社收购、订单农业、农民集贸市场等模式占收购量的30%左右。尤其是，粮食产业中订单农业发展较为缓慢。目前，稻谷以订单模式流通的比例仅占全部稻谷商品量的2%左右。各类粮食企业在批量收购环节占据主导地位。根据《中国粮食发展报告》数据推算，2014年各类粮食企业收购的粮食达到33 807.57万吨，占市场流通总量的70.4%，其中，国有粮食企业收购16 862.40万吨，占各类企业收购量的49.9%；剩下的29.6%则以批发、集贸、电子商务等形式实现产销对接。稻谷与其他粮食品种情况类似。

由于我国在稻谷主产区实施最低收购价为主的托市政策，因此稻谷主产区的流通主体以国有粮食部门为主，主要是中储粮直属库、委托库以及地方粮食收储企业。经纪人在田间地头环节收购后，也主要是交售到各类国有收储企业。在主销区，稻谷的流通方式既有国有粮食部门的跨省移库，也有市场主体的产销对接。目前，国有粮食部门通过轮库、政策性收储等收购的稻谷约为1.5亿吨，约占稻谷商品量的1/3左右。2015年我国亿元以上批发市场粮油类成交额达到3 588.72亿元，根据2015年粮食平均价格计算，通过大型批发市场流通的粮食约为1.54亿吨，以稻谷占其中的40%计算，约占稻谷商品量的1/4。

除了现货交易以外，我国还在郑州商品交易所开展了早籼稻、粳稻、中晚籼稻的期货交易。目前，稻谷期货交易并不活跃，只有早籼稻在一定的时间段能够有略频繁的交易。

大中城市大米流通还是以企业渠道对接商场、超市等。而绿色有机大米一般通过企业自建平台或者与其他平台对接，以电子商务、定制化等渠道流通。特别值得关注的是，大米电子商务平台流通模式正在崛起。大量合作社与淘宝网、京东商城等电子商务平台对接，微信等社交平台的兴起也给大米流通创造了微店、微商等新的流通渠道。尤其是，电子商务平台在有机绿色大米流通中占有相当高的比重。

（五）稻谷加工的基本情况

稻谷加工用途较多，未经磨制的稻谷可以直接加工成蒸谷米，磨制出的大米物理加工后可以制作成糕点、米粉、米条等，稻谷深加工后可以提取淀粉、氨基酸，用于酿酒，制作胚芽油、米糠油等，稻壳和秸秆还可以作燃料，在西南等地区还有部分稻谷直接加工为饲料。但是，稻谷加工业发展总体比较滞后，当前80%以上的稻谷还是磨制成大米、进入食用环节。

加工主体方面，国家粮食局提供的数据显示，稻谷加工业中，民营企业年均加工量占总加工量的比重分别为88%；而外商投资企业在以粮食为原料的食品加工业收购粮食占比较高，达到 24.6%；在各种粮食加工业中，国有企业的比重则在 10%以下。[①] 在加工业的布局上，加工业主要集中在稻谷主产区。

与欧美等发达国家相比，我国稻谷和大米的加工用途相对单一，尽管产业门类较多，但都不成规模，呈现出小、散、乱、杂的态势。在欧美发达国家和地区，高质量的稻谷和大米大量加工成为婴儿食品，并且已经形成了国际知名的婴儿米粉等品牌，在我国占据了大部分的婴儿大米食品市场。而品质相对较低的稻谷和大米，在欧美则主要加工为宠物食品，也已经在我国打开了销路。

(六) 稻谷及大米的进出口情况

我国稻谷和大米总体呈现供大于需的局面，曾经一度是大米净出口国。但是，2011 年起，我国大米贸易出现净进口。2012 年我国大米进口激增，导致我国稻谷和大米贸易逆差扩大（图 9）。[②] 从进口的品种上看，进口的主要是长粒米，可以类比于我国的籼米，多数为低端白米，少量为

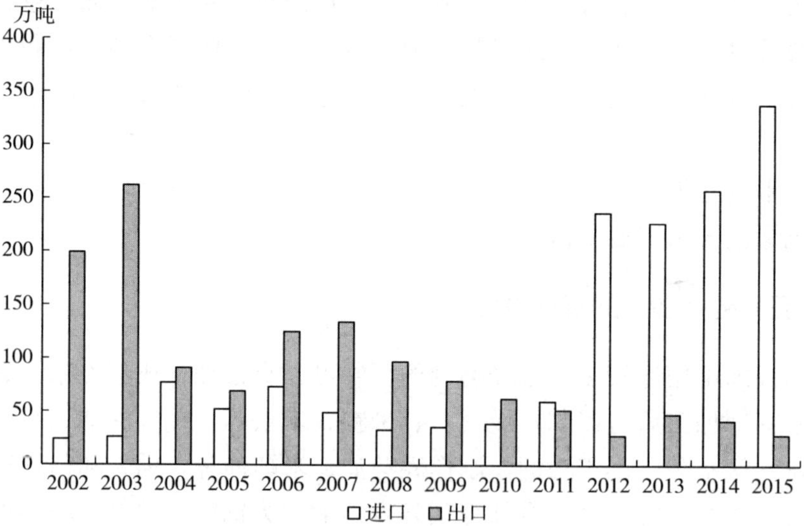

图 9　2002—2015 年我国稻谷和大米进出口变化

① 粮食局在统计中把中粮集团作为港资企业统计。

② 一般地，国际贸易中交易的绝大部分为大米，尤其是对我国而言，在计算进口的时候，大米是基准。

泰国香米等高端品种。从进口来源上看，我国主要从越南、泰国等东南亚国家和巴基斯坦进口（图 10）。2015 年开始，随着我国与东盟自贸区协议的扩展，来自东南亚的稻谷和大米进口又出现了第二轮大幅增长。

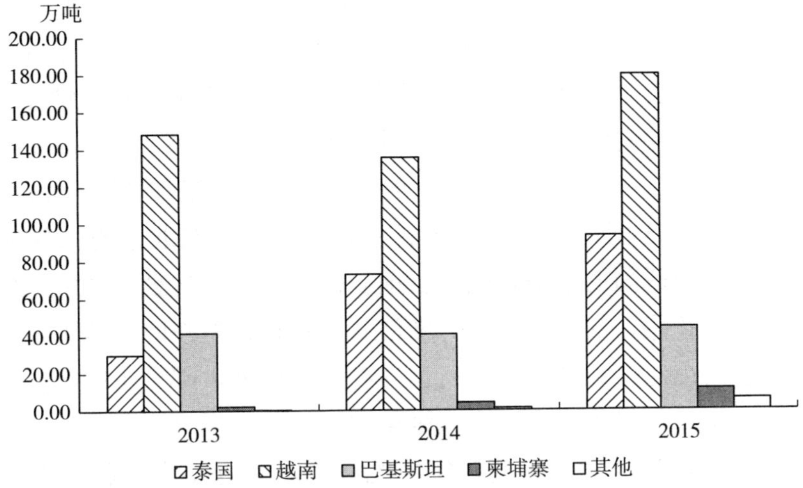

图 10　我国稻谷和大米进口来源结构

（七）稻谷产业的扶持政策

我国于 2015 年启动农业“三补合一”改革试点，即把种粮直补、农资综合补贴、良种补贴合并为“农业支持保护补贴”，2016 年“三补合一”扩展至全国。稻谷主产区的广大农户基本都在这一政策中受益。农机具购置补贴对稻谷大型浸种催芽程控设备、大功率拖拉机等单机补贴额度上限较高，近来又在探索对植保无人机等实施新型农机具新产品补贴。国家还曾经探索实施农业防灾减灾稳产增产关键技术补助政策，对南方早稻集中育秧和东北稻谷大棚育秧提供财政支持。早在 2007 年，稻谷就纳入了种植业保险补贴范围。目前，稻谷与其他纳入中央财政保险保费补贴范围的品种一样，农民缴纳保费比例由各省自主确定，一般不超过 20%，其余部分由各级财政按比例承担。另外，高标准农田创建、绿色高产高效创建、信贷担保等政策都对稻谷生产产生了积极的促进作用。近年来，国家以长株潭地区为重点，开展稻谷产地的重金属污染耕地综合治理，调整种植结构，加强耕地质量建设和污染修复治理。

稻谷市场调控政策体系为稻谷价格平稳运行并保持合理上涨提供了政策环境。最低收购价、临时储备收购价格和政策性储备粮竞价交易互为补充，构成了我国对国内粮食市场调控的主要政策，为稻谷价格保持平稳运行提供了政策环境。目前，稻谷临时收储已经不再作为常态化的政策。① 最低收购价也随粮食供求形势和财政状况做出了适当调整。政策性储备粮竞价交易也在配合“去库存”处于改革完善当中。除了国家粮食托市和收储制度外，国家还对农户储粮实施专项补助。

我国稻谷加工领域政策主要包括针对稻谷和大米加工企业的运费补贴。例如，2008年国家对关内销区省粮食企业，到东北三省采购新粳稻（含大米），给予适当的运费补贴。目前，国家层面上的稻谷及大米的运费补贴政策已经暂停，部分地区例如浙江省，在粮食短缺时由地方财政出资对进入该省的东北粳稻和粳米进行运费补贴。此外，部分主销区还指定省级稻谷加工企业，保障大中城市大米供应。

贸易方面，我国对大米进口实施配额管理。近年来的稻谷总体进口配额为532万吨，其中，长粒米266万吨，短粒米266万吨。配额内关税1%，配额外关税65%。配额内国有贸易比例为50%。对大米进口影响比较大的还有区域间贸易协定，尤其是“中国—东盟自贸区”对大米进口关税有特别的最惠国关税规定。例如，我国与东盟国家大米进口关税可以低至20%，而不受配额及配额内关税的限制。我国对大米出口也实施配额管理，需按规定申请取得配额，凭配额证明文件申领出口许可证。

二、稻谷产业供给侧存在的结构性问题

当前，稻谷产业发展速度较快，供给侧面临着比较突出的矛盾和问题，特别是生产成本增加，比较效益较低；生产资源偏紧，产地环境污染较为严重；流通“政策市”特征明显，库存压力较大；加工业提质增效不足，品牌建设滞后；基础竞争力下降，进口不断增加。

---

① 国家曾经于2008年对稻谷实施过临时收储政策，此后国家层面上没有再出台过稻谷的临时收储政策。

（一）成本“地板”抬升，稻谷比较效益降低

稻谷种植主要由土地成本、人工成本以及物质和服务费用三类大成本构成。生产 1 吨稻谷的总成本从 1990 年的 408.79 元上涨到 2015 年的 2 440.16元。尤其是，2008 年以来，受人工成本上涨推动，稻谷生产成本迅速增长。2015 年稻谷生产成本当中占比最高的是人工成本，约占总成本的 42.3%；物质和服务费用为第二大成本，约占 39.8%；土地成本尽管只占 17.9%，但近来增长速度较快。值得关注的是，物质和服务费用曾经一度是第一大成本，2013 年之后让位于人工成本（图 11）。

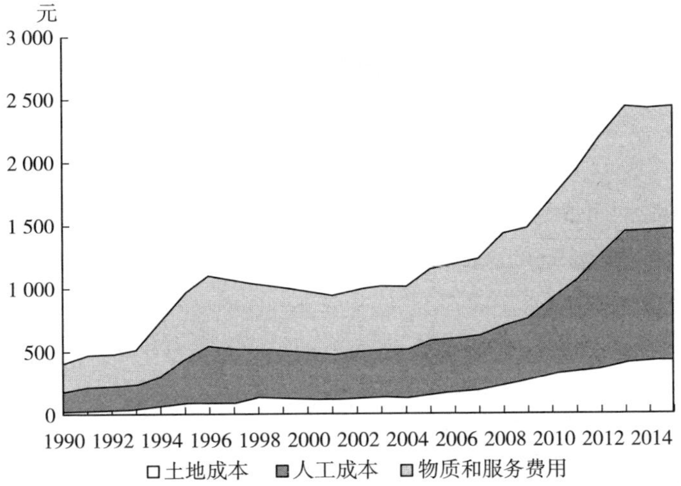

图 11 每吨稻谷生产成本及其构成

以往，农业生产者主要依靠自家劳动力和自家土地从事生产，因此劳动力和土地成本主要是隐性成本，然而隐性成本已经越来越具有显性化的趋势。首先，我国劳动力供给已接近刘易斯拐点，劳动力成本不断上升。即便能够用农机作业替代人工，但是农机作业费用相比自家劳动力仍然是一种显性成本。2010—2015 年，稻谷亩均种植成本均增长 9.6%，人工成本（包括雇工费用和家庭用工折价）均增长 13.8%，亩均机械作业费用均增长 10.9%。其次，随着新型经营主体的发展，土地流转市场迅速发育。据农业部统计，截至 2015 年底，全国家庭承包耕地流转面积 4.47 亿亩，流转面积已占家庭承包经营耕地面积的 33.3%，2010 年以来年均增幅达到 21.9%。土地流转需求增加，导致土地流转成本快速上涨。2010—2015 年，

土地成本（包括土地流转租金和自营地折价）均增长 8.7%。未来，随着土地承包经营权确权登记迅速铺开，农民产权意识日趋觉醒，土地流转费用仍然具备上涨的基础。到 2015 年，如果新型农业经营主体在流转土地上种稻谷，人工、机械作业和土地成本要占到生产总成本比重的 74.8%。

成本不断抬升导致稻谷种植效益呈下降趋势。我国稻谷亩均净利润由 2011 年最高时的 371.27 元下降至 2015 年的 175.40 元；每吨平均净利润也从 2011 年最高时的 787.60 元下降至 2015 年的 351.40 元。2015 年我国早籼稻、中籼稻、晚籼稻和粳稻亩均利润分别为 49.83 元、227.20 元、133.32 元和 290.58 元，比其最高点分别下降 76.5%、47.0%、59.0%和 46.1%（表 3）。

表 3　主要稻谷品种单位利润

单位：元

年份	每吨平均利润				每亩平均利润			
	早籼稻	中籼稻	晚籼稻	粳稻	早籼稻	中籼稻	晚籼稻	粳稻
2006	273.00	443.60	439.20	607.20	108.39	201.17	180.05	319.91
2007	344.60	615.40	553.00	464.80	141.27	301.41	229.28	244.65
2008	418.40	652.20	498.20	408.60	171.32	339.51	210.41	221.40
2009	400.20	600.20	488.40	609.80	169.06	302.97	207.90	325.03
2010	253.60	698.60	632.80	1016.60	99.25	353.04	257.02	529.84
2011	508.00	842.80	782.60	955.20	212.01	428.38	325.52	519.33
2012	301.20	701.00	553.20	725.20	125.37	366.32	246.84	404.19
2013	141.40	350.80	205.20	532.00	60.36	176.06	88.56	294.06
2014	136.20	377.80	422.40	661.00	57.71	197.30	192.81	371.48
2015	116.80	409.80	295.20	516.20	49.83	227.20	133.32	290.58

数据来源：历年《全国农产品成本收益资料汇编》。

（二）生产资源环境偏紧，质量安全和可持续发展受到威胁

我国稻谷连年丰收，是建立在农业资源高强度开发和利用基础上的，加之工业和城市发展对环境污染日趋严重。资源环境方面的矛盾经过多年积累，基本已经趋近于不可持续的临界点。

资源方面，据测算，我国每年大体上要减少耕地 600 万～700 万亩，

守住耕地红线压力越来越大；淡水资源总量不足、利用率不高，农业年均缺水量300多亿立方米，这对生产需要大量水资源的稻谷而言，制约尤为严重；水土资源匹配严重失调，50%以上耕地位于北方的干旱、半干旱地区，尤其是东北部分缺水的地区还种植了大量优质稻谷。

环境方面，农业面源污染加剧态势尚未得到根本扭转，我国农药利用率仅为30%～40%，化肥利用率只有30%，残膜率高达42%，工业“三废”和城市生活污染向农业农村扩散严重，镉、汞、砷等重金属不断向水土渗透，而稻谷因其品种特性，对重金属等污染的吸附能力较强，这就造成了大米的质量安全隐患；全国均超采地下水215亿立方米，超采区面积23万平方公里，导致环境地质灾害频发、农业生态系统退化，这种情况下，东北部分地区农业结构调整还以“旱改水”为主，进一步加剧了环境隐患。这些问题已经严重威胁稻谷产业的可持续发展，也给大米质量安全带来了问题。2013年，湖南多批次大米被检出重金属镉超标，对我国大米产业造成了比较大的打击。

（三）流通受“政策市”影响较大，产量、进口、库存“三量齐增”

最低收购价和临时收储计划最初的政策目标在于为稻谷价格提供托市支持，保障国家粮食安全。其初始背景是国际国内稻谷供求平衡状况相对偏紧，价格总体上行。在这一背景下，政策性托市收购与市场主体收购能够协调并存，国家粮食部门随着粮价上涨的趋势政策性收购抛储或市场化轮入轮出，既不会造成库容问题，又能够保证自身盈亏平衡，也不会给财政造成负担。

但是，近年来包括我国在内的主产国稻谷连年增产，国际国内稻谷供求形势转向宽松，尤其是2013年以来，国际稻谷价格下行，国内稻谷价格也呈现弱势运行态势。在稻谷托市价格不断抬高的背景下，大米加工企业原粮收购成本不断增加（表4）。2010—2014年，谷物磨制企业主营业务成本以年均21.9%的速度攀升。用粮企业成本不断攀升，无法获得合理利润，严重影响了企业持续经营，从而导致市场主体入市积极性大幅降低。于是，政策性收购成为稻谷收购的主体。国有粮食部门收购大量稻谷之后，库容问题越来越凸显出来。甚至，稻谷还出现了新型经营主体库容压力增大的情况。根据农业部对13个粮食主产省（区）专项调查，2016

年4月底[①]，农业合作社社均储粮达到35 187千克，较2015年同期增长149.2%，其中稻谷占84.4%[②]；种粮大户户均储粮8 658千克，较2015年同期增长80.1%，其中稻谷占49.8%[③]。

表4　2004—2017年稻谷最低收购价

单位：元/50千克

年份	早籼稻	中晚籼稻	粳稻
2004	70	72	75
2005	70	72	75
2006	70	72	75
2007	70	72	75
2008	75	76	79
2009	90	92	95
2010	99	97	105
2011	102	107	128
2012	120	125	140
2013	132	135	150
2014	135	138	155
2015	135	138	155
2016	133	138	155
2017	130	136	150

数据来源：历年我国政府网公布的稻谷最低收购价。

为了进行稻谷收储，国家粮食部门不仅要支付大量收购资金，每年还要支付库存成本。在稻谷价格总体偏弱运行的背景下，新陈价差较大，国储稻谷难以顺价销售，政策性拍卖和市场化轮出都遭遇严重瓶颈，国有粮食部门出现潜在亏损，财政负担也呈现加剧态势。此外，政策性金融部门

① 选择该时点的原因在于，这一时点上，国家托市政策基本全都执行完毕，应当是传统农户和新型经营主体存量数量最低的时点。

② 此外，玉米占8.8%，小麦占6.5%，大豆占0.3%。

③ 此外，玉米占39.2%，小麦占9.0%，大豆占1.9%。

还要承担稻谷购销市场风险和贷款主体信用风险等，国家财政背上了较重的负担。

同时，随着国内外稻谷供求形势变化，国内外大米的价格倒挂愈发严重。早在 2011 年，国内外大米价格就出现了倒挂的迹象。自 2013 年 7 月起，国内外大米价格出现了持续倒挂。2014 年 4 月国内大米批发价比进口到岸税后价高出 1 466 元/吨，是迄今为止的最大幅度。2015 年第 4 季度，国内外价差维持在 33.3%左右，这就意味着国外大米在支付完运费、关税之后，仍然仅相当于国内价格的 2/3，如图 12 所示。在国内外粮食价格倒挂的情况下，主产国政策调整导致我国大米进口来源和结构转向，2012 年以来我国大米进口激增。尤其是越南大米凭借其价格优势挤占了我国南方销区市场，对大米加工产业造成了冲击。

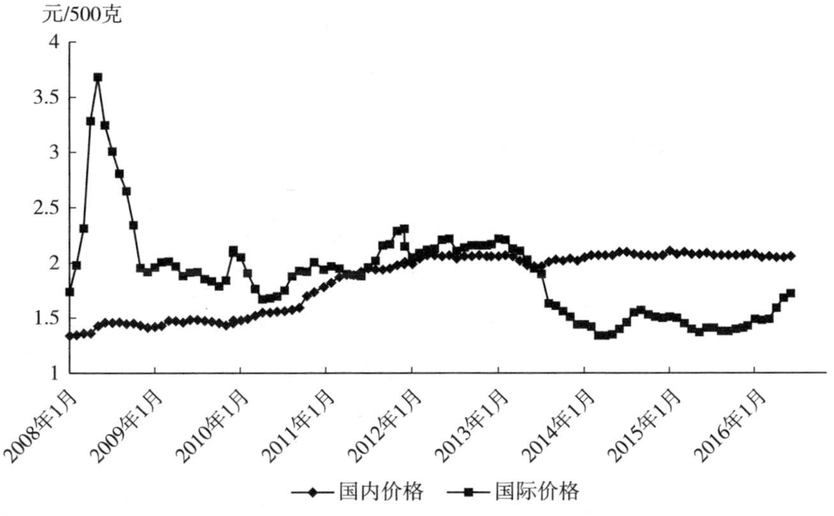

图 12 国内外大米价差变动情况

不同品种托市政策改革的协调性也存在一定的问题。2016 年取消玉米临储收购，改为“生产者补贴＋市场化收购”。政策的本意在于，调减“镰刀弯”地区玉米播种面积，扩充大豆面积，兼顾杂粮和特色农产品。然而，由于缺乏政策协调性，主要作物比价关系失调，导致作物种植效益相差较大，成为“旱改水”的内生动力。根据全国农村固定观察点调查体系 2016 年 11 月对黑龙江、吉林、辽宁、内蒙古 4 个省区 56 个县（市、区）60 个村 3 254 个农户专项调查，稻谷仍然是收益最高的（图 13）。因此，调减玉米之后，农户作为理性人就会选择种植稻谷，这样变相鼓励了东北部分地区“旱改水”，导致井灌稻种植面积扩大，对粮食主产区的生态环境造成了潜在威胁。

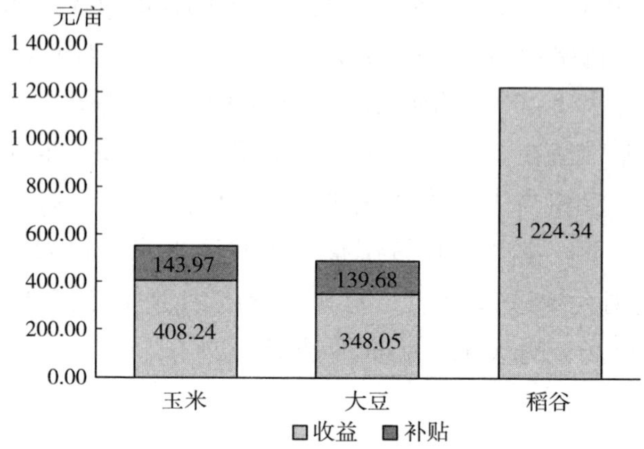

图 13　2016 年东北地区主要作物种植效益

（四）加工业品牌建设滞后，提质增效不足

在连续启动托市收购的背景下，托市收购以普通品种为主，优质稻送至粮库无法实现优质优价。优质稻抗性不及普通稻，单产一般低于普通稻，在最低收购价连年提高的情况下，优质稻亩均收益低于常规稻，优质稻推广速度受到一定影响。因此，原粮质量较低，大米加工企业很难保证优质优价。

当前，粮食加工企业等市场主体为降低成本而大量使用进口粮食做原料，企业购买进口大米也主要是掺入国产大米中以降低企业生产成本。而同时，国产粮食则主要由政策性粮食部门收购，这就造成了“外粮入市，国粮入库”。

我国大米品牌知名度不足，美誉度欠佳，消费者忠诚度不高。目前，大米品牌多集中在主产区，区域品牌较多，如黑龙江的“五常大米”，江苏的“射阳大米”，江西的“万年贡米”等。但是，真正让全国消费者都产生极高忠诚度的品牌几乎没有。一项针对北京市的消费者调查表明，约64%的消费者在购买大米的时候，不追求固定的品牌，绝大多数消费者也把大米品牌等同于大米产地（图 14）。由于流通渠道较多，假冒品牌层出不穷。2015年黑龙江五常大米市场乱象受到主流媒体关注，引发了密集报道。在品牌认知方面，消费者存在混淆产地与具体品牌的情况，这给企业品牌建设造成了一定的困难。根据网络大数据方法，对大米品牌进行分析发现，金龙鱼、福临门、北大荒等综合性企业在大米品牌关注度方面占有绝对优势，而地方性、具备原产地标识的大米关注度则较低，这也说明大米品牌建设还是依附于综合性的品牌，没有形成全国性的领先品牌（图15、图16）。

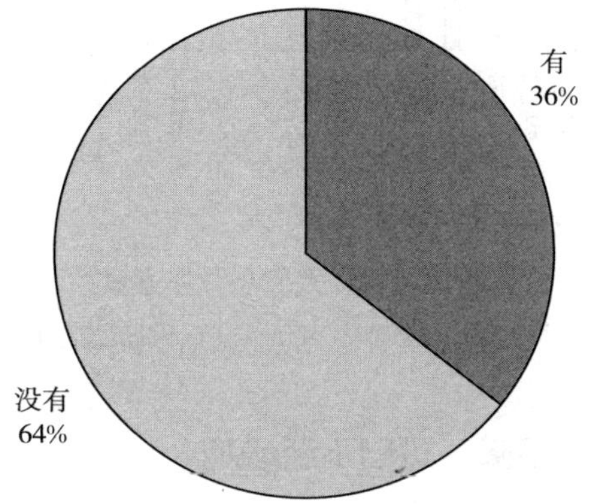

图14 消费者购买大米时是否考虑固定品牌

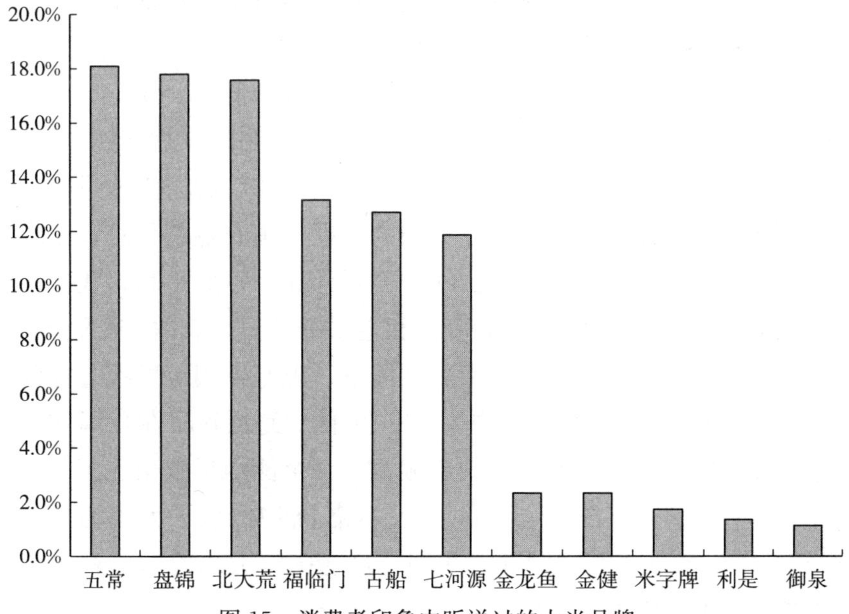

图15 消费者印象中听说过的大米品牌

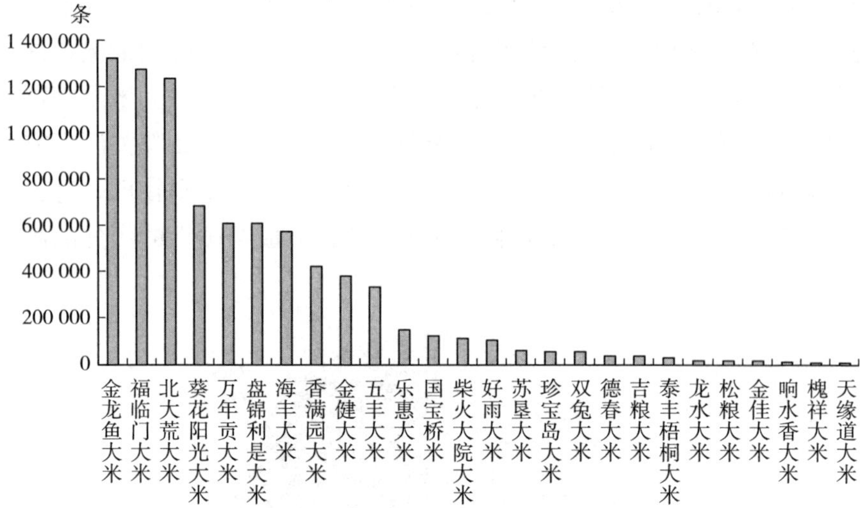

图 16　百度大米品牌搜索量

数据来源：截至 2017 年 8 月 15 日百度搜索量。

（五）基础竞争力下降，进口不断增加

部分国家大米之所以能够大量出口我国，直接原因仍在于价差优势，而价差主要来自于单位生产成本。根据《农产品成本收益汇编资料》数据计算，2015 年我国稻谷种植亩均成本为 1 176.55 元，折合 2 873.19 美元/公顷。根据国际食物政策研究所的跨国比较研究，2014 年柬埔寨每公顷稻谷种植成本约为 469 美元，老挝约为 463 美元。以此计算，我国稻谷单位面积成本为这些国家的 6 倍以上。但是，作为我国大米进口主要来源，这些国家的稻谷生产力并不比我国高。据美国农业部估算，柬埔寨单产仅为 2 吨/公顷、老挝单产仅为 3 吨/公顷计算，以此平均，我国稻谷每吨的种植成本也达到柬埔寨的 1.80 倍和老挝的 2.73 倍。再深入分析，这一单位生产成本差异根源在于越南、柬埔寨、巴基斯坦等国家总体物价水平大幅低于我国。图 17 展示了购买力平价下 1 美元商品在我国和在主要大米进口来源国能够兑换人民币的金额，从一个侧面反映出我国与这些国家的物价水平差异。从图 17 上看，东南亚各国物价水平大体相当于我国 20 世纪 90 年代初的水平。因此，我国与这些国家大米价差的根源还是在于这些国家总体物价水平较低。

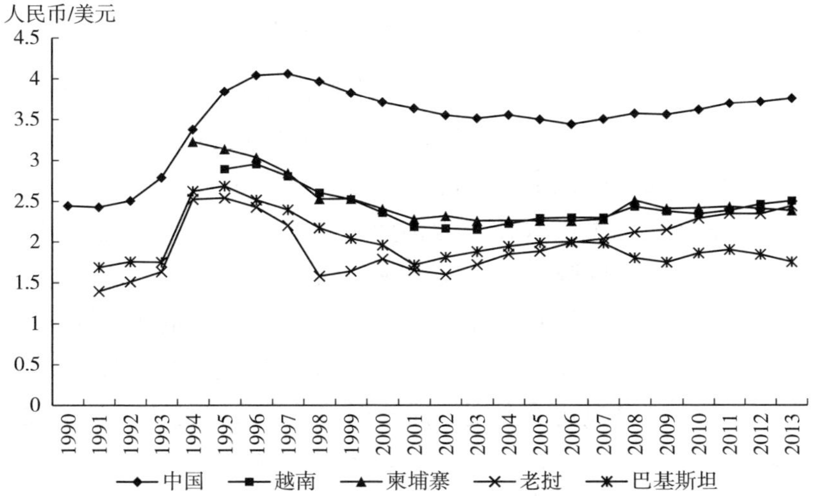

图 17　购买力平价下的物价水平

注：各国汇率经过当年度美元交叉汇率计算。

数据来源：世界银行。

与日本、韩国等国家不同，我国未能设置高关税人为隔绝国内外市场，因此粮食大量进口没有“防火墙”。而且，随着我国参与区域经济一体化的进程加快，关税配额等作用将越来越弱。2015 年，根据我国东盟自贸区协定设置的时间表，我国与老挝、越南、柬埔寨和缅甸建成自由贸易区，从上述国家和其他东盟成员国进口碎米关税降至 20%，因此大米进口出现了新一轮增长。而且，我国与东南亚部分国家大米小额边贸极为活跃，估计交易量不会低于海关统计的正常贸易量。可以预计，只要重要粮食出口国不发生重大的自然灾害和突发事件，今后我国从东南亚地区粮食进口将会继续增加。因此，来自这些国家和地区的大米走私进入国内数量也比较大。

三、推进稻谷产业供给侧结构性改革的目标与思路

稻谷产业供给侧结构性改革，是农业供给侧结构性改革的重要组成部分。与过去的改革相比，当前的稻谷产业供给侧结构性深层次问题更多，改革更具有艰巨性、复杂性，需要更加注重顶层设计、统筹规划。

（一）稻谷产业供给侧结构性改革的主要目标

综合考虑我国稻谷产业资源环境、市场供需状况以及供给侧结构性矛盾，当前推进稻谷产业供给侧结构性改革的总体目标是，推动稻谷产业创新发展、协调发展、绿色发展，进一步提升开放的水平和质量，让种稻农民更多地共享现代化发展收益，为构建更高层次、更高质量、更有效率、更可持续的口粮安全保障体系夯实产业基础。

——口粮绝对安全得到保障。把稻谷综合产能稳定在 1.8 亿吨以上，力争可持续的产能维持在 2 亿吨以上，实际自给能力达到 100%。强化科技支撑，加大基础设施建设力度，提升稻谷综合生产能力；加快推进稻谷托市政策和收储制度改革，充分发挥政策对市场主体的引导和反馈作用，推动稻谷种植结构调整优化；健全完善相关支持保护体系，保障农民和新型经营主体种粮合理收益，促进粮食生产稳定发展。

——流通现代化水平显著提升。加强现代稻谷仓储物流设施建设和行业信息化建设，补齐稻谷和大米流通短板，降低流通成本，提升流通效率，更好地满足稻谷和成品大米资源快速集散、顺畅流通、高效配送的需要。

——产业持续健康发展。以稻谷加工转化为引擎，促进产购销调存加有机融合，鼓励大众创业、万众创新，充分利用“互联网＋”技术和业态，促进稻谷三产融合发展，推动粮食行业转型升级、提质增效。

——产品和服务供给结构更加优化。适应消费需求升级趋势，加快产品和产业供给结构调整，强化有机、绿色、无公害大米有效供给，发展以稻谷为原料的特色粮油，与休闲、文化、旅游充分结合，满足人民群众日益增长的美好生活需求。

——品牌建设取得突破。形成 3～5 个国际知名大米品牌，同时开发其周边深加工、旅游纪念等产品，形成一批美誉度高的地方特色品牌，制定严格的品牌标准，维护公平竞争，对大米品牌仿冒行为进行严厉打击，为品牌建设创造良好的市场环境。

（二）稻谷产业供给侧结构性改革的基本思路

当前和今后一段时期，我国稻谷产业供给侧结构性改革的总体思路是：全面贯彻落实中央关于深入推进农业供给侧结构性改革的总体部署，以保障口粮绝对安全为底线，以增加绿色优质大米供给、有效解决市场化形势下农民卖粮问题和保障稻谷产品食品安全为重点，瞄准市场需求，努力提高稻谷产业供给侧质量，优化产品结构、品质结构和产业结构。

——坚持市场主导，政府引导。以市场对稻谷产品和产业的需求升级为导向，突出市场主体地位，激活主体、市场和要素，发挥市场在资源配置中的决定性作用。针对稻谷产业发展的薄弱环节和制约瓶颈，更好地发挥政府作用，强化政府在顶层设计、规划引导、市场监督、服务供给、宏观调控等方面的作用，着力补齐产业发展短板。

——坚持产业融合，协调发展。树立“大粮食”、“大食物”、“大产业”、“大市场”、“大流通”理念，充分发挥稻谷加工转化的引擎作用，推动仓储、物流、加工等流通环节与生产环节有机无缝对接，在保障农民充分分享收益的前提下，培育全产业链经营模式，促进三产融合发展。

——坚持创新驱动，培育新动能。充分发挥科技创新在提升稻谷综合生产能力、完善稻谷和大米流通体系、促进产业融合发展中的支撑作用，夯实基础设施条件和物质装备能力，加快体制机制创新，培育新主体，引入新模式，深入推进大众创业、万众创新，积极培育新产业、新业态，催生稻谷产业发展新动能。

——坚持绿色理念，促进可持续发展。树立绿色发展理念，实现农业资源集约利用，对稻谷生产过程中的用水实施总量控制，推进化肥农药减量增效，建立耕地轮作制度，实现用地养地结合，促进资源永续利用、生产生态协调发展。

——坚持循序渐进，统筹重点和全局。结合不同地区、不同主体的实际情况，加强顶层设计、统筹协调和政策分层对接，在推进产业发展方式转变的同时，给予产业调整一定的缓冲，统筹利用好国际国内两个市场、两种资源。

四、深化稻谷产业供给侧结构性改革的对策建议

针对稻谷产业供给侧存在的突出问题，应按照稻谷产业供给侧结构性

改革的目标思路，进一步深化体制机制改革，加快转变生产方式，完善支持保护政策，促进稻谷产业持续健康协调发展。

（一）在稻谷综合产能上挖掘新潜力

在粮食生产功能区建设中专门安排稻谷生产功能区，稳定口粮生产，增强粮食规模经营效益。发展优势粮食产业基地，稳定北方粳稻和南方双季稻种植面积，通过加快实施区划布局，建设东北平原、长江流域和东南沿海 3 个稻谷优势产区。加快推进高标准农田建设，发展适度规模经营，进一步细化高标准农田标准，促进高标准农田建设提质增效。实施“藏粮于技”战略，加强稻谷生产关键共性技术研究，在节本降耗、节水灌溉、农机装备、绿色投入品、重大生物灾害防治、秸秆综合利用等方面取得一批重大实用技术成果，着力提高稻谷单产、提升大米品质、促进可持续发展，加快实施标准化生产、社会化服务、产业化经营，确保口粮绝对安全。

（二）探索完善稻谷市场价格形成机制

坚持市场定价、价补分离原则，健全主要由市场决定的价格形成机制。在综合考虑国内外市场形势的前提下，采取“分类实施、循序渐进、先易后难、平稳过渡”的策略，审慎探索“价补分离”改革对稻谷等口粮的适用性，把握好改革政策的出台时机。尽快设计启动新一轮农业信息工程，结合粮食生产功能区的建设，提高信息采集的技术水平，对生产成本、产地价格等信息上图入库，选择部分家庭农场、农民合作社等新型经营主体和骨干农产品批发市场、大型集贸市场作为信息采集的重点抽样对象。以成本、收益、供求作为市场调控的依据。

（三）大力推进稻谷产业绿色发展

强化耕地质量保护与提升，开展土壤改良、地力培肥和养分平衡，防止耕地退化，提高地力水平。抓好东北黑土地退化区、南方土壤酸化区、北方土壤盐渍化区综合治理，保护和提升耕地质量。整合项目资金，加大补助力度，支持各地因地制宜推行耕地轮作模式，逐步建立稻麦轮作、稻油轮作、稻饲轮作等耕地轮作制度，促进土地质量提升。在地下水漏斗区、重金属污染区和生态严重退化地区开展耕地休耕制度试点，合理确定补助标准。

（四）坚持以市场手段支持稻谷加工企业发展

大力支持稻谷加工企业发展，实施主食加工业提升行动，促进农产品产地初加工惠民工程向粮食加工企业倾斜。结合农产品初加工税费改革，切实减轻企业负担，对加工能力强、资信状况好、在区域稻谷供给保障中有贡献的企业进行财政奖励。通过定向降准、财政贴息等货币金融政策，结合税收、补贴等财政杠杆，动态调节燃料乙醇、米糠油等粮食深加工企业的产能，发挥其对稻谷市场的调控作用。在适宜的地区大力发展优质稻谷订单交易，积极促进农户、合作社、家庭农场等生产主体与企业对接。改革现有的国家政策性稻谷竞价交易，委托国有粮食部门对稻谷加工企业随行就市销售、轮换，国家拍卖仅作为市场调节的辅助手段，相应的补贴和税收减免也要与加工量相对应，不再与拍卖获得的数量相对应。对稻谷产地进行分级管理，重点监测种植品种、化肥农药施用、产地环境转化、流通环节污染等指标，提高口粮质量安全保障水平。

（五）促进稻谷三产融合发展

在稻谷主产区，依托粮源优势，引导农产品加工业集群聚集发展，提高精深加工水平。加强稻谷和大米物流基础设施建设，优化仓储设施布局，重点加强销区成品粮仓储设施建设的数量和质量，尤其是增加低温仓储设施的投入力度。深入实施农户科学储粮工程，增强对农户的储粮技术指导，改善储存条件，减少稻谷产后损失。在稻谷收储上探索政府与社会资本合作的模式，扶持新型经营主体兴建仓储、烘干等设施设备。在适宜地区，积极发展集生产、销售、观光休闲、娱乐体验、科普教育、生态保护为一体的稻谷休闲农业，推动文化产业、休闲产业与稻谷生产相交叉的新型产业发展。鼓励发展股份合作，建立股权化分红激励机制，以众筹农业、社区支持等新业态为平台探索新型利益联结模式，促进种植、仓储、加工、物流、港口、电商的有机融合，促进线上线下融合，有效解决稻农卖粮难问题，打造稻谷商业生态圈。鼓励地方出台企业创新、农民创业的产业扶植政策，对三产融合过程中出现的可复制、能推广、可持续的新业态、新模式实施财政奖补。

（六）多措并举“去库存”

通过“卖一批（拍卖销售）、移一批（跨省移库）、建一批（投资建仓）、修一批（老仓维修）、租一批（租赁符合条件的社会仓容）”等措施，促进腾出有效仓容。扩大租赁社会仓容的允许范围，允许有仓容且符合储粮要求的市场主体提供代收代储。在重点稻谷主产区，实施地方粮库维修改造资金专项补助，对地方粮库自行租仓库解决库容问题的实施以奖代补，保障奖补资格确认、资金发放、建设改造程序的公开透明，并接受社会各界监督。规范各类购销主体竞争行为，防止粮库之间对粮源的恶性竞争，把稻谷出库数量和质量作为保管费用补贴计算的标准之一。注意稻谷轮出和政策性竞价交易的低价制定、投放数量和投放时机，防止在稻谷收获集中上市期间“砸市”。

（七）统筹国际国内两种资源、两个市场

增强国内市场调控与进出口调整政策的协同性。通过完善关税、配额、检验检疫、港口储备、保税区加工、全程追溯等政策，调节国内外稻谷和大米供求，综合使用汇率等宏观经济调控工具，将国际大米价格波动对国内产业的冲击降到最低。同时，积极实施“走出去”战略，争取世界范围内的稻谷和大米定价的话语权。加强对大型跨国粮食企业的培育，增强企业国际竞争力。引导鼓励企业提升投资层次，从稻谷产业链前端向中后端发展，尤其是鼓励企业更多地投资物流、仓储、港口等产业基础建设。与对外粮食援助相结合，鼓励扩大优质大米出口，重塑我国稻谷产业竞争力。

小麦产业供给侧结构性改革：现状、问题与对策

小麦是我国重要的口粮作物。与其他粮食相比，小麦具备良好的黏弹性、胀发性和延展性，可以加工成多种产品，是食品工业重要的原料之一。近年来，在国家一系列政策扶持下，小麦种植面积逐步恢复，生产能力持续增强，国内供需形势由产不足需逐渐转为基本平衡，且略有结余。但 2012 年以来，我国小麦进口大幅增加，2016 年甚至出现超配额进口现象，这其中既有国内外价差的影响，也有国内小麦生产品质结构矛盾突出、成本上涨较快的因素，如何提升我国小麦产业竞争力，是今后供给侧改革的重点所在。本文在描述小麦产业供给侧现状的基础上，深入剖析小麦供给侧存在的结构性矛盾和问题，进一步明确深化供给侧改革的目标与思路，并提出若干对策建议。

一、小麦产业供给侧的现状描述

小麦是我国第三大粮食作物，播种面积和产量均占粮食总量的 20% 左右。近年来，我国小麦生产持续登上新台阶，自 2012 年超过 1.2 亿吨后，仅用三年时间就登上了 1.3 亿吨的新台阶；小麦生产集中度逐渐提高，河南、山东、河北、安徽和江苏 5 个小麦主产省的播种面积占全国的 2/3 以上；小麦生产基本实现了全程机械化，商品化率和规模化水平大幅提高，经营主体多元化趋势明显；小麦粉加工企业主要集中在主产区，大型企业在行业内的占比不断提升。今后一段时期，小麦生产受土地、水资源等约束增强，面积增加潜力有限，单产还有提高的空间，小麦进口仍将保持一定规模。

（一）小麦生产的区域布局

小麦起源于亚洲西部，栽培历史已有1万年以上。我国是世界上小麦栽培最古老的国家之一，据考古发现，在距今约7 000多年的河南省陕县东关帝庙底沟原始社会一直有麦类印迹，这是我国小麦种植有史可考的最早记录。由于小麦的适应性较强，在我国分布十分广泛。除了海南省以外，小麦种植遍布30个省区。按照播种季节的不同，可将小麦分为冬小麦和春小麦。我国兼种冬、春小麦，但以冬小麦为主，占全国麦播面积的93.7%。20世纪90年代，我国小麦播种面积在3 000万公顷左右，1998年以后，由于种植比较效益低下，小麦播种面积呈现明显的下降趋势，2004年跌至2 163万公顷的最低值。之后在国家一系列粮食生产扶持政策的刺激下，小麦播种面积逐步恢复到2015年的2 414万公顷，较2004年增长11.6%。

按照自然条件、种植制度、品种类型和生产水平等指标，我国小麦可以划分为黄淮海、长江中下游、西南、西北和东北五个优质产区，其中黄淮海和长江中下游地区是小麦的主产区。黄淮海小麦优势区包括河北、山东、北京、天津全部，河南中北部、江苏和安徽北部、山西中南部以及陕西关中地区，该区小麦种植面积在2.4亿亩左右，占全国小麦总面积的2/3，是我国最大的冬小麦产区。种植制度以小麦玉米一年两熟为主。该区地势平坦，土壤肥沃，生产条件较好，单产水平较高，有利于小麦蛋白质和面筋的形成与积累，是我国优质强筋、中强筋和中筋小麦的优势产区。长江中下游小麦优势区包括江苏和安徽两省淮河以南、湖北北部以及河南南部，该区小麦种植面积在3800万亩左右，占全国小麦总面积的11%，种植制度以水稻小麦一年两熟为主。该区地势低平，小麦灌浆期间降水量偏多，有利于小麦低蛋白和弱面筋的形成，是我国发展优质弱筋小麦最适宜的地区。

我国小麦生产向优势区域集中的趋势明显。近30年来，我国小麦生产逐渐向气温、降水都比较适合小麦生长的黄淮海和长江中下游地区集中，河南、山东、河北、安徽和江苏五个小麦主产省的播种面积占全国的比重由不足60%增至67%以上；而西北和东北地区小麦生产退化较为明显。陕西、四川、甘肃、黑龙江曾经是我国传统的小麦产区，但由于单产、品质等处于竞争劣势，自20世纪末以来种植面积大幅缩减。尤其是黑龙江，20世纪80年代曾经是我国春小麦生产第一大省，种植面积一度达到226万公顷，遍布大小兴安岭林业区、三江平原北部、松嫩平原北部。1996年，黑龙江省春小麦退出保护价，由于以新克旱19为代表的主栽品种品质不佳，市场竞争力弱，小麦种植迅速萎缩。2000年后，小麦退守至大兴安岭地区和嫩江县“保留地”，种植面积降到23万公顷，仅为1980年的1/10。

（二）小麦产出的基本情况

我国小麦产量在改革开放之初只有5 500万吨左右，20世纪90年代，小麦产量大幅增长，1997年创下了1.2亿吨的历史最高纪录。之后就持续下降，2003年降至8 649万吨。2004年之后，在国家惠农政策的激励下，我国小麦生产能力逐渐恢复，2012年产量增至1.2亿吨，基本达到20世纪90年代的最高水平，2015年首次登上1.3亿吨的台阶，比历史最高纪录的1997年增加5.6%。2004年以来，我国小麦生产集中度不断提高，河南、河北、山东、江苏、安徽、湖北6个主产省产量之和占全国总产量的比重由2004年的74%增至2015年的79%，全国小麦增产的92%来自这6个主产省。从全球范围看，2015年我国小麦产量约占世界小麦产量的17.5%，仅次于欧盟（1.5亿吨）。

我国小麦产量的增长主要依靠的是单产水平的提高。尤其是2004年以来，随着新品种和高产高效技术模式的推广，小麦单产提升速度明显加快，由283千克/亩增至360千克/亩，增幅达26.8%，是三大谷物中单产增长最快的品种（图1）。在6个主产省中，河南、河北、山东单产最高，2015年均在400千克/亩以上，远高于全国平均水平；安徽单产增幅最快，从2004年的256千克/亩增至2015年的383千克/亩，累计增长49.7%。从国际比较看，我国小麦单产水平已高于世界平均水平（225千克/亩），在世界上排名第八，前七位分别是新西兰、赞比亚、纳米比亚、埃及、瑞士、欧盟和智利，我国目前的单产水平约相当于新西兰的64%、赞比亚的75%左右。

从1998年开始，我国大力推进优质小麦的种植，并适当缩减了普通小麦的种植面积，这一举措使我国优质小麦产业迅速发展起来。2006

年国家开始执行小麦托市收购政策，随着托市收购底价的提高，普优麦价差缩小，农户更倾向于种植高产、稳产品种，对国内优质小麦生产造成不利影响，优质强筋麦产量由 2014 年的 624 万吨降至 2016 年的 528 万吨。

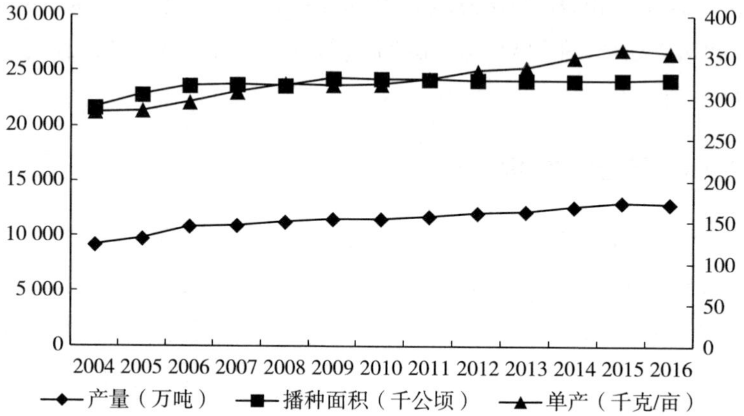

图 1　2004 年以来我国小麦生产情况

（三）小麦的生产经营方式

近年来，小麦生产经营方式正在经历着从以一家一户为主的小农生产方式向以种麦大户、麦农合作社、家庭农场为主的规模经营方式转变。根据国家小麦产业技术体系的调查，目前小麦生产的规模经营主要有三种模式：一是种麦大户模式，即由种植经验丰富并有资金实力的农户通过流转土地不断扩大种植面积、集中耕种实现规模经营，这种模式在江苏和山东较为普遍。二是农民专业合作社模式，即由农民合作社统一组织部分生产经营环节，发挥集体优势从而形成规模生产。这种模式既可以保留农户家庭生产经营方式，又可以根据市场需求，统一制定生产计划，提高农户生产的组织化、专业化水平，具有较为广阔的发展前景。三是龙头企业经营模式，即由龙头企业直接从农户租赁土地并雇佣农业劳动力实现一体化经营，从而实现农业生产的规模效益。龙头企业具有较高的科技和管理优势，有利于促进农业结构调整和新技术的应用，能够辐射带动周边农户形成示范效应。

从成本结构上看，小麦种植的总成本主要由生产成本和土地成本构成，2015 年两者占总成本的比例为 79.7%和 20.3%。其中生产成本包括物质服务费用和人工成本，两者的比重分别为 53.6%和 46.4%。在物质服务费用中，2015 年每亩小麦的种子用量约为 15.9 千克，成本约为 66.1 元，占物质服务费用的 15.7%；每亩化肥施用量约为 27.1 千克，成本为 143.1 元，占物质服务费用的 34.1%；随着小麦机械化水平的提升，租赁作业费用占比逐渐增加，2015 年每亩约为 163.06 元，占物质服务费用的 38.80%（表 1）。

表 1 我国小麦每亩种植成本构成情况

项　　目	单位	2010 年	2012 年	2014 年	2015 年
总成本	元	618.63	830.44	965.13	984.30
生产成本	元	497.18	688.09	783.80	784.62
物质与服务费用	元	318.35	396.69	419.03	420.23
种子费	元	44.72	55.83	63.97	66.11
化肥费	元	118.49	153.78	145.93	143.10
农家肥费	元	9.81	13.30	13.19	12.85
农药费	元	13.07	15.87	17.48	19.67
租赁作业费	元	120.76	144.28	163.61	163.06
人工成本	元	178.83	291.40	364.77	364.39
家庭用工折价	元	172.43	284.20	353.70	352.40
雇工费用	元	6.40	7.20	11.07	11.99
土地成本	元	121.45	142.35	181.33	199.68
流转地租金	元	6.76	10.71	21.10	26.60
自营地折租	元	114.69	131.64	160.23	173.08

数据来源：《2016 年全国农产品成本收益资料汇编》。

进入 21 世纪以来，小麦生产的科技水平明显提升，为连年丰收奠定了坚实基础。首先，小麦品种选育水平显著提升，推广了一批优良的小麦品种，良种覆盖率达到 95%以上；其次，保护性耕作、测土配方施肥、节水灌溉和旱作农业等一大批先进适用技术大面积推广，深松整地、精量播种、播后镇压、浇越冬水、一喷三防、病虫害统防统治等关键技术通过高产创建等方式得以大范围推广应用；最后，机械化水平不断提升。小麦耕种收综合机械化水平达到93%左右，比其他作物的平均水平高36个百分点。每年5月下旬，全国“三夏”大规模小麦跨区机收大会战都会从江淮、黄淮主产区启动，由南向北梯次推进，涉及湖北、安徽、河南、江苏、山东、河北等小麦主产区，历时一个月左右，成为我国小麦夏收的一道亮丽风景。

（四）小麦的市场流通情况

2004年我国粮食市场全面放开以后，市场经营主体由单一的、处于垄断地位的国有粮食系统，向国有、民营、外资等多种所有制经济主体转变，粮食市场经营主体逐渐呈现多元化的发展趋势。国有企业收购量占粮食商品量的比重明显下降，小麦托市收购量占商品量的比重由2006年的69%降至2014年的24%左右（表2）。粮食经纪人队伍迅速壮大，在农户收购环节上逐渐占居重要地位。据国家粮食局2014年的专项调查表明，从全国平均水平看，粮食经纪人的收购量约占总粮食收购量的70%，在粮食主产区比例更高。例如，河南省小麦经纪人收购比例达到85%。2004年，我国小麦商品率仅有46%，农户库存在全社会库存中占有很大比重。随着小麦生产全程机械化的实现以及农民外出打工的增长，2015年的全国小麦商品率已高达90%左右。据安徽省调查，85%的农户基本不储存小麦，10%人均储存小麦为150千克，5%人均储存小麦在150千克以上。随着国内粮食价格支持政策改革的推进，未来政策对市场的影响将逐渐减弱，收购主体将越来越多元化，小麦市场的流通效率将逐渐提高。

表2　2006年以来中国小麦产量及收购量比较

单位：万吨

年份	当年产量	全社会收购量	当年商品量	托市收购量	全社会收购量占当年商品量比例	托市收购量占当年商品量比例
2006	10 847	—	5 933	4 094		69.01%
2007	10 930	4 242.4	6 405	2 894.9	66.24%	45.20%
2008	11 246	5 866.6	7 096	4 202.8	82.67%	59.23%
2009	11 512	6 015.7	7 576	4 004.2	79.41%	52.86%
2010	11 518	5 191.1	8 112	2 240.9	63.99%	27.62%

（续）

年份	当年产量	全社会收购量	当年商品量	托市收购量	全社会收购量占当年商品量比例	托市收购量占当年商品量比例
2011	11 740	5 731.6	8 676		66.06%	0.00%
2012	12 058	5 762.5	9 832	2 335	58.61%	23.75%
2013	12 193	5 450	9 998	837.15	54.51%	8.37%
2014	12 617	7 363	10 471	2 535	70.32%	24.21%

注：2014 年以后不再公开发布托市收购量数据；各年商品量数据根据《全国农产品成本收益资料汇编》小麦商品率与当年产量相乘计算而得；2011 年未启动托市收购。

在市场建设方面，截至“十二五”末期，我国共建设粮食批发市场 400 余家，国家粮食交易中心 20 余个，建立了全国统一的粮食竞价交易平台。中国郑州粮食批发市场，是经国务院批准于 1990 年成立的第一家全国性、规范化的粮食批发市场，是我国最大的小麦交易中心。2006 年，郑州粮食批发市场被国家粮食局确定为郑州国家粮食交易中心。2010 年成交量 1 010 万吨，成为国内唯一年交易量超千万吨的粮食批发市场。小麦期货交易主要在郑州商品交易所，涉及两个品种：一是优质强筋小麦，2003 年 3 月 28 日经中国证监会批准上市交易，2015 年成交量为 45.76 万手（10 吨/手），成交金额 252.92 亿元；二是硬白小麦，1993 年 5 月 28 日上市交易，为与现货市场接轨，2008 年后改名为普通小麦，2015 年成交量为 0.12 万手（50 吨/手），成交金额 1.46 亿元。

（五）小麦加工的基本情况

小麦是仅次于稻谷的口粮作物，近 90%的小麦都被加工成各种面粉，其他深加工产品还有小麦淀粉与谷朊粉、小麦蛋白制品、变性淀粉等，广泛应用到食品、化工、酿造、医药、造纸、纺织等行业。从加工产业布局上看，当前我国小麦粉企业主要集中在小麦主产区。2015 年，河南、山东、安徽、江苏、河北、湖北六个主产省份小麦粉的产量占全国比重高达 85.9%，其中，前三个省份小麦粉的产量占全国产量的 64.9%（图 2）。河南一省小麦粉的产量就占到全国总产量的三分之一以上，是名副其实的小麦粉加工大省，2015 年底全省规模以上小麦粉加工企业有1 612家。

随着人们生活水平的提高，对小麦粉的需求由以前的以通用粉、标准

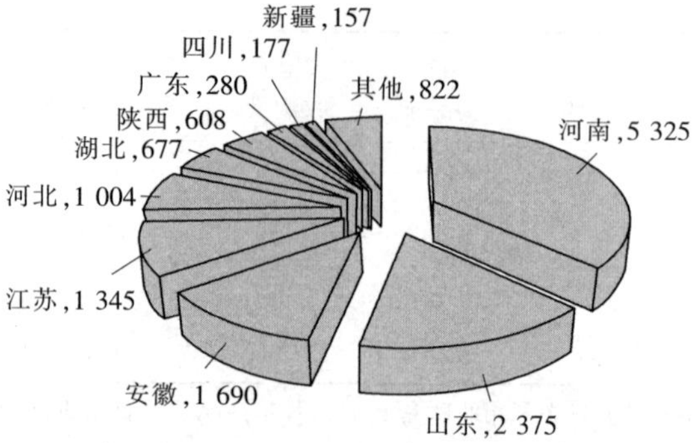

图 2　2015 年我国小麦粉生产分布情况（单位：万吨）

粉为主向优质专用粉转变。尤其是近几年，在国内原料成本不断上升的背景下，通用粉加工利润日渐微薄，专门从事普通粉加工的企业开工率常年不及 50%；而加工专用粉利润明显高于通用粉，开工率年均在 70%左右，专用粉加工已成为小麦粉加工行业转型升级的方向。此外，小麦粉加工业集团化发展的趋势也愈加明显，大型企业在原料掌控、市场规划、成本投资均摊等方面均占明显优势，扩展速度快，行业集中度进一步提高。近年来，以五得利、益海嘉里、中粮为代表的大型小麦粉加工企业产能扩张迅速，在全国总产能中的占比已经由 2010 年的 4%增至 12%。

（六）小麦的进出口情况

我国谷物的自给率一直保持在较高水平，其中小麦自给率的波动幅度最大，2003 年仅为 83%，是三大谷物中最低的；2004 年开始超过了 90% 的安全线水平，2006—2010 年自给率一直保持在 100%以上。2011 年由于饲用消费猛增，小麦自给率迅速下降，再度成为三大谷物中自给率最低的品种。但随着 2012 年小麦玉米比价倒挂现象的结束，小麦饲用消费量明显下降，自给率攀升至 100%左右。从总量上看，我国小麦已从供不应求转向供求平衡并略有结余。

小麦是全球贸易量最大的谷物品种，约占世界谷物年贸易总量的 45%左右。20 世纪 90 年代中期以前，我国一直是世界上主要的小麦进口国之一，年进口量最高达 1 000 万吨以上。21 世纪以来，随着国内优质小麦生产能力提高，供给增加，进口量明显下降。在暴发全球粮食危机的 2008 年，我国进口小麦产品也只有 4.5 万吨。2009 年以来，由于国际小麦价格大幅下跌，相对于国内市场具有明显优势，加之国内优质麦供应不足，进口呈现迅速增长态势。2009—2016 年，我国进口小麦产品由 90 万吨增至 341 万吨，增长了 2.7 倍。在出口方面，为应对全球金融危机导致需求低迷对国内市场的影响，2008 年我国逐步取消了小麦产品的出口关税，促进了出口的增加。但由于国际小麦价格持续下跌而国内价格不断上涨，我国小麦的竞争优势不明显，出口增长较慢，由 2009 年的 24.5 万吨增至 2011 年的 32.8 万吨。之后，由于国外价差缩小继而倒挂，国内小麦出口在价格上完全没有优势，出口量一路下滑，由 2012 年的 28.6 万吨跌至 2016 年的 9.2 万吨。

我国小麦进口来源地变化较为明显。美国和加拿大曾经是我国小麦进口的传统来源国，但 2010 年以来澳大利亚在我国小麦进口中的地位不断提升。尤其是 2012 年，由于小麦饲用消费的增加，澳大利亚饲料小麦在价格上具有明显优势，从澳大利亚进口的小麦占到我国小麦进口总量的 65.7%；而从美国和加拿大进口的用于品种调剂的硬质小麦所占比例明显下降，从 2009 年的 47.3%降至 2012 年的 28.3%，下降了近一半。近年来，从美国、加拿大进口小麦的数量有所回升，2016 年进口量占比回升至 50%左右。2010 年，我国开始从哈萨克斯坦进口小麦，随着“一带一路”倡议的推进，从哈萨克斯坦进口小麦的数量占总进口量的比重不断提高，到 2016 年已经接近 8.6%。从出口目的地上看，我国小麦出口流向较为集中，主要是在距离上较为临近的周边地区，如韩国、日本、菲律宾、越南和其他的东亚及南亚国家以及我国香港、澳门地区。

（七）小麦产业的扶持政策

2004 年以来，为促进小麦生产，提高种粮农民收入，国家在生产扶持、市场调控等方面出台了一系列政策。在生产政策方面，从 2004 年开始，我国对种粮农民实施了种粮直补、良种补贴、农机具购置补贴，2006 年又增加了柴油、化肥等农业生产资料综合直补，并不断加大补贴力度。小麦的种粮直补和良种补贴均为 10 元/亩，其中，小麦良种补贴的区域 2003 年为河北、河南、山东、江苏、安徽五省，2005—2007 年将山西、湖北、四川、陕西、甘肃、新疆六省纳入进来，扩大至 11 个省；2008 年增加内蒙古、宁夏 2 省区，扩大到 13 个省份，2010 年开始在全国 31 个省份全覆盖，凡种必补。为减少农户种植小麦风险，2008 年小麦被纳入中央种植业保险补贴范围，各地的补贴标准不同，但农民承担的部分一般不超过 20%。

在价格调控政策方面，主要有最低收购价和政策性储备粮拍卖。从 2006 年起，我国在河北、江苏、安徽、河南、山东、湖北六个主产省实行小麦最低收购价政策。由于生产成本上升较快，小麦最低收购价由 2008 年的 1.54 元/千克逐步提高到 2014 年的 2.36 元/千克，增幅达 53.2%，2015—2017 年最低收购价保持不变（图 3）。从品种上看，最低收购价实行之初将白麦、红麦、混合麦区分开，白麦的托市价格要高于红麦和混合麦。2012 年以后取消了红白小麦差价。在夏收期间，为避免新麦集中上市导致“谷贱伤农”，国家在主产区通过中储粮按照最低收购价收购新麦。同时，本着顺价销售的原则，国家基本每周在指定的粮食批发市场以竞价销售的方式，适时适量投放市场，满足加工企业需求。

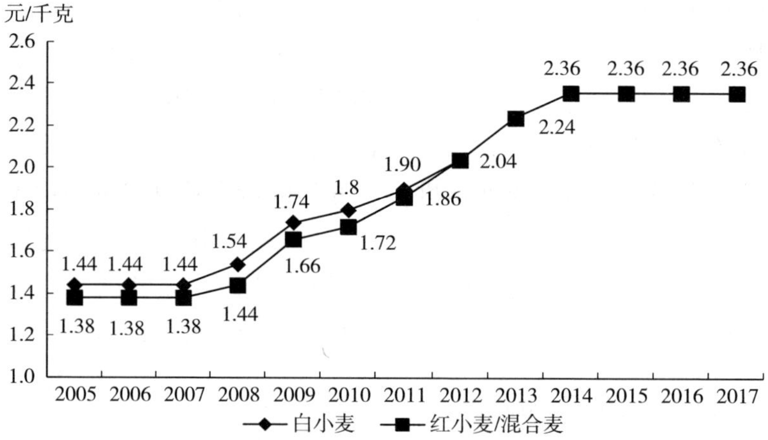

图 3　我国小麦最低收购价变化情况

在加工政策方面，我国从 2004 年开始在粮食主产区实行“支持粮食转化和加工政策”，通过实施贷款贴息、投资参股、税收政策等措施，扶持主产区粮食加工业，尤其是精深加工业发展；2016 年 12 月，国家粮食局发布《粮油加工业“十三五”发展规划》，把“积极发展专用粉、全麦粉、预拌粉及各类面制主食品等”作为重点，提出要在华北、华中、华东、西北等主产区和津冀鲁、珠三角等地区，发展小麦加工产业集聚区或集群，优化新疆、甘肃、陕西、广东等特色食品区域产业布局，形成小麦粉、面制食品及其副产物综合利用的循环经济模式。要培育一批年处理小麦 50 万吨以上的大型产业化龙头企业、年处理小麦 100 万吨以上的骨干集团企业。

二、小麦产业供给侧存在的结构性问题

虽然近年来我国小麦生产持续稳步发展，价格逐步提高，产业表面呈现良性发展态势。但也要清醒地看到，当前国内外粮食供求形势正在发生深刻变化，而小麦产业从上游的生产到下游的加工均未能及时做出调整，导致问题和矛盾不断凸显，主要表现在品质结构难以符合加工需求、成本持续上升而收益下降明显、国内外价差倒挂导致进口增加、加工企业低端产能过剩等，整个行业的国际竞争力较弱。

（一）总量平衡有余，品质结构矛盾较为突出

由于我国小麦生产连年丰收，小麦自给率从总量上看已经在 100%以上。尽管如此，随着我国城乡居民收入和生活水平的不断提高，人们更加看重饮食的健康和安全，对食物消费的需求层次不断提升，对小麦品种和品质的要求也不断提高，但国内小麦生产依然以传统的普通品种为主，难以与加工需求相匹配，主要表现在：

一是中筋和中强筋小麦供给过剩，而强筋和弱筋小麦供给不足。长期以来，小麦产业的发展只注重数量的增长而忽视了品质的提升。从育种环节看，高产品种是备受关注的焦点，而中筋、中强筋小麦产量要高于强筋和弱筋品种，因此品种更新、优化速度较快，而强筋、弱筋品种则退化严重，占比不断下降。据农业部检测结果，2015 年我国检测的达标小麦中，强筋小麦仅占 3%，弱筋占 1%。过去 10 年间，我国中强筋和中筋类小麦占比由 23%提高到 48%，但强筋类小麦由 12%下降到 2%，加剧了我国对优质麦进口的需求（图 4）；从生产环节上看，由于我国农户种植规模较小，混种混收现象严重，使得品种杂乱、达标率下降；从收储环节上看，国家托市收购的标准仅包括容重、不完善粒等普通标准，未将面筋度、延伸时间等标准纳入其中，导致在收购时优质麦与普通麦价格相近，优质麦难以实现优质优价。

二是在普通小麦中，符合制粉企业加工需求的质优小麦供应不足。小麦生产周期较长，受极端气候影响较为明显。2016 年小麦收割期间主产区降雨范围较大，持续时间较长，受此影响，湖北、江苏、安徽、河南四省出现发芽、萌动、赤霉病粒、病斑粒增加，导致整体不完善粒增加。据计算，2016 年我国三等以上小麦至少在 3 000 万吨以上，约占小麦全年总产量的 1/4。受灾较重区域的贸易商和加工企业面临无麦可收的困境，纷纷北上山东、河北等地采购质优新麦，导致新麦价格两极分化十分明显。

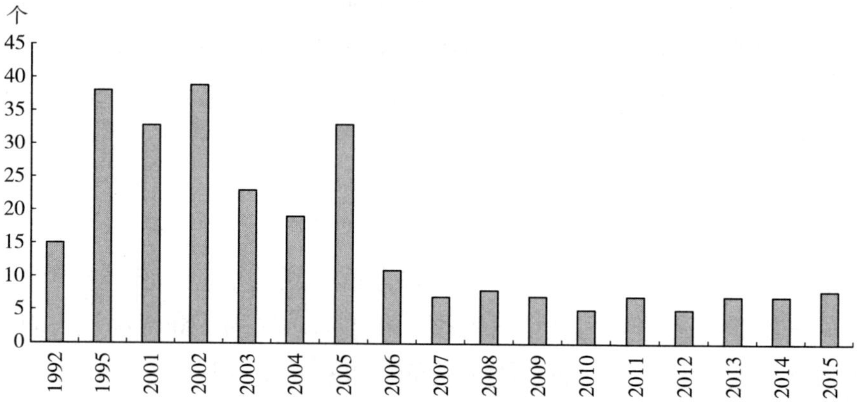

图 4　我国强筋类小麦品种数量变化

（二）成本上升较快，种植收益下滑

近年来，我国小麦生产成本持续上涨，特别是工业化、城镇化进程加快，拉动人工和土地成本快速增长。2004—2015 年，我国每亩小麦种植总成本从 355.92 元增加到 984.3 元，增长了 1.77 倍。其中物质与服务费用从 200.28 元增加到 420.23 元，增长了 1.1 倍。在此期间，人工成本从 111.84 元增加到 364.39 元，增长了 2.26 倍，占总成本的比重从 31.4%提高到 37.0%；土地成本从 43.8 元增加到 199.68 元，增长了 3.56 倍，所占比重从 12.3%提高到 20.3%。2004—2015 年，小麦农户平均出售价格由 1.48 元/千克涨至 2.32 元/千克，累计上涨了 56.8%，上涨幅度不足总成本的一半，导致种植小麦收益大幅下滑，每亩小麦净利润由 169.6 元降至 17.4 元，下降了 89.7%，其中 2013 年每亩小麦种植收益曾一度为负值（—12.8元）。与其他两种粮食作物比较，小麦种植毫无竞争力可言，水稻种植的净利润常年高于小麦60%以上，玉米种植的净利润在大部分年份也高于小麦20%以上。近年来小麦面积之所以能相对稳定，除了国家的政策支持外，主要原因一是小麦生产机械化水平高，省工省力；二是与小麦有竞争关系的油菜籽、棉花收益波动十分明显，才使得小麦的耕地竞争优势显现。

从国际比较看，20世纪90年代末，中国小麦生产成本要低于世界小麦主要出口国美国。美国土地成本和机械成本分别占总成本的22.7%和26.18%；而中国机械费用、土地承包费、成本外支出仅为总成本的21.94%。21世纪以来，中国小麦生产成本逐渐高于美国，且差距越来越大。其中，变化最大的是土地成本和人工成本。2006年前中国土地成本还低于美国，到2015年中国土地成本是美国的2.95倍，这与近年来中国土地流转速度加快，土地租金上涨有关；美国人工成本历年来都低于中国，但随着时间推移两者差距越来越大，2004年中国小麦生产的人工成本是美国的3.57倍，2015年是美国的17.33倍。小麦是三大谷物中唯一实现全程机械化的品种，但在人工成本上仍高于美国。这与中国耕地资源有限，土地经营规模小密切相关。由于经营规模有限，农民无法使用大型机械设备进行生产，许多工作如打药、施肥、浇水仍需较多的人力才能完成，加上近年来雇佣费用上升，致使人工成本变高（图5、表3）。

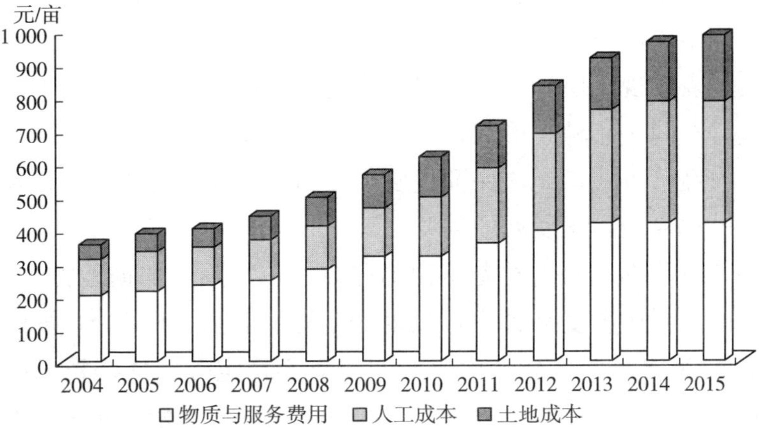

图5　2004年以来我国小麦种植成本变化

表 3 中美小麦生产成本比较

单位：元/亩

年份	美国土地成本	中国土地成本	中/美	美国人工成本	中国人工成本	中/美	美国生产成本	中国生产成本	中/美	美国总成本	中国总成本	中/美
2004	52.2	43.8	0.84	31.3	111.8	3.57	97.7	355.9	3.64	263.0	312.1	1.19
2005	55.5	51.9	0.94	31.6	121.3	3.84	107.3	337.7	3.15	280.1	389.6	1.39
2006	53.2	54.6	1.03	31.5	119.6	3.80	110.6	350.2	3.16	282.1	404.8	1.43
2007	53.6	68.9	1.28	30.9	124.7	4.04	114.5	369.7	3.23	285.6	438.6	1.54
2008	55.8	86.7	1.55	29.3	133.2	4.54	143.5	411.9	2.87	316.7	498.6	1.57
2009	52.4	103.9	1.98	20.2	145.6	7.19	128.2	463.1	3.61	298.8	567.0	1.90
2010	51.7	121.5	2.35	19.9	178.8	8.99	113.4	497.2	4.38	284.1	618.6	2.18
2011	56.9	129.3	2.27	19.9	225.7	11.31	131.7	583.0	4.43	310.7	712.3	2.29
2012	61.1	142.4	2.33	20.2	291.4	14.40	134.5	688.1	5.12	320.6	830.4	2.59
2013	65.1	153.9	2.36	20.0	343.8	17.19	130.9	760.9	5.81	318.8	914.7	2.87
2014	67.7	181.3	2.68	20.6	364.8	17.71	131.7	783.8	5.95	328.8	965.1	2.94
2015	67.7	199.7	2.95	21.0	364.4	17.33	118.5	784.6	6.62	317.1	984.3	3.10

数据来源：根据《全国农产品成本收益资料汇编》、美国农业部数据库数据整理。

（三）规模化专业化程度低，难以适应新形势的要求

据农村固定观察点调查数据，全国户均小麦种植规模仅有 4.5 亩。规模过小不仅大大限制了劳动生产率的提高，而且制约了先进生产技术的应用和推广。近年来，很多省份通过推广优质专用小麦的种植来推进小麦产业的供给侧结构性改革，而规模化和专业化是优质小麦产业发展的必然要求。优质小麦实现优质优价的前提在于能够满足下游加工环节的要求，即满足品种好（同一品种无掺混）、品质好（种植品质接近）、成规模。一家一户的小农经营方式，无法保证优质小麦的品质标准化与产量规模化，难以满足优质小麦商品化发展的需要。

此外，目前推广的优质麦品种仍存在一定缺陷，如据地方企业反映，华北地区的主要优质麦品种中，新麦 26 易遭病害，郑麦 366 抗倒春寒能力差，藁优 2018 容易倒伏，西农 979 品质不稳定等。这些技术缺陷除了需要在育种上进一步提升外，还需要通过田间管理的精细化来弥补，而较高的管理要求是兼业化农户难以完成的。普通小麦是公认的“懒庄稼”，

是小农户兼业经营“种地打工两不误”的最优选择。而优质专用小麦失去了节劳优势，兼业农户的种植积极性较低，促使优质麦的生产经营必须转向规模化的发展途径，或有专业化的社会服务组织作支撑。但目前，我国农民合作社中真正规范的麦农合作社数量很少，无法将小麦生产与市场需求相匹配，也难以满足兼业化农民对社会化服务的需求。

（四）土壤肥力偏低，淡水资源瓶颈制约日趋严重

随着工业化城镇化的发展，耕地、水等农业资源持续向农业外部转移，小麦生产发展面临的资源环境约束增强。2003 年以来我国小麦播种面积恢复性增长，2016 年达到 2 418 万公顷，但仍没有恢复到 21 世纪初的水平，比 20 世纪 90 年代中期减少了 587 万公顷。而且，我国小麦主产区存在大面积的中低产田，除长江中下游麦区部分稻茬小麦土壤有机质含量较高外，各主产区土壤肥力偏低的中低产田占总面积的 2/3 以上。特别是近 20 余年来，有机肥施用量大幅减少，秸秆还田比例低，土壤有机质含量低。各主产区均有受旱涝、盐碱或风沙等影响的麦田，土壤肥力偏低。

在水资源方面，农业用水占全国用水总量的 61%，小麦在农作物中是用水大户。在比土地资源更稀缺的水资源约束下，我国小麦生产将面临前所未有的挑战。特别是北方冬麦区、黄淮海冬麦区中北部、西部，以及西北麦区，由于扩大灌溉与地下水超采，地下水位逐年下降。目前全国地下水超采面积愈 23 万平方千米，每年超采量近 160 亿立方米，大部分为农业用水。部分地区灌溉水井已深至地下数百米的地质承压层，超采的地下水上亿年都难以回补。在一些地下水严重超采地区，如河北，亟须通过开展小麦退耕休耕来恢复脆弱的生态环境。

（五）小麦粉加工业产能过剩，竞争激烈利润微薄

近年来我国小麦粉加工企业急剧扩张。小麦粉加工企业年加工能力 2005 年为 8 090 万吨，2012 年已突破 2 亿吨，达到20 303万吨，2015 年约为 22 000 万吨，产能增长了 1.7 倍。如果将未纳入统计的小微企业及近两年新增产能计算在内，我国小麦粉实际加工产能更大。而这种产能过剩主要表现为结构性过剩。从加工企业结构上看，生产粗放、技术水平低的中小企业数量较多，日处理能力 200 吨以下的中小企业约占总数的

60%左右，产能利用率较低。从产品结构上看，普通面粉较多，专用型、功能性产品偏少，远不能满足下游食品加工企业的需求。

造成我国小麦粉加工业产能过剩的原因：一是市场结构过度分散。虽然近年来我国建立了许多大型小麦加工企业，但总体上小麦加工业仍较为分散、产业集中度不高、企业规模参差不齐。由于企业数量多、产业集中度低，企业的理性选择仍是增加产量。二是市场结构转变过程中大企业的“抢先战略”导致过度进入。目前我国面粉市场正处于“重新洗牌”的关键时刻，大企业都想通过扩建，从而在兼并重组及未来寡头垄断型市场格局中占据有利位置，因此近年来各大小麦加工企业争相扩大投资，加紧争夺市场份额。单个企业着眼于市场决策符合本身利润最大化原则，但是众多单个行为共同决策导致了社会整体的无度——过度进入和过度竞争。三是较高的退出壁垒阻碍了市场结构调整。首先，小麦加工业的资产专用性较强，设施设备很难向其他产业转移，沉淀成本较高；其次，资本市场不发达、产权市场缺位在一定程度上阻碍了长期不盈利的小麦加工企业的退出。四是企业自主创新能力弱。目前，我国以企业为主体的技术创新体系尚未完全建立，核心技术和装备的研发落后于世界先进水平。科研创新的不足，导致大多数企业同质化竞争，利润率过低。而过低利润率又限制了企业对新产品、新工艺的投入水平和开发能力，从而陷入恶性循环。

（六）国内外价差倒挂加剧，小麦国际竞争力明显下降

2009年以前，国际小麦到岸税后价一般要高于国内优质麦销区价，但2009年全球金融危机以后，国际小麦价格整体下行。与此同时，国内持续提高小麦最低收购价，导致国际价格与国内价格差距迅速缩小，从2011年第四季度开始出现倒挂。2013年11月以后，国内优质麦销区价开始持续超越配额内1%关税下国际小麦到岸价，国内外价差不断扩大。2014年12月之前国内外价差一直在0.6元/千克以内波动，2015年1月一举跃上0.8元/千克，2月迅速扩大至1.0元/千克以上，5月达到历史最高点1.18元/千克。2015年5月和2016年4—5月，国内优质麦销区价甚至超越了配额外65%关税下国际小麦到岸税后价，进口配额作用大幅削减，小麦面临配额外进口的风险。适量进口小麦有利于缓解国内优质麦

供应不足的局面，而且近几年进口的小麦产品数量对国内市场影响并不大。据估计，我国小麦常年加工实际需求量约为1亿吨，小麦进口量占国内小麦加工需求比重约为2%～3%，小麦进口量与优质麦国内产需缺口基本一致。但进口麦数量持续增加会在一定程度上挤占国内优质麦的市场份额，不利于麦农增收，也使得我国推进优质麦生产、实施良种推广的政策效应有所减弱，影响国内优质麦产业的健康发展。

国内外价格倒挂，表面原因是全球石油市场及海运市场低迷拉低国际小麦消费和运费，全球小麦产量不断创历史新高使得供需形势宽松，深层次原因是我国小麦国际竞争力的下降。随着劳动力、土地、环境保护成本的显性化，我国农业进入了成本快速上涨时期，大宗农产品生产成本必然与瑞士、日本、韩国的水平日趋接近，与美国、加拿大、澳大利亚等主要出口国的差距不断拉大。从未来走势看，我国土地资源稀缺，城镇和农村的各项建设将继续占用耕地，生态退耕和灾害损毁等因素也将减少耕地，完成2020年坚守18亿亩耕地红线的任务艰巨。由于传统的生产方式未得到根本改变，单位土地所能承载的劳动力和增加的收益有限，务工的比较效益明显，农村劳动力进一步向城市转移将成为增加农民收入的一个重要途径，农村季节性劳动力短缺的矛盾将更加突出，必将拉动劳动力价格刚性上涨，人工成本占粮食作物生产成本的比重将进一步加大。国际市场农产品价格主要由出口国决定，基于成本之上的我国大宗农产品价格与世界市场价格差距扩大的趋势难以逆转（图6）。

三、推进小麦产业供给侧结构性改革的目标与思路

我国是全球小麦生产和消费大国，具有大国效应，大量进口必将引发全球小麦价格的剧烈波动。推进小麦供给侧结构性改革，坚持立足于国内供给，对于保证新时期国家粮食安全至关重要。

（一）小麦产业供给侧结构性改革的主要目标

小麦作为我国重要的口粮作物，按照新时期“谷物基本自给，口粮绝对安全”的粮食安全观，小麦的生产能力必须得到有效保障，与稻谷的总播种面积要稳定在8亿亩以上，这是供给侧结构性改革的底线。在此基础

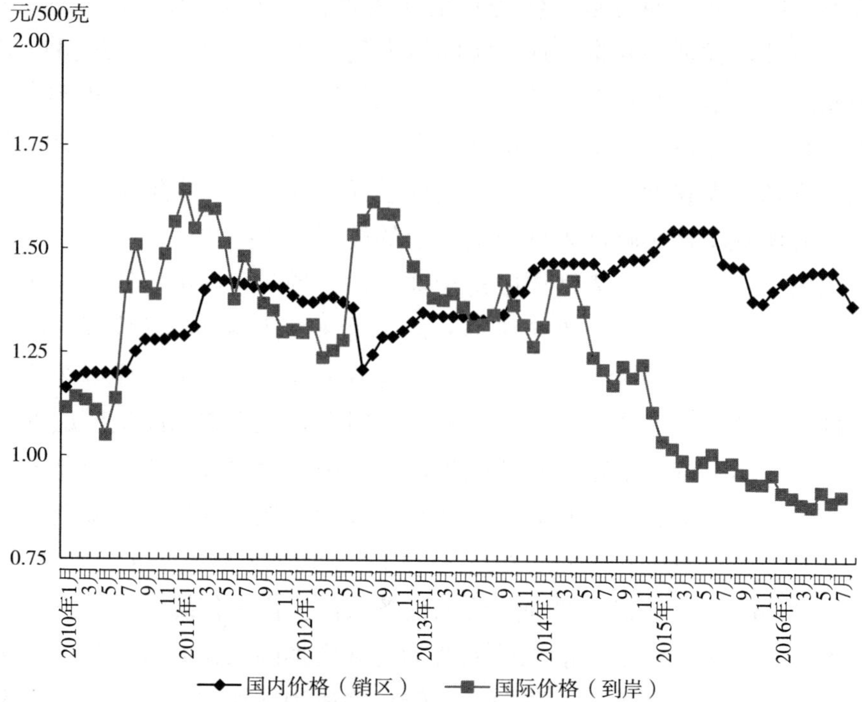

图 6　2010 年以来国内外小麦价格对比情况

上应扩大优质小麦面积，加快形成种收储专业化、经营规模化和产加销一体化的产业格局，提高小麦的供给质量和供给效率。

——小麦生产结构更加优化。紧紧围绕“藏粮于地、藏粮于技”的战略目标，不断提高地力等级、耕地产出能力、稳产性能及抗御自然灾害的能力。通过调整种植结构，重点发展优质专用小麦，使得国产小麦的有效供给水平明显提高，生产结构与加工和市场需求相适应。

——小麦种植效益明显提升。主要由市场形成价格，优质优价得以保证；要素生产效率大幅提升，小麦生产净利润增加；适度规模经营水平进一步提升，劳动生产率大幅度提高；生产补贴和保险政策进一步完善，农户尤其是规模大户的抗风险能力明显增强。

——小麦绿色发展取得新突破。抗赤霉病小麦新品种培育水平进一步提高，农药减量控害取得明显进展；小麦节水抗旱的机理、效率等基础理论研究进一步深入，节水稳产品种以及缺水区雨养小麦新品种培育取得明显成效；优质专用小麦新品种培育稳步推进，更新换代速度加快。

——小麦产业经济持续健康发展。小麦粉加工行业产能结构进一步优化，集约化和规模化水平明显提高；以市场需求为导向，强化中高端产品和精深加工产品等有效供给；以企业为主体的技术创新体系逐步健全，科技创新能力明显提升；行业品牌建设取得明显成效，形成“产品—品质—品牌”相互促进的良性循环。

（二）小麦产业供给侧结构性改革的基本思路

小麦供给侧结构性改革的思路是以优质化、专用化、多样化的市场需求为导向，以提高种植收益为目的，实施区域化种植、规模化生产、产业化经营，达到优质与高产并重、质量与效益并举、生产与加工结合，以加工带动结构调整，逐步形成不同区域、各具特色的优质小麦生产和加工格局。改革的重点是减少政府对小麦市场的直接干预，取而代之的是在国家宏观调控下充分发挥市场机制在资源配置中的决定性作用。

1. 理顺价格形成机制

要以市场化改革为方向，发挥市场在价格形成中的决定性作用，降低最低收购价格水平，减少政策对市场的直接干预。但由于小麦是重要的口粮品种，又是缺乏价格弹性的刚需性商品，完全按市场供求关系形成价格容易导致市场波动过于频繁，价格过低可能造成“谷贱伤农”，价格过高又会“米贵伤民”，因此在充分发挥市场机制作用的前提下，还必须科学有效地发挥政府调控这只“有形的手”的作用，把握好改革的力度和节奏，弥补市场机制的缺陷和不足。

2. 加强体制机制创新

积极推进适度规模经营，培育新型农业经营主体。扶持麦农合作社和种麦大户的发展是保证小麦生产稳定发展的迫切需要。通过稳定农村土地承包关系、提高农户集约经营水平、支持多种形式的新型农民合作社发展、推进社会化服务新机制的建立等多种途径，适度扩大农户的经营规模，提高经营主体的组织化程度。积极推进产销衔接，协调生产、流通、加工等产业链各环节的利益关系，强化农户、合作社、家庭农场与龙头企业之间的利益联结机制；健全粮食主销区对主产区的利益补偿机制，支持主产区发展粮食生产。

3. 坚持绿色发展

加强优质、高产、高效并重的小麦新品种的选育，提高优良品种普及率，增加良种储备；加快栽培管理技术提升。根据各区域的生产条件、耕作制度和资源优势，发展适合各地区需求的小麦生产管理技术，强化节水省肥、抗逆增产、资源高效利用等管理技术，集中力量突破制约各区域小麦高产高效和优质生产的关键性、综合性生产技术；加强抗逆减灾减损技术的研究与应用，有效减轻小麦灾害损失；加强国家科技创新引导政策，促进小麦加工业在三产融合、产业链延伸、高附加值产品开发及先进技术装备研制等方面有所作为。

四、深化小麦产业供给侧结构性改革的对策建议

推进小麦产业供给侧结构性改革，要着力解决当前小麦产业存在的市场作用不能有效发挥、品种质量与需求难以匹配、生产效益低下、加工业竞争过度等问题，从体制机制、生产方式、技术体系等多方面入手，切实采取有效的措施，促进我国小麦产业持续健康发展。

（一）改革小麦市场调控政策，促进市场有效配置资源

2006 年国家在主产区实施小麦最低收购价政策（简称托市收购）的同时，在郑州、安徽等指定粮食批发市场按顺价销售的原则对托市收购的小麦进行公开竞价交易，形成收、拍两条线的小麦市场调控体系。在起初的几年里，这套政策既保证了农民种粮收益，又保证了市场有序供应，调控取得较好成效。但是，随着国内外经济和市场环境的变化，这项政策缺陷逐步暴露，主要表现为扭曲了市场价格，压缩了下游企业的利润空间，对产业健康发展不利。未来应从以下几方面改革小麦市场的调控机制：一是根据国内外粮食市场发展特点适时调整政策目标。调整长期以来对“保供给”、“保收益”两个目标二位一体、不加区分的做法，对两个目标分而治之。小麦是重要的口粮品种，自给率要求高，必须把“保供给”作为政策目标。可保留目前已经实行的最低收购价政策工具，但要掌握好最低收购价的调整节奏和幅度。在此基础上，退出粮价政策的“保收益”功能，将其回归到“解决农民卖粮难”的设计初衷。二是调整最低收购价的定价

原则。按现行“成本+合理利润”的定价原则制定的托市价，本质上是一种促进增产增收的价格，也势必是一种高于市场长期均衡价的价格。应尽快调整定价原则，使支持价格低于市场长期均衡价，使政策目标从增产增收转向止损保本，使托市收购仅在市场供求关系发生重大变化时才启动。三是配套实施“种粮收益补贴”。主要用于补偿粮价改革对农民收益的影响，有效保护农民种粮积极性。建议按照面积进行补贴，不与具体粮食品种挂钩，只要种植粮食品种均可获得补贴，并要向粮食主产区和粮食适度规模经营者倾斜。

（二）稳定小麦产量，提升小麦品质

今后小麦生产的重点应在稳定产量的基础上，着力提升小麦品质，进而达到提升效益和竞争力的目标。一是加快小麦种植结构调整。根据农业部2016年5月印发的《全国种植业结构调整规划（2016—2020年）》，小麦产业要“稳定冬小麦、恢复春小麦，抓两头、带中间”，即稳定黄淮海、长江中下游等主产区冬小麦。结合建立合理轮作体系，在东北冷凉地区、内蒙古河套地区、新疆天山北部地区等，适当恢复春小麦。“抓两头”，即大力发展市场紧缺的用于加工面包的优质强筋小麦和加工饼干蛋糕的优质弱筋小麦。“带中间”，即带动用于加工馒头、面条的中筋或中强筋小麦品质提升。二是促进优质专用小麦产业发展。加强优质专用小麦品种改良与品质检测，着力发展抗倒伏、抗病害、抵抗极端气候影响的高产优质小麦品种，从技术上为优质优价的实现提供保障。引导农民以需求为导向优化小麦种植结构，通过信息引导加快小麦种植结构调整，扩大优质专用小麦种植面积，并对种植优质专用小麦的区域及规模生产者给予鼓励政策。为推进优质小麦的专收专储，应加快优质小麦品质检测设备的研发与生产，降低检测门槛。三是加快推进多种形式的适度规模经营。规模过小不仅大大限制了劳动生产率的提高，更难以符合优质麦生产品种相对单一、单收单储的要求。建议通过流转、托管、入股等多种形式加快推进小麦适度规模经营，切实提高产出效率、效益。同时加快培育“企业+合作社”、“企业+合作社+大户”、“企业+合作社+家庭农场”等多种新型产业组织模式，尽快解决小麦产业第一车间最短板环节组织化问题，提高小麦产业抗风险能力和整体竞争力。

专栏 1　河南省大力促进优质专用小麦产业发展

2016 年以来，河南省农业部门采取试点先行、以点带面、稳步推进的方式，在稳定小麦面积的前提下，积极发展优质强筋、弱筋小麦。从 3 个麦区，筛选滑县、永城市、内黄县、浚县、延津县、濮阳县、淮滨县、息县 8 个县（市），开展优质专用小麦发展试点示范，提高产业集中度。8 个试点县以统一供种为抓手，依靠基层政府和组织，发动规模化经营主体，整村、整乡开展单品种规模化种植，形成千亩以上单品种片区 140 个，万亩以上的单品种片区 62 个，落实种植优质专用小麦 230 万亩。

2017 年 2 月，河南公布了《河南省推进优质小麦发展工作方案（2017—2018 年）》。该方案提出，到 2018 年，河南省优质专用小麦面积将发展到 1 200 万亩，其中优质强筋小麦达到 950 万亩，优质弱筋小麦达到 250 万亩。

（三）依靠技术节约小麦生产成本，提高种植收益

当前，由于相关生产技术缺乏，或技术过于复杂，实施成本高，农民不愿采用或只能采取粗放的经营方式，使得普通农户生产成本居高不下；而面向大户的全方位综合管理技术仍处于空白状态，使得种粮大户的生产成本很难低于小农户。节约小麦成本就是提高种植收益，未来可以从以下几方面降低成本：一是在确保足够穗数的前提下，采取有效措施降低用种量。如在品种育选上尽量选择多穗多抗型品种，确保种子质量均一化，推行适时、适量精匀播种，并可根据种植规模制定大户的用种计划与搭配方案。二是充分利用降水和土壤水，降低灌溉用水量。据专家估计，若适当采用节水技术，现行大部分农户均可减灌 1 次水，如在选用多穗、节水、抗寒型品种的前提下，黄淮冬麦区在足墒播种、适当晚播基础上可免浇越冬水。此外还可通过抓好耕种质量，因地制宜缩小行距，强化播后镇压，以增强土壤保水功能。三是转变“多施肥就能多增产”的观念，提倡适氮增效增产。据专家估计，现行大部分农户氮肥可减少 2～3 千克（折纯氮）。目前小麦主产区亩产 500～600 千克的地块适宜施氮量在 11～14 千

克，最高不宜超过 16 千克。此外，还要确保适宜含钾量（15%），并提升耕种质量和施肥均匀度，促进有条件的地区采用水肥一体化微灌。四是以防为主、综合防治，减少化学用药量。加快培育对主要病虫害高抗、多抗品种；抓好秸秆还田、整地播种质量，培育壮苗；以种子处理或药剂拌种作为化学防治的主要措施，严把拌种质量。病虫害预警预报与防治方案直达村镇农户，适时防治；还应加强农药质量监管，明确安全有效用量。五是采取适当措施节省人力和机械用工。一般小农户用工应集中在播种环节，播后可外出打工，而种田大户要科学合理分工、用工和托管。此外节肥、节水、节药是节工的基础，可利用田间固定式喷灌和水肥一体化技术有效节工。

（四）推动小麦粉加工行业转型升级，加快发展方式转变

当前，我国小麦粉加工能力、技术、产品升级以及行业整合等方面都处于调整和改进的阶段，未来可以从以下几个方面加快推进小麦粉加工行业的转型升级。一是逐步淘汰落后产能。修订完善国家《产业结构调整指导目录》，提高行业进入门槛，强化环保、卫生、能耗等指标的约束作用，加快淘汰小麦粉加工行业的落后产能。同时健全行业退出机制，对于退出企业给予适当补偿。二是推进产品结构调整与升级。推广面粉品质改良与营养强化技术，提高蒸煮、焙烤、速冻等面制食品专用粉、营养强化粉、全麦粉等产品所占比例。三是加快推广节能高效新技术。支持关键技术创新与产业化，鼓励发展和采用低消耗、低排放、高效率的加工技术，降低水电消耗、降低碳排放以及废弃物排放。鼓励有条件的企业对麦胚等副产品进行开发利用，提高资源综合利用率。四是推动产业集群集聚。鼓励和引导大型企业兼并重组，在小麦主产区重点培育一批起点高、技术含量高、规模大的小麦粉加工企业，积极开发优、精、深和附加值高的小麦加工新产品，提高特色专用产品比重，并做到原料基地化、生产规模化、技术现代化、资源利用综合化和产加销一体化，强化企业的核心竞争力和抗风险能力。但需注意的是，在制定产业政策时，对不同地区应分类指导、区别对待。在部分落后、偏远地区，一段时期内，允许中小粮食加工企业存在发展，充分发挥其在满足广大农村市场需求、解决地方就业、稳定地方市场价格方面不可忽视的作用。

专栏2　小麦加工业“十三五”发展规划

2016年12月，国家粮食局印发《粮油加工业“十三五”发展规划》，其中关于小麦加工业，提出要积极发展专用粉、全麦粉、预拌粉及各类面制主食品等。在华北、华中、华东、西北等主产区和津冀鲁、珠三角等地区，发展小麦加工产业集聚区或集群，优化新疆、甘肃、陕西、广东等特色食品区域产业布局，形成小麦粉、面制食品及其副产物综合利用的循环经济模式。培育一批年处理小麦50万吨以上的大型产业化龙头企业、年处理小麦100万吨以上的骨干集团企业。

玉米产业供给侧结构性改革：现状、问题与对策

玉米是我国三大主粮作物之一，也是主要的饲料原料和工业加工的重要原料，目前已发展成为我国播种面积和产量最大的粮食作物。近年来，受生产持续发展，消费需求低迷等因素的影响，我国玉米呈现出明显的阶段性供大于求格局，中央明确提出在深入推进农业供给侧结构性改革中，要调减非优势区籽粒玉米，坚定推进玉米市场定价、价补分离改革，加快消化玉米库存。玉米作为当前国内供求矛盾最为突出的粮食品种，集中反映了当前我国农业供给侧面临的突出问题和矛盾，玉米产业成为农业供给侧结构性改革的重点领域。本文在描述我国玉米产业发展现状的基础上，深入剖析当前我国玉米产业供给侧面临的问题和矛盾，明确了当前和今后一段时期玉米供给侧结构性改革的目标思路，并提出了推进玉米产业供给侧改革的政策建议。

一、玉米产业供给侧的现状描述

近年来，我国玉米产业总体呈现出持续发展的势头。玉米生产快速增加，保障国家粮食安全贡献突出。区域布局进一步优化，向优势产区集中趋势明显。玉米加工消费一度持续低迷，供求格局已由供给偏紧转变为阶段性供大于求。玉米进口显著增加，净进口格局已经形成。今后一段时期，随着供给侧结构性改革深入推进以及消费需求持续增加，我国玉米有望从供大于求转变为供求基本平衡的格局，玉米产业将呈持续健康发展态势。

（一）玉米生产的区域布局

玉米在我国分布很广，全国各地都有种植。按播种季节划分，我国玉

米以春玉米和夏玉米为主，约占全国玉米面积的90%。春玉米主要分布东北、华北北部、西北以及西南地区的高海拔山区，为一年一熟作物区。夏玉米主要集中在黄淮海地区及西南部分地区，为一年两熟作物区，黄淮海地区主要与小麦接茬种植。2000年以来，在市场需求带动，政策激励等因素的作用下，我国玉米面积持续增加。2000—2015年，我国玉米面积由2 305.63万公顷增加到3 811.95万公顷，增长65.33%，年均递增3.41%。玉米在2005年和2007年相继超过小麦和水稻，成为我国面积最多的粮食作物，玉米面积占全国粮食面积的比重达到33.63%，比2000年提高12.37个百分点。2016年，全国玉米播种面积调减到3 675.97万公顷，比上年下降3.6%。

玉米在我国的分布并不均衡，主要集中在东北、华北和西南地区，大致形成一个从东北到西南的斜长形玉米栽培带，大致可划分为东北产区、华北及黄淮产区、西南产区、东南产区、西北产区和青藏产区6个产区。其中，东北产区和华北及黄淮产区是我国最重要的两大玉米产区，两大产区玉米面积均占全国的约3/4。东北产区为世界三大黄金玉米带之一，玉米生产条件优越，是我国最大的商品玉米产区。从玉米生产的省份分布看，种植面积最多的是黑龙江、吉林、内蒙古、河南、河北、山东、辽宁、山西、云南、四川等省份，种植面积均超过2 000万亩，生产了全国约80%的玉米。

进入21世纪以来，我国玉米生产区域布局发生了较为明显的变化，玉米生产向优势产区集中的趋势更加明显，主要是东北产区比重明显上升，西北产区和青藏产区较为稳定，其他产区比重相应有所下降。2015年，东北产区占全国玉米播种面积的比重为40.52%，比2000年提高了11.37个百分点；西北产区占9.0%，提高0.17个百分点；华北及黄淮产区、西南地区、东南产区占比分别为34.28%、12.53%、3.59%，分别比2000年下降5.03、5.70、0.87个百分点。

（二）玉米产出的基本情况

2004年以来，由于面积持续增加，单产逐步提高，我国玉米总产大幅增长，成为全国粮食增产的主要来源。2015年，全国玉米总产达到创纪录的2.25亿吨，比2000年增长1.12倍，年均递增5.13%。2016年，玉米产量有所下降，为 2.20 亿吨，比上年减产 2.3%，但仍为历史次高。2000—2016 年，玉米产量占全国粮食总产量的比重由 22.93%上升到 35.63%，并取代水稻成为全国产量最高的粮食品种，玉米对全国粮食增产的贡献率达到 73.71%。从增产区域看，2000—2015 年，全国各产区都呈大幅增产趋势。其中，东北产区增幅达到 2.37 倍，对全国玉米增产的贡献率达到 59.34%。华北及黄淮产区产量增长 65.11%，占全国玉米增产的份额为 24.41%。西北产区增产 1.11 倍，占全国玉米增产的份额达到 9.08%。

玉米单产主要受气候、技术进步、投入等因素的影响。近年来，我国玉米生产科技支撑能力得到有效提升，投入水平持续提高，气候条件除个别年份旱灾等自然灾害较重外总体较为有利，推动玉米单产呈波动式增长态势。2013 年，我国玉米平均单产首度也是迄今唯一一次突破每亩 400 千克大关。2016 年，全国玉米平均单产达到每亩 398.2 千克，比 2000 年增长 29.91%，年均递增 1.65%（图 1）。16 年间，玉米单产基本呈“两年增一年减”的特点，减产年份一般为我国北方主产区旱灾发生较重，气候年景偏差的年份。从国际比较看，我国是世界玉米生产大国，种植面积仅次于美国，位列全球第二，约占全球玉米面积的 20%。近年来，我国

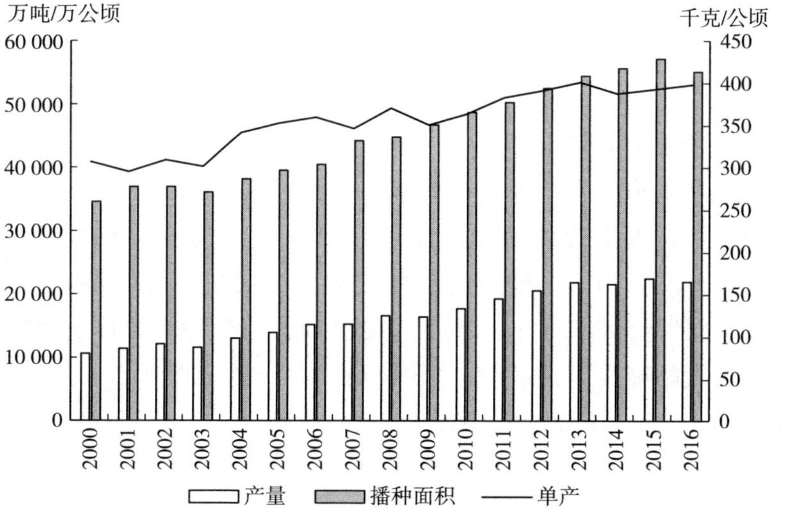

图 1　2000 年以来我国玉米生产变化

数据来源：《中国统计年鉴》（历年）。

在全球玉米生产中的份额有所上升，与2000年相比，我国占全球玉米产量的比重上升了2.9个百分点。单产方面，我国玉米单产水平在联合国粮农组织（FAO）统计的160多个国家和地区中列第54位，在主产国中居中游水平，低于美国、阿根廷、乌克兰，但高于巴西、墨西哥和印度。2000—2014年，我国玉米单产水平提高了26.4%，略低于全球单产平均提高29.9%的幅度。

（三）玉米的生产经营方式

我国玉米生产以一家一户的小规模家庭承包经营为主，2012年户均玉米经营规模仅为2.9亩，且区域间户均规模差异较大，东北产区规模相对较大，其中黑龙江省达到户均17亩，吉林和内蒙古户均规模也超过10亩，华北地区户均经营规模在2～4亩。随着农村劳动力转移就业和城镇化进程的快速推进，农村土地流转加快，户均玉米经营规模也有所上升，与改革之初相比，全国户均经营玉米面积上升了0.48亩，特别是种粮大户、家庭农场和合作社等新型经营组织方式快速发展，在玉米生产中的作用越来越明显，玉米生产的专业化、规模化水平不断提高。据农业部数据，截至2016年底，全国依法登记的农民合作社179.4万家，入社农户突破1亿户，在工商部门注册的家庭农场46万户，经营规模50亩以上的农户超过350万户，土地流转、生产托管等多种形式的适度规模经营面积占比超过30%。按此比例计算，当前我国玉米生产中经营规模在50亩以上的面积达到约1.6亿亩。

玉米生产离不开生产要素投入和技术手段的支撑。玉米生产投入要素主要包括土地、人工劳动和物质投入。2015年，我国玉米生产每亩土地成本为238.8元，用工数量随着机械化的发展而呈下降趋势，由2000年的每亩12个下降为5.73个，种子用量也随着杂交种子的普及和精量播种技术的发展大幅减少，由2000年的每亩3.0千克减少到2.0千克。此外，每亩化肥投入24.3千克，农膜投入0.37千克。

近年来，我国玉米生产的科技支撑水平明显提升，通过高产创建等模式集成推广了玉米合理密植、测土施肥、夏玉米直播、秸秆还田、免（少）耕、土壤深松、旱作节水、病虫草害综合防治、适时晚收等关键技术，一批优良品种和“一增四改”（即合理增加种植密度，改种耐密型品种、改套种为直播、改粗放用肥为配方施肥、改人工种植为机械作业）等先进技术措施得到大面积推广。截至 2014 年，全国推广面积在 10 万亩以上的玉米品种为 936 个，累计推广面积达到 3 746.667 万公顷，其中，主导品种主要有郑单 958、先玉 335、浚单 20 等，三个主导品种的推广面积分别为 360.4 万公顷、270.7 万公顷、112.9 万公顷。良种良法及先进技术的推广应用为玉米增产发挥了重要作用。

受经济发展阶段和机械化技术落后的制约，长期以来，我国玉米生产机械化水平很低，2002 年，机播比例为 46.6%，机收率只有 1.7%。近年来，随着城镇化发展和农村劳动力转移加快，玉米生产人工成本迅速提高，我国玉米生产机械化迅猛发展，耕种收综合机械化水平迅速提高。目前，玉米播种基本实现机械化，玉米机收一度为玉米机械化发展的突出瓶颈，近年来从无到有，迅速取得突破，2016 年全国玉米机收率已提高到 66%。机械化快速发展适应了我国农业劳动力变化的趋势，有力推动了玉米生产方式转变。

（四）玉米的市场流通情况

玉米流通主体主要包括经纪人、饲料加工企业、深加工企业、贸易企业、政策性收储企业等。经纪人扮演着联结玉米生产者与消费者的角色，多为产地农民，从农户处收购玉米，经短途运输送至加工企业、收储企业或贸易企业，赚取部分人工费，一般购销差价在 100 元/吨左右，其中运输费用约 60 元/吨，人工及利润约 40 元/吨。加工企业一般都有仓储设施和烘干设备，在新玉米上市季节收购农户或经纪人运来的玉米，作为加工原料，一般按挂牌收购价进行收购。贸易企业主要从事商业性玉米收购、存储和销售，靠购销差价赚取利润，一般也有仓储和烘干设施。有些大型贸易商不仅大量收购和存储产地玉米，而且从事长距离运输，将产区玉米销往南方销区。玉米政策性收储企业是中储粮总公司，负责执行国家政策性玉米收购、存储和销售，主要业务包括国家储备的轮入和轮出，临储玉米的收购、保管和拍卖销售等。近年来，我国实行玉米临时收储政策，政策性收购在东北地区占据大部分比重，2016 年开始，政策性收储退出，多元化主体参与的市场流通局面迅速形成。

我国玉米产区集中在北方，销区主要分布在南方和全国各地，这一特点决定了我国玉米流通北粮南运的基本格局。南方地区由于养殖业发展，玉米需求量不断扩大，成为跨区贸易的主要推动力。2000 年以来，随着玉米深加工业的快速发展以及东北产区玉米生产的快速发展，玉米流通格局进一步变化，东北产区主产区的地位日益突出，玉米商品量和外运数量逐渐增加，华北黄淮产区由于本地加工能力提高，外运量逐渐减少，并逐步转变为产销基本平衡区，但北粮南运的基本格局依旧。目前，我国玉米主要外运地区为东北产区，年调出量超过 4 000 万吨，主要运往华东和华南，以及华北黄淮地区和西南地区；华北黄淮产区供需基本平衡略有不足，主要为区域内调运，山西、河北及河南部分玉米调入山东，另外从东北产区调入约 1 000 万吨玉米，同时河南等地部分玉米运往湖北、湖南、江西等销区；东南产区为玉米主销区，年产玉米 600 万吨左右，但需求量在 4 000 万吨左右，产需缺口超过 3 000 万吨，主要从东北产区调入，另外华北黄淮产区和西南产区的玉米也有部分运入；西南产区产需基本平衡，但区域内各省产需不平衡，四川需从东北、西北调入玉米，广西则从东北和云南、贵州调入，此外，云南、贵州玉米还有部分运往广东。西北产区玉米平衡有余，是玉米净调出地区，主要运往四川等西南产区和湖北等华中地区。

国内玉米的流通方式主要包括铁路运输、汽运、水运三种方式。其中短途运输以汽运为主，长距离运输以铁路和海运为主。在跨省运输中，铁路约占 50%，水运约占 40%，汽运占 10%左右。受政策、市场等因素影响，玉米跨省运输年度间相差较大，如 2015/2016 年度，东北玉米外运量约 2 000 万吨，其中绝大多数为海运。市场化改革后，东北玉米价格优势凸显，2016 年 10 月至 2017 年 5 月，东北玉米外运量超过 5 000 万吨，其中汽运入关约 700 万吨，铁路运输约 1 500 万吨，海运近 3 000 万吨①。玉米铁路运输多为散粮运输，主要有两条通道，一是东北至华北和长江流域，二是新疆等西北地区至四川和华中地区；水路运输以海运为主，包括散粮和集装箱两种方式，主要是东北产区玉米通过锦州、大连、营口等港口通过海运运往东南沿海地区，部分玉米经长江运往长江流域；跨省公路运输主要是华北黄淮产区玉米通过公路运往江苏、浙江、河南等地区，东北也有少量玉米通过汽运入关。

① 数据来自中粮贸易公司报告。

（五）玉米加工的基本情况

玉米加工是我国玉米消费的主要用途，包括饲料加工和深加工。21世纪以来，在畜牧业持续发展的带动下，我国玉米饲料加工业稳步增长，饲料用途占玉米消费的比重在60%以上。工业加工快速发展，占玉米消费的比重迅速上升，达到近30%。加上食用、种用和损耗，目前我国玉米消费总量在2亿吨左右。

饲料加工方面，随着规模化养殖的发展，饲料加工在玉米饲用消费中的作用日益明显，已成为我国玉米饲料消费最主要的方式，商品饲料产量呈持续增长态势。截至2016年底，全国共有饲料和饲料添加剂生产企业11 627家。2016年全国商品饲料总产量20 918万吨，比2000年增长1.82倍。其中，配合饲料产量18395万吨，比2000年增长了2.11倍；浓缩饲料产量1 832万吨，增长了46.7%；添加剂预混合饲料产量691万吨，增长了1.73倍。猪饲料、蛋禽饲料、肉禽饲料、水产饲料、反刍饲料及其他饲料产量分别为8 726万吨、3 005万吨、6 011万吨、1 930万吨、880万吨、366万吨，分别占饲料产量的41.7%、14.4%、28.7%、9.2%、4.2%、1.7%。饲料产业集中度不断提升，大型饲料企业规模扩张迅速，年产100万吨以上饲料企业34家，年产50万吨以上企业51家，比上年分别增加2家和3家，产量分别占全国总产量的57%和63%。从区域分布看，集中度也在上升。2016年，饲料产量过千万吨省份9个，较2015年增加1个。9省饲料总产量13 548万吨，占全国总产量64.8%，较2015年提高1.2个百分点①。

深加工方面，玉米被誉为“黄金产业”，不仅因为玉米颜色本身，而且由于玉米深加工产业链条长，产品用途广，增值空间大，发展前景广阔。玉米深加工主要包括淀粉和乙醇及其衍生品，包括淀粉、淀粉糖、变性淀粉、酒精、酶制剂、调味品、药用、化工等八大系列，在我国玉米深加工产品已达上千种。2000年以前，我国玉米深加工年消费玉米不足1 000万吨，占国内玉米消费比重不足10%，但此后发展迅速，玉米深加工业产能迅速扩展，加工产品逐渐由传统的初级产品向精深加工扩展，氨

① 资料来源：中国饲料工业协会。

基酸、有机酸、多元醇、淀粉糖和酶制剂等产品所占比重不断扩大。到2012年，深加工业玉米加工量接近6 000万吨，经过2013—2015年的连续三年低迷状态，玉米深加工业一度陷入困境，2016年实行玉米市场化改革以来，深加工业又焕发出市场活力，企业经营状况普遍好转，开工率持续上升，深加工业玉米用量恢复到约5 500万吨。从区域布局来看，我国玉米深加工业与玉米生产分布高度融合，主要分布在东北和华北黄淮两大主产区。2016年，国内玉米深加工产能约8 250万吨，其中，东北产区占全国深加工产能的44.8%，华北黄淮产区占38.7%，两大产区合计占全国深加工产能的83.5%。

（六）玉米的进出口情况

我国既是世界玉米主要生产国和消费国，也是重要的玉米贸易国。长期以来，我国曾是全球主要玉米出口国，改革开放以来的多数年份玉米出口量多于进口量，总体维持净出口格局。2010年以后，我国玉米进出口格局已发生明显变化，进口迅速增加，出口大幅减少，由净出口转为净进口格局。2010—2016年，我国连续7年玉米进口量大于出口量，年均玉米净进口309.3万吨，净进口呈常态化趋势。

2000—2007年，我国大规模出口玉米，年均出口量接近800万吨，2003年出口最高达到1 639万吨，一度为世界第二大出口国。此后，玉米出口量逐步减少，特别是2008年以来，随着国内玉米供给趋紧，出口近乎停滞。2008—2016年，我国累计出口量仅为101万吨，年均出口11.2万吨，2016年玉米出口量已锐减至0.3万吨。从出口目的地来看，与我国相邻的东亚和东南亚是我国玉米的主要出口对象国，2007年以前主要出口到韩国、马来西亚、日本、印度尼西亚等国，上述四国占我国玉米出口量的80%以上。2008年以后，随着我国玉米出口量的大幅减少，玉米出口目的地明显收缩，并以朝鲜为主。特别是2010年以后，出口到朝鲜的玉米占我国玉米出口量的比重接近90%。

我国玉米进口主要受国内玉米供求关系、国内外玉米比价关系以及玉米贸易政策的影响。2010年以前，我国玉米进口数量较少，2010年以来国内玉米供求关系一度趋紧，特别是国内外玉米价格持续倒挂，进口迅速增加，已连续7年进口量超过100万吨，年均进口量达到318万吨，进口动因已由原来的供给缺口驱动转变为国内外价差驱动。从进口来源看，2010年以前，玉米进口主要来源于缅甸、老挝、泰国等东南亚国家的边贸。2010年以后，进口来源逐渐多元化，美国一度成为我国玉米进口主要来源国，2010—2013年，我国从美国进口的玉米均占全国玉米进口量的90%以上。2014年开始，来自乌克兰的进口迅速增加，成为我国玉米进口最大来源国。2016年，我国从乌克兰进口的玉米达266万吨，占全国玉米进口量的84%，来自于美国的进口玉米只占7%。

此外，加入世贸组织后我国对玉米进口实行关税配额管理，目前每年进口配额为720万吨。从加入世贸组织后的进口情况看，我国每年的玉米进口均未突破配额，占国内玉米市场份额很低，2012年峰值时玉米进口量为520万吨，进口配额的使用率为72.3%，占国内玉米产量的比重仅为2.9%（表1）。因此，玉米进口总体安全可控，对国内市场影响不大。但2014年以来，高粱、大麦、DDGS、木薯干等玉米替代品的进口大幅增加，对国内玉米市场形成了明显冲击。2014年和2015年四种替代品进口总量同比分别增长71.8%、49.2%，2015年四种替代品进口总量达3 754万吨，严重影响了国内玉米消费。2016年，国内玉米价格下跌，进口替代品价格优势明显减弱，四种替代品合计进口量同比下降41.0%。

表1 入世以来我国玉米进口配额及实际进口情况

单位：万吨

	2002年	2003年	2004年	2005年	2006年	2007年	2008年	2009年	2010年	2011年	2012年	2013年	2014年	2015年	2016年
配额数量	585	652.5	720	720	720	720	720	720	720	720	720	720	720	720	720
实际进口量	0.6	0.0	0.1	0.4	6.5	3.5	5.0	8.4	157.3	175.0	520.6	326.4	259.8	472.8	316.7
配额使用率（%）	0.1	0.0	0.0	0	0.9	0.5	0.7	1.2	21.8	24.3	72.3	45.3	36.1	65.7	44.0

数据来源：根据中国入世协议书和海关统计数据整理。

（七）玉米产业的扶持政策

玉米是雨热同季的作物，面临的旱涝灾害多发频发。同时，玉米作为我国种植面积最大的粮食作物，对农民收入和生计特别是东北产区的农民具有重要作用。我国一直很重视玉米生产，采取了一系列政策措施进行扶持。2002年开始，中央出台了粮食直补、良种补贴、农机具购置补贴、农资综合补贴的“四补贴”政策，玉米是首批纳入补贴试点范围的品种，并逐步实行了全覆盖。2006年开始，中央推进农业保险试点，玉米也是首批纳入试点的作物，补贴范围不断扩大，补贴标准逐步提高。此外，国家其他主要农业支持政策，包括高标准农田等基础设施建设，高产创建等科技创新与推广政策等，玉米都是直接受益的品种。国家还对粮食生产大县进行奖励，奖励资金主要用于改善农业基础设施，对改善玉米生产条件也有重要作用。

我国在玉米流通领域的扶持政策主要是2008年开始在东北和内蒙古实行的玉米临时收储政策。收储价格从2008年的平均1.40元/千克，逐步提高到2014年的平均2.24元/千克。收购主体为中储粮总公司，收购时间从新玉米上市到次年4月底截止。2008年至2009年初为定量收购，2009年11月开始改为敞开收购。到2016年4月，我国玉米临时收储累计收购量达到约3.5亿吨。实行临时收储的同时，国家还对临储玉米按照顺价销售的原则，在批发市场上择机销售。销售的方式主要包括竞价销售和跨省移库，销售的时机主要根据国内玉米市场供求状况和价格波动情况决定。玉米临储政策对平抑市场波动，保护农民积极性，促进农民增收发挥了巨大作用，但也造成了市场扭曲，导致玉米供求失衡、库存积压严重、财政负担沉重、玉米及其替代品进口压力加大、下游产业受到较大冲击等一系列负面影响。

针对玉米临时收储政策存在的弊端，2015年9月，国家对玉米临储政策作出调整，将临储收购价统一下调为2元/千克。2016年3月，国家决定取消玉米临时收储政策，实行市场化收购＋补贴的新机制，在东北和内蒙古建立玉米生产者补贴制度，玉米价格由市场形成，同时中央财政将对东北三省和内蒙古自治区给予一定补贴。为了加快玉米去库存进程，国家还改变了临储拍卖机制，放弃了顺价销售原则，改为按市场价格开展临储拍卖。玉米收储制度改革实施一年多来，就已取得了显著成效：玉米面积近13年来首次调减，玉米价格回归市场，多元化的市场流通格局迅速形成，下游消费需求明显回暖，玉米及替代品进口得到有效抑制。

我国玉米加工领域的扶持和调控措施主要包括针对玉米加工企业的加

工和运输补贴、深加工产品的税收调节、燃料乙醇补贴以及深加工建设项目方面的准入措施等，多为临时性、区域性的政策措施。在加工补贴方面，主要是在东北产区实行深加工和饲料加工补贴以及运费补贴。例如，2013 年对南方 16 个省份的部分企业采购东北新产玉米给予 140 元/吨的运费补贴，2017 年，国家对东北部分玉米深加工企业和饲料企业采购东北产区玉米给予 100～300 元/吨的加工补贴。在燃料乙醇方面，2000 年以来，国家对以玉米等粮食为原料的生物燃料乙醇定点企业进行扶持，包括免征 5%的消费税，增值税先征后返，享受陈化粮财政补贴等，2009 年以前财政补贴金额超过 2 000 元/吨，此后逐年减少，2016 年以后取消了补贴。在税收调节方面，国家时常运用增值税抵扣、出口退税和出口关税措施调控玉米深加工产品的出口。例如，为控制玉米深加工过快发展，2010 年，国家将酒精和燃料乙醇的进口关税由 30%削减至 5%，取消酒精和玉米淀粉等商品的出口退税。2016 年 9 月起，国家将玉米淀粉、酒精等玉米深加工产品的增值税出口退税率恢复至 13%。在市场准入方面，对玉米深加工企业的市场准入与国内玉米供求关系变化密切相关。2007 年，为抑制玉米深加工产能过快扩张，国家对玉米深加工实行项目核准制，停止批准新建扩建玉米深加工项目。针对国内玉米供大于求的情况，2017 年 4 月，国家对玉米深加工基本取消了项目限制。

二、玉米产业供给侧存在的结构性问题

在玉米产业快速发展的同时，也暴露出诸多问题，供给侧面临着比较突出的问题和矛盾，特别是阶段性供大于求矛盾突出，库存压力大；生产成本高，国际竞争力不足；生产发展以面积增长为主，资源环境压力加大；农户种植效益明显下降，生产者收入保障机制不够完善等，亟须在深入推进农业供给侧结构性改革中加以解决。

（一）产需脱节严重，玉米去库存任务艰巨

我国玉米生产以一家一户的小规模分散经营为主，农户很少与贸易商、加工企业等下游环节签订订单，生产的盲目性和从众心理特征明显，而国家政策对引导生产发挥了至关重要的作用。国家实行玉米临时收储政

策的首要目的是促进玉米生产发展，满足国内消费需求，这一政策在2012年以前执行情况与市场匹配相对较好，效果明显，对缓解国内玉米供求偏紧，保持供求基本平衡起到了关键作用。但2012年以后，随着宏观经济环境变化，国内玉米消费持续低迷，但临储政策在执行中却未能及时适应市场变化，不仅收储价格继续提高，而且收储量逐年增加，引导玉米生产进一步发展，产量屡创历史新高，终于导致产需严重脱节，产大于需越来越明显，供求关系急转直下，供大于求格局不断加剧。国家临储玉米收购量越来越大，2015年高达1.25亿吨。目前，临储玉米结存仍高达近2亿吨，库存水平处于历史高位，相当于全国一年的产量和消费量。2016年以来结构调整虽然取得明显成效，连续两年累计调减玉米面积约5000万亩，消费需求也有所恢复，供求关系虽有所改善，但总体供大于求的格局依旧，玉米去库存的任务十分艰巨。

玉米生产不仅在数量上与消费需求不相适应，在质量上也存在产需脱节问题，玉米质量难以满足加工企业要求，特别是优质饲用玉米供应较为紧缺。一是黄曲霉素超标问题。我国粮食及食品中黄曲霉毒素限量标准是不超过20微克/千克，但不少地方玉米黄曲霉毒素含量超标率较高，限制了其在饲料中的应用水平，影响了玉米商品性。二是超期存储玉米质量问题。由于收储量大，出库量少，我国临储玉米库存中不少为超期存储玉米，质量下降问题明显，难以满足饲用企业要求，导致拍卖量大，成交量少。2016年临储玉米拍卖累计投放量达到11 982万吨，但因质量和价格原因实际成交量仅为2 269万吨，成交率18.9%。其中9月以后超期储存和席茓囤储存玉米几乎全部流拍。此外，2014年，我国临储收购在实际操作中对玉米质量有所放宽，将东北地区临储玉米的生霉粒标准由2%放宽到5%，使得临储玉米质量下降较多。三是混种混收混储问题。玉米品质包括商品质量、营养品质（内在品质）、加工品质和卫生品质（食物安全性）。与美国玉米相比，我国玉米的内在品质基本与其接近，卫生品质高于美国。据专家测定，我国吉林普通黄玉米与美国杂交黄齿玉米在主要成分方面均未有明显差异，就饲料用途而言，国产玉米在黄色素含量等方面还优于美国玉米，而且我国玉米为非转基因玉米，可以避免国际上由于转基因安全问题的争执而带来的损失。国产玉米的质量问题主要表现在商品品质的稳定性和一致性差，专用性不强，杂质多，品种混杂严重。主要原因：一是过于追求产量，晚熟品种面积大，收获期含水量在22%～28%，不易存储；二是农户种植规模小，品种混杂严重；三是农户存储设施差，特别是东北产区“地趴粮”较多，容易发生霉变损失；四是缺乏专用品种，对专用玉米的推广不够；五是粮食企业基本上都是混收、混装、混储、混销，玉米商品质量不稳定，一致性较差，在产后商品化处理过程中，常常出现黄白粒、大小粒混杂，甚至混有其他异物，导致玉米商品难以满足消费企业的要求。

（二）玉米生产成本持续上升，国际竞争力下降

国内玉米生产持续发展的同时，生产成本也持续攀升。一是亩均成本快速上升。2000—2015年，我国玉米生产总成本快速上升，由每亩330.56元上升到1083.72元，增长2.28倍，年均增幅达8.24%（表2）。二是各项费用全面增长。玉米生产的成本构成中，人工成本、土地成本和物质与服务费用均呈持续增长态势。2015年，玉米生产每亩物质与服务费用376.22元，比2000年增长1.37倍，年均递增5.93%。其中，种子、化肥、农药、农膜、租赁作业费分别比2000年增长2.69倍、1.27倍、3.07倍、0.92倍、2.81倍。三是劳动力和土地成本上升成为推动玉米成本上升的主要动力。2000—2015年，我国玉米每亩人工成本由126.80元上升到468.72元，增长2.70倍，年均增幅9.11%；土地成本由45.26元上升到238.78元，增长4.28倍，年均增幅11.73%。土地成本和人工成本占玉米总成本的比重分别由13.69%和38.36%上升为22.03%和43.3%。

表2　2000年以来我国玉米生产成本变化

单位：元/亩

	2000	2005	2006	2007	2008	2009	2010	2011	2012	2013	2014	2015
总成本	330.56	392.28	411.77	449.70	523.45	551.10	632.59	764.23	924.22	1 012.04	1 063.89	1 083.72
物质与服务费用	158.50	176.08	188.38	198.74	243.31	241.05	260.54	308.45	344.58	359.71	364.80	376.22
人工成本	126.80	148.38	149.94	159.78	176.98	192.61	235.10	295.49	398.40	455.37	474.68	468.72
土地成本	45.26	67.82	73.45	91.18	103.16	117.44	136.95	160.29	181.24	196.96	224.41	238.78

数据来源：《全国农产品成本收益资料汇编》（历年）。

玉米生产成本持续攀升削弱了我国玉米的国际竞争力。与全球最大的玉米生产国美国相比，2003 年，我国玉米每亩生产总成本比美国少 179.86 元，低 35.24%，2010 年我国玉米生产成本开始超过美国，2015 年每亩生产总成本比美国多 389.29 元，高 56.06%。从斤粮成本看，我国玉米劣势更为明显。2000 年以前，我国玉米单位产品成本与美国玉米基本相当，但 2000 年开始超过美国，特别是 2009 年以来差距迅速扩大，2015 年，我国每 50 千克玉米的成本达到 110.85 元，比美国玉米成本高出 123.1%（图 2）。

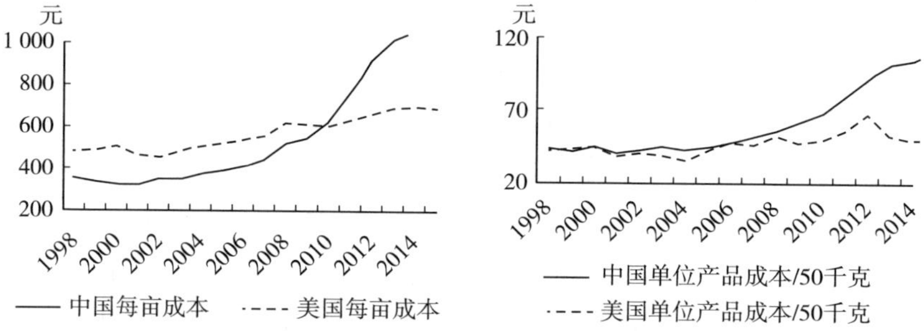

图 2　中美玉米生产成本对比

数据来源：《全国农产品成本收益资料汇编》（历年）。

（三）玉米生产粗放式发展，农业资源环境压力加大

近年来，我国玉米生产发展以面积扩张为主，粗放式发展特征比较明显。2004 年以来，我国玉米面积连续 12 年增长。2004—2015 年，玉米面积年均递增 3.26%，比同期单产增长率快 1.68 个百分点，面积增长对产量增长的贡献率达到 62.87%。导致我国玉米面积持续扩张的主要原因，一是政策因素。玉米临时收储价格不断上调，收储量增加，极大地刺激了农民玉米生产积极性，导致农民大量压缩大豆、杂粮面积，扩大玉米面积。二是气候因素。近年来气候变暖导致我国玉米种植带逐步向北扩展，尤以黑龙江省最为明显。2000—2015 年，黑龙江省玉米面积由 2702 万亩增加到 8 732 万亩，增长了 2.23 倍，年均递增 8.13%，比同期全国玉米面积增速快 4.72 个百分点，占同期全国玉米面积增量的 26.69%。

与面积持续增长相比，我国玉米单产增长相对滞后，不仅明显滞后于面积增长，而且滞后于国内粮食的单产增长，也滞后于全球玉米的单产增

长。2007—2015 年，我国粮食单产增长 15.45%，年均递增 1.81%，比玉米快 0.23 个百分点。2000—2014 年，全球玉米单产年均递增 1.88%，我国年均递增 1.68%，比国际平均水平慢 0.2 个百分点。2016 年我国玉米单产为 5.97 吨/公顷，为历史次高水平，但仅比世界平均单产高 3.3%，与先进国家相比差距十分明显。2016 年美国玉米单产达到 10.96 吨/公顷，比我国高出 83.5%，且我国现有玉米单产水平是在较高的物质投入和人工投入的基础上实现的，凸显出我国玉米生产技术水平总体不高，科技支撑能力明显不足。与美国等先进国家相比，我国玉米育种制种技术手段相对落后，缺乏突破性新品种；栽培技术落后，技术集成不够；机械化手段不能满足生产需要，耕作技术需进一步提升；病虫害防治技术措施不到位，灌溉技术落后。这些都制约了我国玉米单产水平的提高。

我国耕地资源紧缺，玉米面积持续扩张一方面不具有可持续性，另一方面加大了资源环境压力。与大豆、杂粮等作物相比，玉米需要消耗更多的水资源，使用更多的化肥、农药、农膜。2015 年，全国玉米每亩施用化肥折纯用量 24.3 千克，比大豆用量多 15.96 千克；玉米每亩农膜费用 4.64 元，大豆基本不用农膜；玉米每亩排灌费 21.53 元，比大豆多 18.73 元。玉米生产还产生大量秸秆，由于处理和加工利用不足，加重了农业面源污染，并且大量玉米秸秆被直接焚烧，影响空气质量。同时，玉米面积单向扩张，容易导致作物种植结构单一，不利于生态多样性和水土保持。此外，牺牲了以往大豆—玉米等合理的轮作方式，不利于地力养护。

(四) 玉米流通基础设施不足，流通效率低

与其他环节相比，玉米流通是我国玉米产业发展的突出瓶颈。一是流通方式落后，成本高。玉米散装流通方式，体现在装、卸、运、存四种作业，即“四散化”。散装方式省去了包装材料费用，便于使用机械进行作业，作业效率高。美国玉米已全部实现散装化作业，我国玉米散装流通量约占玉米流通总量的一半，散粮运输比例有待进一步提高。二是物流运输基础设施条件不足。无论是铁路运输、公路运输还是水运，都缺乏专用配套的运输工具，难以适应粮食散装化、集装化运输的需求。散粮接收发放设施滞后，仓库、运输工具和中转设施相互不配套，接卸中转能力严重不足，导致玉米物流节点不能有效衔接，造成玉米流通渠道不畅，效率不

高。三是铁路运力不足。玉米外运主要集中在东北产区，且以铁路运输为主。由于玉米外运季节性较强，铁路运力不足，东北产区经常出现玉米与煤炭、木材、原油等争抢运力的情况，玉米“入关”瓶颈明显。

在存储方面，同样存在较为突出的问题。一是仓储库容分布不合理，储备分布不平衡。我国玉米仓储主要分布在东北产区，其他产区和销区库容和玉米储存很少，容易造成产区玉米不能及时运到销区，导致销区玉米需求难以得到有效满足，加剧供求矛盾。近年来东北产区玉米一度出现“收不进、调不动、销不出、储不下”的局面，而华北黄淮地区和南方销区却有效供给不足，价格非理性上涨。二是农户仓储设施薄弱，产后损失严重。我国农户普遍缺乏玉米仓储设施，特别是东北产区农户存粮方式多为“地趴粮”。由于气候原因，东北玉米收获后水分大，存储不当容易出现霉变，鼠害也容易造成产后损失。据估计，“地趴粮”的损失率高达10%以上。同时，东北地区玉米产量大，集中上市期供应压力大，容易出现压价收购现象，甚至出现卖粮难，缺乏存储条件的农民往往被迫在价格较低的上市高峰期售粮，面临的市场风险较大。因此，缺乏存储条件不仅使东北农户面临较大的产后损失，而且还要面临较大的市场风险。

（五）玉米加工水平有待提高，低水平竞争和重复建设现象较多

我国玉米深加工发展迅速，产品种类大幅度增加，规模不断扩大，工艺水平不断提高，但与发达国家相比，还存在明显差距。一是玉米深加工品种少，加工程度低。美国玉米加工产品达到 3 500 多个品种，我国只有约 1 000 种产品，不足美国的 1/3。深加工主要集中于乙醇、淀粉及化工醇等相关领域，不少企业仍以生产和销售玉米原淀粉、玉米酒精为主，缺乏高端产品，产业链条短，加工程度低，附加增值少。二是玉米深加工技术和加工综合利用率有待进一步提高。与美国等先进国家相比，我国在玉米终端产品加工技术、淀粉提取技术、淀粉深加工技术、加工设备等方面都存在差距。例如，在淀粉糖生产上，国外采用先进的膜过滤技术除去非糖杂质，国内则普遍采用板框过滤机过滤；膜分离技术淀粉及变性淀粉回收率几乎达到 100%，而传统的回收工艺损失约 5%～8%的淀粉。我国玉米加工设备与国外先进水平差距较大，缺乏具有自主知识产权的工艺和设备，标准化程度不够，一些关键设备需依赖进口。三是新产品开发有待进

一步加强。美国已利用生物工程、酶工程等先进的生物技术生产高技术含量产品，包括以玉米为原料生产的无水酒精、可降解塑料、用于织布的合成纤维以及用玉米秸秆开发的可再生能源等产品。我国玉米深加工产品总体上档次不高，新产品开发能力较低，技术含量高、附加值高的产品不多。以淀粉糖为例，产品种类基本上集中在食用级葡萄糖、麦芽糊精、淀粉糖浆等普通产品上，高果糖浆和结晶果糖的产量小。在酒精发酵方面，发达国家酒精发酵的产率较高，可降解塑料的性能可以和普通塑料相媲美，价格也和普通塑料持平，而我国酒精的产率还比较低，可降解塑料的性能较差。

近年来，我国玉米加工业产能持续扩大，但在环保节能和产能利用方面问题较为突出。一是能耗较高、环境污染较重。发达国家玉米加工一般采用大型、湿磨密闭循环工艺，对玉米中的淀粉、蛋白质、纤维素和玉米油等进行综合利用，既提高了综合利用率和加工效益，也利于环保。如变性淀粉生产，发达国家普遍采用干法生产，工艺简单，收率高，能耗低，成本低，环境污染小，而我国普遍采用湿法生产工艺，产品收率低，用水量大，工艺流程长，成本高，易造成污染。二是重复投资严重，产能利用率偏低。目前，我国玉米深加工产能已达 8 000 万吨以上，但实际加工量仅为 5 000 多万吨，产能过剩，利用率只有 2/3 左右，前几年甚至只有一半多。并且随着玉米价格下跌，国内玉米深加工产能还在进一步扩张，新建扩建项目较多，产能过剩程度将继续加剧。饲料加工行业也普遍存在产能利用率不高，行业开工率低的现象。目前全国饲料行业产能估计在 4 亿吨以上，但实际产量只有 2 亿吨，产能利用率仅为一半左右。

（六）农户种植效益大幅下滑，玉米生产者收入保障机制有待完善

玉米完善价格形成机制和收储制度改革必然带来改革的阵痛期，其中影响最大的就是种植收益大幅下滑。根据发改委成本收益统计资料，2012 年，全国玉米平均每亩种植收益最高超过 730 元。2015 年，国家临储收购价格下调，全国玉米农户售价每斤下降 0.17 元左右，每亩现金收益为 522.95 元，比上年大幅减少 205.64 元，降幅达到 28.2%。2016 年，国家取消临储，价格进一步大幅下跌，预计农户玉米售价每斤下降超过 0.2 元，每亩收益下降约 250 元，其中东北产区每亩收益下降接近 300 元。特

别是土地流转费对种粮大户等新型经营主体的压力很大，不少地方种粮大户普遍亏损，一些地方出现种粮大户毁约弃耕现象，不利于现代农业发展。

2016年，我国在东北产区建立玉米生产者补贴制度，每亩补贴约合130元，对保护农民种植收益和积极性起到了积极作用，但补贴机制仍有待完善。一是补贴额度难以弥补玉米价格下跌对农民收入的影响。2016年，农民所获得的玉米生产者补贴仅能弥补因收储制度改革、价格下跌造成的收益损失的一半左右，农民承担了高昂的改革成本。二是其他主产区农民难以获取补贴，收入损失无法弥补。目前，华北及黄淮产区、西南产区、西北产区等其他产区都未纳入玉米生产者补贴范围，这些产区的农民承担了玉米收储制度改革的所有成本。三是生产者补贴分配机制有待完善。土地承包户与流转户争抢玉米生产者补贴的情况较多，种粮大户不易获得补贴。四是玉米生产者补贴需要与大豆目标价格补贴和稻谷最低收购价等政策统筹衔接，建立政策联动机制，一方面以利于农业结构调整，优化粮食生产结构；另一方面以避免不同作物之间比价关系和种植效益失衡，粮食作物不能平衡协调发展。目前东北产区玉米和大豆都已实行生产者补贴制度，玉米和大豆种植效益基本相当，但稻谷依然实行最低收购价，稻谷种植效益明显高于玉米和大豆，稻谷面积扩大的趋势明显，加大了水资源和湿地等生态资源环境压力。

三、推进玉米产业供给侧结构性改革的目标与思路

推进玉米供给侧结构性改革，既是深入推进农业供给侧结构性改革的重要内容，也是解决玉米供给侧结构性问题的客观需要，对于保障国家粮食安全，促进玉米产业提质增效，提升玉米产业竞争力，保持玉米产业持续协调发展，增加农民收入都具有重要的现实意义。

（一）玉米产业供给侧结构性改革的主要目标

综合考虑我国玉米产业资源禀赋、发展现状及今后发展潜力、发展方向等诸多因素，当前推进玉米供给侧结构性改革的总体目标是，着眼于玉米全产业链发展，通过体制机制改革与创新，运用政策的调控功能，发挥

市场的导向作用，努力调结构、降成本、去库存、补短板，促进玉米生产提质增效，提高玉米产需的匹配性和协调性，逐步形成产业布局合理、产需基本平衡、政策体系完善、产业协调发展、市场竞争力逐步提升的玉米产业发展新格局。

——玉米生产结构调整取得显著成效。到 2020 年，“镰刀弯”地区玉米生产结构调整任务基本完成，非优势区玉米调减面积达到 5 000 万亩，玉米生产区域布局趋于合理，全国玉米播种面积稳定在 5.2 亿亩左右。

——优势主产区核心生产能力进一步巩固提升。优势产区农田基础设施条件进一步改善，耕地质量退化的趋势得到扭转，防灾抗灾能力得到提升。到 2020 年，全国玉米单产稳定超过每亩 400 千克。

——玉米绿色发展水平明显提升。化肥农药零增长行动取得显著成效，玉米单位面积化肥和农药施用量稳中有降，节水灌溉得到进一步推广，玉米秸秆综合利用水平明显提升。

——玉米加工业发展水平进一步提高。玉米加工业发展水平能够满足国内畜牧养殖业和下游产业发展需要，精深加工程度进一步提升，产业链条继续延伸，企业开工率和盈利水平总体良好，带动玉米生产稳定发展的能力明显提高。

——玉米市场流通进一步搞活。形成多元化主体入市收购的格局，农户存储设施改善，产后损失率明显降低，玉米现代物流业得到长足发展，较为完善的社会化仓储物流服务体系基本形成。

——玉米去库存进程基本完成。到 2020 年，国家玉米库存降到合理水平，库存消费比降到 40%～50%，陈化粮比例明显下降，库存结构基本合理。

——玉米进出口调控机制进一步完善。玉米进口量保持在 720 万吨配额数量以内，替代品进口数量可控，玉米及替代品进口总量不超过国内消费量的 10%，国内玉米自给率保持在 90%以上。

——玉米生产支持保护政策和产业发展政策体系进一步完善。玉米收储制度改革基本完成，价格形成机制基本理顺，市场在资源配置中的决定性作用得到充分发挥，生产者收入保障机制基本完善。

（二）玉米产业供给侧结构性改革的基本思路

当前和今后一段时期，我国玉米产业供给侧结构性改革的总体思路是：贯彻落实中央关于推进农业供给侧结构性改革的总体部署，以提高玉米生产效益和产业竞争力为核心，以强化科技创新应用为支撑，以体制机制创新为动力，以市场为导向，以绿色可持续发展为引领，切实转变玉米生产和产业发展方式，加大结构调整力度，加快去库存进程，注重产加销相互衔接和产业链协调发展，完善玉米价格形成机制，不断完善玉米生产支持保护政策体系和产业发展政策体系，保障玉米产业持续健康协调发展。

——坚持市场导向。推进供给侧结构性改革，发展玉米生产和玉米产业，必须尊重市场规律，坚持市场调节为主，政府调控为辅，充分发挥市场配置资源的决定性作用。要按照中央深化粮食等重要农产品价格形成机制和收储制度改革的要求，坚定推进玉米市场定价、价补分离改革，玉米价格由市场形成，政府不再直接干预玉米市场和价格，农民生产什么作物，种植什么品种由市场决定，鼓励多元市场主体入市，进一步搞活玉米市场。

——巩固提升玉米核心产能。保持玉米生产稳定发展不仅是满足国内玉米消费增长的需要，也是保障国家粮食安全的需要，现阶段适度压缩籽粒玉米面积是优化玉米生产结构的重要任务，但压面积不是去产能，而是要以保护玉米核心产能为条件，深入实施“藏粮于地”、“藏粮于技”战略，加强耕地保护，提升耕地质量，改善基础设施条件，加强玉米增产关键技术的研发和推广应用，增强科技支撑能力，进一步巩固提升核心产区的生产能力，保障玉米在需要的时候能够产得出来。玉米收储制度改革后，要进一步健全玉米生产者补贴制度，保障农民种植的基本收益，保护农民的生产积极性，保障玉米在需要的时候农民愿意生产出来。

——提高质量效益和产业竞争力。要加快转变玉米生产方式，由以面积扩张和片面追求产量为主的粗放式发展向以提质增效为主的集约式发展转变。玉米生产结构调整要根据市场需求以质量效益为核心，有效增加适销对路的优质饲用玉米和专用玉米生产，减少市场滞销的品种生产。要采取综合措施努力降低玉米生产成本，提高国内玉米核心竞争力。加快玉米科技创新和推广，依靠科技进步提高单产，努力降低单位产品成本。加快培育新型经营主体，发展适度规模经营，大力降低人工成本和单位面积成本。引导土地流转费用合理回归，适度降低土地成本。

——树立绿色发展理念。实现玉米生产和产业可持续发展，必须树立绿色发展理念，推行绿色生产方式，推进清洁生产。要利用我国玉米供给充足，处于阶段性供大于求的有利时机，推进“镰刀弯”地区玉米生产结构调整，把不适宜种植区域的玉米面积适度调减下来。大力发展生态循环农业，实施化肥农药零增长行动，降低化学品等污染源的使用，发展节水灌溉，推进玉米秸秆综合利用，减轻农业面源污染。推行玉米加工业节能降耗，降低污染排放，全面提升玉米生产和玉米产业的绿色发展水平。

——推进全产业链协调发展。玉米产业发展不能片面强调产业的某一个环节，要从全产业链的角度全方位完善产业政策，保障全产业链协调发展。现阶段玉米阶段性供大于求明显，去库存是重要任务，一方面要通过适度调减籽粒玉米面积，促进玉米由阶段性供大于求向基本平衡格局转变。另一方面，要挖掘玉米消费潜力，促进国内玉米消费稳步增长，加快玉米加工业物流业升级转型，建立完善玉米产业链上下游之间的利益联结机制，推进玉米产加销结合和三产融合发展，通过促消费加快去库存，以消费促加工，以加工带生产，促进玉米生产、流通、储存、加工和消费各环节相互衔接，保持产需数量基本平衡，品质满足加工消费需要，实现产销顺畅对接，促进玉米全产业链持续健康协调发展。

四、深化玉米产业供给侧结构性改革的对策建议

针对玉米供给侧存在的突出问题，应按照玉米供给侧结构性改革的目标思路，进一步深化体制机制改革，加快转变生产方式，完善支持保护政策，加大玉米供给侧结构性改革力度，促进玉米产业持续健康协调发展。

（一）坚持市场导向合理引导玉米生产结构调整

加强宣传和培训，培育农民市场意识和经营能力，引导农民根据市场需要安排玉米生产。在保护核心产能的前提下继续实施“镰刀弯”地区玉米结构调整规划，引导非优势区适度调减籽粒玉米面积。一是扩大粮改饲

试点规模和范围，鼓励将部分籽粒玉米改为青贮玉米和苜蓿等。二是加大粮豆轮作试点实施力度，努力促进大豆面积恢复。三是扶持适宜地区杂粮杂豆生产，推进杂粮杂豆产业化发展。四是加大退耕还林还草实施力度，调减山区、半山区玉米种植面积。五是扶持新型经营主体发展粮改饲和草牧业，支持用粮企业与农民建立紧密的利益联结机制，鼓励玉米订单生产和产加销融合发展，在加工企业、农户、家庭农场和合作社之间建立起利益共享、风险共担的经营机制，使种粮农民能够分享产业链下游的增值收益。

专栏1 “镰刀弯”地区玉米结构调整

2015年11月，农业部发布《关于“镰刀弯”地区玉米结构调整的指导意见》，决定推进以“镰刀弯”地区为重点的玉米生产结构调整，力争到2020年“镰刀弯”地区玉米种植面积稳定在1亿亩，比目前减少5 000万亩以上，重点发展青贮玉米、大豆、优质饲草、杂粮杂豆、春小麦、经济林果和生态功能型植物等，推动农牧紧密结合、产业深度融合，促进农业效益提升和产业升级。

重点调整区域包括东北冷凉区、北方农牧交错区、西北风沙干旱区、太行山沿线区及西南石漠化区，到2020年力争分别调减籽粒玉米面积1 000万亩以上、3 000万亩以上、500万亩、200万亩和500万亩。

在技术路径上，重点推进“六个调整”。一是适宜性调整。重点是调减高纬度、干旱区的玉米，改种耐旱的杂粮杂豆和生育期短的青贮玉米。二是种养结合型调整。重点是粮饲兼顾，调减籽粒玉米、发展青贮玉米和苜蓿，以养定种，把“粮仓”变为“粮仓”＋“肉库”＋“奶罐”。三是生态保护型调整。重点是调减石漠化地区的玉米种植，改种有生态涵养功能的果桑茶药等经济林、饲草、饲油兼用的油莎豆等，既保护生态环境，又促进农民增收。四是种地养地结合型调整。重点是东北地区恢复大豆玉米轮作，因地制宜发展苜蓿玉米轮作，华北地区实行冬小麦夏花生（豆类）种植，发挥豆科作物固氮养地的作用。五是有保有压调整。重点是稳定玉米核心产区，调减北方农牧交错区、西北风沙干旱区、西南石漠化区等非优势区的玉米，特别是调减黑龙江和内蒙古第五积温带及部分第四积温带的玉米。六是围绕市场调整。重点是发挥龙头企业和新型经营主体的带动作用，实行订单种养、产加销融合。

（二）大力推进玉米生产方式转变

一是加强核心产区玉米生产能力建设。进一步增加玉米核心产区农田水利建设投资，实施中低产田改造、高标准农田建设、土壤深松、秸秆还田、节水灌溉、生物防治、地膜覆盖等工程项目，加大玉米新品种新技术研发力度，大面积推广应用品种改良、测土配方施肥、精量播种、适时晚收、全程机械化等增产技术，使玉米生产转变到依靠提高单产的发展模式上来。二是扶持玉米新型经营体系和适度规模经营发展。加大对家庭农场、玉米生产专业大户、合作社等新型经营主体的扶持力度，新增农业补贴进一步向新型农业经营主体倾斜，完善新型经营主体农业用地政策，支持新型经营主体开展农业社会化服务。加快完善农村土地流转体系，构建土地流转平台，加强流转服务和管理，为土地流转和规模经营创造良好环境。三是大力发展循环农业，深入实施化肥和农药零增长行动。通过补贴和示范推广等措施，引导农民开展测土配方施肥、畜禽粪便和秸秆养分还田，推广庭园立体生态农业发展，集成推广农药减量控害技术模式，大力开展统防统治和绿色防控，推广应用高效施药机械，提高化肥和农药利用率，有效减少盲目施肥和过量用药问题。

（三）加快消化现有玉米库存

一是坚持市场化原则开展临储玉米竞价销售，多形式、多渠道加快国家玉米去库存进程。适时启动玉米深加工定向销售，加快消化超期存储的玉米库存。加大临储玉米跨省移库力度，并将部分临储玉米划转为一次性储备轮出销售。加大临储玉米拍卖力度，把握好拍卖节奏，适度增加市场需要的优质饲用玉米投放量，保障市场有效供应，防止市场大起大落。合理安排玉米投放的区域结构，严格拍卖操作程序，提高服务质量，使得各地区用粮企业都能较为便利地拍卖到所需粮源。增加拍卖玉米信息透明度，保障拍卖双方对所拍标的信息对称，公示的信息真实充分。加大监管督查力度，规范程序，改善服务，增加运力，严厉打击查处吃拿卡要等违规和寻租行为，切实解决拍卖玉米出库难问题。二是适度扶持玉米加工业发展，促进玉米消费。实行玉米加工税收优惠政策，降低企业成本。恢复玉米深加工产品出口退税，促进玉米深加工产品出口。对玉米加工适度进行补贴，对南方销区企业购买临储玉米实行运费补贴。适度扩大燃料乙醇试点范围，利用玉米陈化粮增加燃料乙醇生产，加快消化玉米库存。

（四）完善玉米价格形成机制

推进玉米结构调整不能靠行政推动，必须发挥市场调节作用。应按照“市场定价、价补分离”的原则，继续坚定地推进玉米收储制度改革，实行市场化收购，价格随行就市。通过改革，尽快理顺价格形成机制，促进玉米产业链的各主体、各环节之间连接顺畅。同时，建立玉米卖难应急收储调控机制。针对市场化改革后，玉米价格可能大幅下跌以及可能出现的卖粮难，应制定完善防止出现农民卖粮难的收购预案，在不直接干预市场价格的前提下，通过适度增加中央和地方储备规模，加大轮换力度，收购季节暂停临储抛售，采取奖补等措施鼓励用粮企业入市收购等方式，稳定市场预期，提高市场主体入市收购的积极性。

专栏2　我国实行玉米价补分离改革

2016年3月，国家发改委有关负责人在新闻通气会上表示，2016年将按照市场定价、价补分离的原则和保障农民合理收益的要求，推进玉米收储制度改革，在东北三省和内蒙古自治区将玉米临时收储政策调整为“市场化收购”加“补贴”。

2016年6月，经国务院同意，财政部会同有关部门印发了《关于建立玉米生产者补贴制度的实施意见》，决定在东北（辽宁、吉林、黑龙江）和内蒙古自治区建立玉米生产者补贴制度。补贴政策的基本安排是：一是市场定价、价补分离。即玉米价格由市场形成，同时中央财政将对东北三省和内蒙古自治区给予一定补贴，并鼓励地方将补贴资金向优势产区集中，保障优势产区玉米种植收益基本稳定。

二是定额补贴、调整结构。在玉米价格由市场形成的基础上，国家对各省区亩均补贴水平保持一致，补贴基期也在一定年限内保持不变，充分发挥价格对生产的调节引导作用，体现优质优价，促进种植结构调整，提高农业发展的质量和效益。

三是中央支持、省级负责。根据国务院有关决定，中央财政将一定数额的补贴资金拨付至省级财政，并赋予地方自主权，由各省区制定具体的补贴实施方案，确定本省区的补贴范围、补贴对象、补贴依据、补贴标准等。

四是公开透明、加强监督。补贴操作应当坚持公开透明，地方政府拨付补贴资金等应当充分利用此前粮食直接补贴的工作基础，自觉接受社会有关方面的监督，切实加强组织实施，确保将国家财政补贴资金兑付给玉米生产者。

（五）完善玉米生产者补贴制度

在实行玉米价补分离改革的基础上，逐步完善玉米生产者补贴制度，建立农民利益保障机制。首先，为保障玉米生产结构调整顺利实施，简化补贴程序，降低操作成本，建议补贴先与当期生产脱钩，依据基期面积和常年产量对生产者进行补贴，补贴额度一定几年不变。其次，合理确定补贴额度和补贴区域，保障农民种植玉米获得基本收益。在对东北产区先行试点的基础上，逐步扩大补贴范围，将华北黄淮等优势产区纳入补贴范围。第三，强化补贴工作组织实施和监督落实，坚持公开公平公正原则，保障玉米补贴有关申报登记、核查确认、公示核实等各环节落实到位，明确责任分工，加强监督检查，确保将国家财政补贴资金足额兑付给玉米生产者。第四，在取得经验的基础上，逐步将大豆与玉米生产者补贴合并，并与生产作物品种脱钩，建立完善农业生产者收入保障制度。农民生产何种作物由市场决定，充分发挥市场对生产的调节作用，正常情况下国家不再干预农户生产，以避免造成产品结构性供需失衡。

（六）促进玉米加工业转型升级

一是鼓励玉米加工业加快技术创新，发展精深加工。鼓励并扶持企业加大投入，研发应用生物技术、电脑自动控制等高新技术，开发新产品，完善产品结构，生产高附加值的酶制剂、氨基酸、有机酸等产品，有序发展聚乳酸等生物基材料，提高粮食加工产品附加值和企业综合效益。二是做大企业规模，实行集聚发展。鼓励具有一定生产规模、市场前景好、发展潜力大的玉米加工企业，通过联合、兼并或重组等形式，发展成大型企业集团，打造产业集群，提高产业的集中度和核心竞争力。三是落实好环保政策，淘汰落后产能。在节能降耗、污水处理与排放等方面，严格执行环保标准，提高市场准入环保门槛，倒逼落后产能退出，提高加工产能利用率。

（七）发展玉米现代物流业

一是加强玉米物流基础设施建设。优化玉米仓储设施布局，重点加强销区和产销平衡区玉米仓储设施能力建设。加大投入力度，采取投资补助等方式支持主产区散粮收纳、集并、中转设施和散粮运输工具建设，加强重要港口和内陆物流节点的建设，提升玉米运输“四散化”水平。二是促进玉米社会化物流企业发展。支持大型粮食企业加大资源整合和兼并重组力度，联合铁路、航运等企业优化粮食物流链。鼓励粮食产业化龙头企业进行物流业务重组，组建第三方物流企业。鼓励有条件的大型粮食企业建立物流战略联盟。鼓励和支持粮食物流企业充分利用境内外资本市场多渠道融资，壮大企业实力。三是继续实施农户科学储粮工程。加大扶持力度，提高补贴标准，帮助农民多建“玉米楼子”，改善储存条件，减少粮食损失，规避市场风险。扶持新型经营主体兴建仓储、烘干等设施设备，将烘干等设备纳入农机补贴范围。四是加快发展玉米流通信息化。建立全国和区域性玉米物流公共信息平台，形成多渠道、全方位的玉米物流信息化服务体系。推动玉米物流电子化、信息化，实现玉米物流活动各个层次、各个环节的信息采集全覆盖。推动不同企业间以及政企间物流信息的互联互通和共享，鼓励物流企业利用物联网、大数据、云计算等先进信息技术，重塑业务和管理流程，实现物流各环节的无缝化衔接。

（八）加强玉米及其替代品的进口管理和调控

首先，坚持现行的玉米进口配额管理制度，加强对国有贸易的调控管理，合理控制玉米进口规模。其次，加强运用检验检疫，进口报告制度，进口许可证管理等技术性措施，对玉米及其替代品进口实行有效管理。第三，探索运用征收进口差价税等特殊管理办法，避免出现玉米及其替代品进口失控局面。第四，加强玉米产业损害预警监测，开展玉米产业安全分析评估，研究相关贸易争端与救济措施等应对机制。

大豆产业供给侧结构性改革：现状、问题与对策

大豆是我国食用油脂和蛋白食品的主要原料，也是畜牧水产业重要的饲料来源，在国家食品安全体系中占有极其重要的地位。加入 WTO 以来，受进口冲击、比较收益下降等因素影响，国产大豆产量不断下滑，进口量激增，自给率逐年下降，产需缺口日益加大。2017 年中央 1 号文件提出深入推进农业供给侧结构性改革，明确继续调减非优势区籽粒玉米，增加优质食用大豆，建立大豆生产保护区，调整大豆目标价格政策。大豆作为当前供需矛盾最为突出的粮油作物，代表性地反映了农业供给侧面临的突出问题和矛盾，大豆产业成为农业供给侧结构性改革的重点产业。本研究在描述我国大豆产业发展现状与特点的基础上，深入剖析大豆产业供给侧所面临的突出问题和矛盾，提出深入推进大豆产业供给侧结构性改革的目标思路与政策建议。

一、大豆产业供给侧的现状描述

大豆起源于我国，世界各国的大豆都是直接或间接从我国传播出去的。当前，我国大豆区域布局逐渐形成北方春作大豆种植区、黄淮海流域夏作大豆种植区和南方多作大豆种植区的生产格局。加入 WTO 后，我国大豆产量呈现波动下滑的特点，国产非转基因大豆已经远远满足不了居民对食用植物油和蛋白饲料的需求，大豆成为统筹利用国际国内两个市场两种资源最具代表性的产品。

（一）大豆生产的区域布局

大豆属于喜温耐寒作物，在我国分布较为广泛，各地均有栽培。加入 WTO 后，我国的大豆种植面积呈现波动下降态势，从 2001 年的 948.2 万公

顷减少到 2015 年的 650.6 万公顷。根据各地自然条件、耕作栽培制度、生态类型等因素，大豆可分为 5 个大区和 7 个亚区①。当前大豆种植主要集中在三大区域：一是北方春作大豆种植区，包括黑龙江、吉林、辽宁、内蒙古、宁夏、青海、新疆等地。二是黄淮海流域夏作大豆种植区，包括北京、天津、河北、山西、山东、河南、安徽、甘肃、陕西等地。三是南方多作大豆种植区，包括江苏、安徽、浙江、福建、江西、湖北、湖南、广东、广西、海南、重庆、四川、贵州、西藏、云南等地。

大豆种植面积在三大区域基本上呈现 5∶3∶2 格局。分区域看，北方春大豆播种面积占全国的比重呈现先增加后降低的特点。2000 年，北方春大豆种植面积占全国的比重约为 49%，随着 2008 年大豆临储政策的出台，农民种植大豆积极性提高，2009 年比重升至最高点达 60%，但由于比较效益明显低于玉米等竞争作物，从 2010 年开始比重开始持续下滑，2015 年比重降为 51%。相反，黄淮海春夏大豆种植区和南方多作大豆种植区的播种面积占全国的比重呈现先减少后增加的特点。2000 年黄淮海春夏大豆种植区大豆播种面积占全国的比重约为 33%，随后持续降低至 2009 年的最低点 27%，其后又波动上升到 2015 年的 31%。2000 年南方多作大豆种植区大豆种植面积占全国的比重约为 18%，随后波动降低至 2007 年的最低点 12%，其后又波动上升到 2015 年的 19%（图 1）。

种植面积 150 万亩以上的大豆主产省份主要有：黑龙江、安徽、内蒙古、河南、四川、江苏、山西、吉林、山东、贵州、云南、河北、陕西、辽宁。从种植面积来看，2010—2015 年，黑龙江大豆种植处于第一梯队，大豆播种面积维持在 3 600 万亩以上。安徽、内蒙古处于第二梯队，大豆播种面积维持在 1 000 万亩左右。河南、四川、江苏、山西、吉林、山东、贵州处于第三梯队，大豆播种面积维持在 200 万亩以上。云南、河北、陕西和

① 我国大豆区域采取两级制划分：第一级为主要作物的熟制，将全国划分为 5 个大区，即北方春大豆区、黄淮海流域夏大豆区、长江流域春夏大豆区、东南春夏秋大豆区、华南四季大豆区；第二级为在大区内根据自然条件差别又划分为 7 个亚区，即东北春大豆亚区、黄土高原春大豆亚区、西北春大豆亚区、冀晋中部春夏大豆亚区、黄淮海流域夏大豆亚区、长江流域春夏大豆亚区、云贵高原春夏大豆亚区。北方春大豆种植区，包括黑龙江、辽宁、吉林、内蒙古以及新疆；黄淮海春夏大豆种植区，包括甘肃、青海、宁夏、河北、山东、河南、安徽、山西、陕西、江苏、北京、上海和天津；南方大豆多作种植区，包括浙江、四川、江西、重庆、湖北、湖南、福建、广西、广东、贵州、西藏、海南和云南。

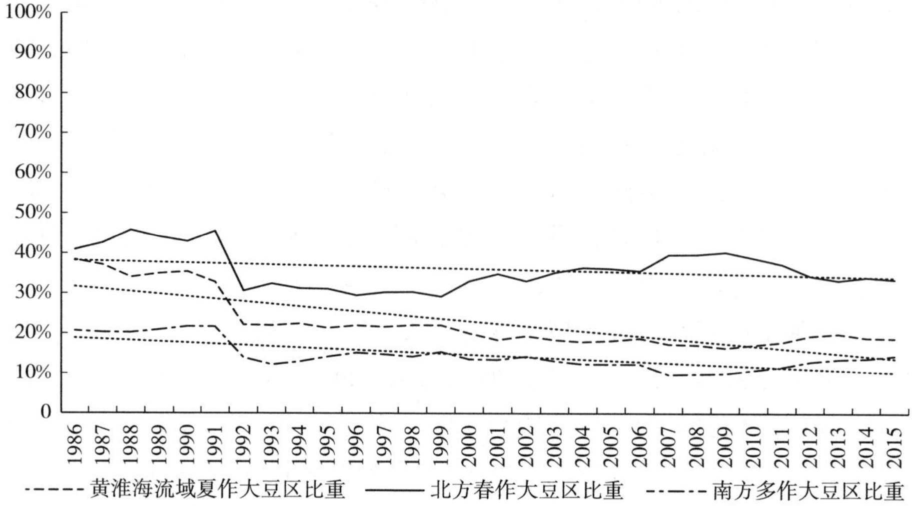

图 1　三大种植区大豆播种面积比重变化情况

数据来源：《中国农业年鉴》。

辽宁属于第四梯队，大豆播种面积维持在 150 万亩以上（表 1）。

表 1　2010—2015 年全国及主要产区大豆播种面积

单位：万亩

年份	2010	2011	2012	2013	2014	2015
全国	12 773.7	11 832.8	10 757.6	10 185.8	10 199.8	9 759.2
黑龙江	5 321.9	4 802.6	3 995.7	3 644.7	3 865.1	3 600.9
安徽	1 408.4	1 328.9	1 315.0	1 285.1	1 277.4	1 231.4
内蒙古	1 218.0	1 031.4	925.1	846.6	755.5	794.9
河南	979.5	668.5	690.8	665.9	599.6	549.1
四川	331.7	337.5	334.7	332.3	337.2	339.8
江苏	340.4	329.6	315.7	314.1	305.1	302.3
山西	292.7	297.1	299.5	299.3	287.7	284.1
吉林	565.2	457.2	345.0	321.8	320.4	242.1
山东	235.4	234.2	219.6	218.9	224.2	205.7
贵州	197.7	197.0	200.7	192.3	195.9	202.7
云南	192.6	187.9	190.6	187.2	186.2	182.6
河北	221.9	204.1	191.4	186.8	183.5	173.8
陕西	267.9	261.6	250.2	229.7	168.7	166.6
辽宁	185.1	180.3	173.6	172.4	159.6	160.7

数据来源：《中国农业年鉴》。

（二）大豆产出的基本情况

加入 WTO 后，我国大豆年总产量呈现“波动下滑”趋势。从 2002 年开始，国家对大豆种植户进行良种补贴，加上大豆玉米比价处于高位，农民种植大豆的积极性较高，大豆产量有所增加，2004 年达到 1 740 万吨。但随着大豆竞争作物玉米、水稻等价格的持续上涨，种植大豆的比较效益出现下滑，大豆主产区豆农调增玉米和水稻，大豆产量连年下滑，2015 年总产量降低到最低值 1 178.5 万吨。受“大豆目标价格”、“米豆轮作补贴试点”及大豆生产者补贴等政策利多影响，大豆总产量止跌回升，2016 年总产量 1 266 万吨，同比 2015 年增加 7.4%。

2001—2015 年，大豆单产保持稳定，总体呈现出小幅增加的特点。大豆单产由 2001 年每公顷 1 625 千克，增加到 2015 年每公顷 1811 千克。分区域看，南方多作大豆区单产相对较高，其次是北方春作大豆区，黄淮海流域夏作大豆区单产水平相比最低。2016 年受不利天气影响，东北产区大豆结荚期遭受长期干旱，上市期又逢严重秋涝，而南方多作区大豆成长期遭遇较多雨水，我国大豆单产水平降低至每公顷 1 758 千克，相比 2015 年降低 3%。

世界大豆总产量和单产水平均呈现明显的波动上升趋势，总产量从 1961 年的 0.27 亿吨增长到 2015 年的 3.07 亿吨，以 5%的年平均增长率增加了 11 倍之多。单产水平从 1961 年的 1 128.7 千克/公顷增长到 2014 年的 2 607.6 千克/公顷，以 1.8%的年平均增长率增加了 2 倍之多（图 2）。从五大主产国美国、巴西、阿根廷、印度、中国的产量比较来看，除我国大豆的年度总产量有下降趋势外，其他四国年度产量均呈现增加态势。巴西在 1974 年超越我国成为世界第二大大豆主产国，并保持高速增长态势，直逼美国第一位置。阿根廷也在 1997 年超越我国和印度，成为世界第三大大豆主产国，并在此后年份保持快速增长。

（三）大豆的生产经营方式

随着工业化、城镇化的推进，农村劳动力大量转移进城，我国大豆生产经营主体逐渐发生变化，呈现出两个突出特点：一是我国大豆种植农户逐年减少，户均种植面积相对稳定。基于全国农村固定观察点数据分析，

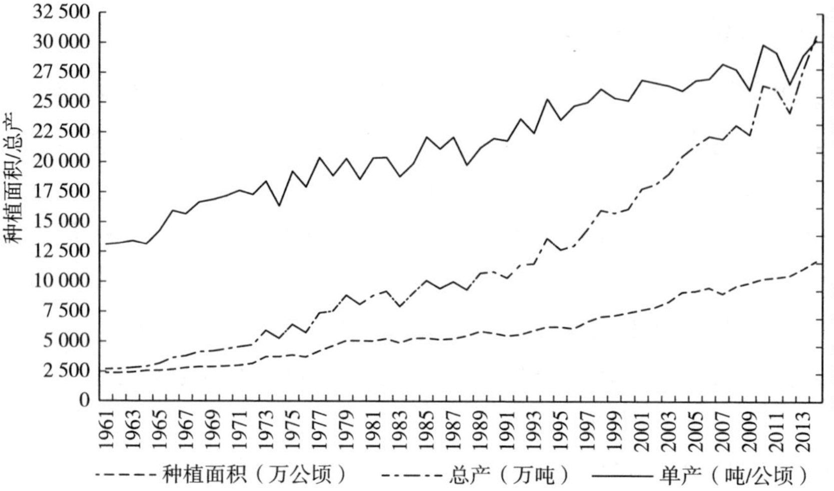

图 2　世界大豆年度总产量、种植面积、单产情况

数据来源：FAO。

全国种植大豆的农户占总样本户的比例由 2001 年的 27%，下降到 2015 年的 8%。种植户平均种植大豆面积年际间波动不大，维持在 2.5～3.7 亩之间。加入世贸组织后，户均种植面积呈现先降后升再降的特点，从 2001 年户均 3.2 亩降低到 2003 年户均 2.79 亩，随后几年户均种植面积小幅度上升，到 2009 年上升到户均种植大豆 3.7 亩后，大豆户均种植面积呈现降低态势，2015 年户均种植大豆面积为 2.5 亩。二是主产区大豆规模化种植趋势明显。流转土地规模经营成为农业发展方向，在这过程中出现了专业种豆大户、家庭农场、大豆专业合作社和龙头企业为代表的新型农业经营主体。经营主体的变化促进了大豆生产的规模化经营，尤其在黑龙江、吉林、辽宁、内蒙古等大豆主产区，规模化经营的趋势较为明显。

大豆生产投入年度间变化不大，规模种植户和普通农户生产成本差异较大。根据对大豆主产区实地调研了解，2014 年普通农户种植大豆平均亩生产成本为 507 元。其中，每亩租地费 200 元，种子每亩用量 5 千克，每千克 9 元，共 45 元。化肥每亩用量 15 千克，共计 40 元，农药 17 元，耕种机械费 20 元，用工每亩 1.5 个，共计费用 150 元，收获费 35 元。而种植大户和合作社亩均生产成本 447 元，其中租地费 200 元，种子每亩用量 5 千克，每千克 8 元，共 40 元。化肥每亩用量 15 千克，共计 37 元，农药 15 元，耕种机械费 20 元，每亩用工 1 个，每个工每天 100 元，收获费 35 元。种植大户比普通农户亩节约成本 60 元，原因主要是团购农资价格低于散户，规模化种植减少了人工投入。2015 年与上年支出基本没有变化，普通农户种植大豆亩生产成本为 507 元，种植大户和合作社亩生产成本 447 元。2016 年生产成本略有下降，主要是种植模式的完善和提升，种子、化肥、农药用量减少。普通农户种植大豆亩均生产成本为 487 元，其中租地费 200 元，种子 30 元，化肥 37 元，农药 15 元，耕种机械费 20 元，用工费 150 元，收获费 35 元；而种植大户和合作社亩生产成本 431 元，其中租地费 200 元，种子 28 元，化肥 35 元，农药 13 元，耕种机械费 20 元，用工费 100 元，收获费 35 元。种植大户比普通农户亩均节约成本 56 元。

2015 年全国大豆主要推广品种有 38 个，主要包括中黄 13、黑河 43、绥农 35、黑龙 68、合丰 50、中黄 37 等。随着窄行密植技术及其衍生的大垄密植、小垄密植和平行窄行密植技术的研究与推广，东北产区及黄淮海地区大豆种植机械化技术日臻成熟。在大豆生产全程机械化中，机械整地、机械密植播种、机械深施肥、机械中耕除草和机械喷雾植保等机械化节本增效技术已经大面积应用，基本实现了机械化。2015 年全国大豆耕种收综合机械化水平达到 65.9%①。分环节看，大豆机耕水平相比较高，机耕率为 72.2%，其次是机播环节，机播率为 64.6%，大豆机收水平相比较低，机收率为 58.7%。

（四）大豆的市场流通情况

随着粮食流通体制改革，尤其是大豆价格市场化、粮食购销市场化后，以国有粮食系统为主渠道的大豆流通格局已被打破，多渠道流通的局面逐步形成。国有粮食系统在大豆营销中的作用不断弱化，每年收购大豆量逐渐减少；个体私营企业、小商贩收购规模越来越大，在大豆流通中扮演重要角色。近年来，国家鼓励和扶持各类农产品市场流通组织建设。大豆产业流通中涌现了大量的农民合作组织、农村经纪人、农业产业化龙头企业等多种形式的农产品流通经济组织，各类不同属性的市场流通主体共

① 数据来源于《2016 农业机械化工业年鉴》。

同发展，大豆流通渠道和模式日益多样化，多数地区形成了由小商贩、经纪人、产业协会、生产企业、产地批发商、批发市场、外贸企业等市场主体共同组成的大豆收购、销售、流通网络。

近年来，随着政府加大对基础设施建设的投资力度，我国的交通运输状况已得到明显改善。但与交通运输能力的增长相比，大豆等农产品运输需求的增长速度更快，而运输增长量的大部分负荷都集中在公路运输上。东北产区大豆商品化率比较高，基本以对外销售输出为主。调研了解，黑龙江嫩江县大豆以商品豆为主，其中 60%流向山东等地蛋白加工企业，40%流向北京、湖南等地豆制品厂。嫩江县大豆收购企业有 20 多家，年收购量为 5 万～8 万吨。当地大豆运输也以汽运为主，其中运往山东的运输费用为 300 元/车。当地大豆收购企业的纯利润为 50～100 元/吨。内蒙古呼伦贝尔地区 70%的大豆销往大连、沈阳、黑河、绥化和盘锦等地，加工成豆腐等豆制品，10%运往石家庄、唐山、淄博等地。大豆运输方式多为汽运和海运，运费由买方承担，扣除成本，当地大豆贸易商每吨大豆纯收入为 20～30 元。

在大豆流通环节的购销方式上，虽然出现了订单农业、互联网＋等新兴的购销模式，我国大豆流通仍以传统的经纪人、批发商、批发市场、收购商等多主体产业链为主导。在期货市场发展方面，油脂油料期货品种体系初步建立，黄大豆 1 号、2 号、豆粕、豆油和棕榈油等 5 个期货品种初步构建起较为完整的油脂油料产业链品种体系，大连商品期货交易所已对豆 2 合约和规则作出修改，国内首个商品期权品种——豆粕期权也已挂牌交易，国家已在东北大豆主产区开展期货＋保险试点工作。但整体上看，期货市场的价格发现和风险防范作用仍有较大提升空间。

（五）大豆加工的基本情况

大豆加工主要分压榨加工和食用加工两个方面，国产大豆以食用加工为主，进口大豆主要用于压榨加工。加入世贸组织以来，我国大豆压榨加工呈现四个主要特点。一是国内大豆压榨加工产能快速扩张。2000 年我国大豆压榨年加工能力仅为 2 000 万吨。2010 年我国大豆加工行业的设计产能已突破 1 亿吨。到 2016 年我国大豆压榨设计产能达到 1.6 亿吨。二是大豆加工企业规模由单一的小企业为主体，逐渐演变为大企业和大集团占据市场主导地位。世界单厂产能 180 万吨/年以上的企业有 12 家，我国占 6 家。2016 年我国日加工大豆 500 吨以上的企业有 117 家，日加工能力超过2 000吨的加工厂数量达到 91 家，占总体数量的 77.8%，较 2000 年提高 67.8 个百分点。三是基本形成“国有企业、外资企业、民营企业”三足鼎立的大豆压榨加工市场格局。2016 年代表国有企业的中粮、中储粮、九三等集团加工产能占比 28%，代表外资企业的益海、邦基、嘉吉、达孚产能占比 26%，代表民营企业的渤海、汇福、植之元产能占比 12%，其他占比 34%。四是随着沿海地区新建大豆油脂加工企业的增多，大豆油脂加工布局已从以产区为主转变为主产区、沿海港口并存且后者趋于主导的格局。现已形成东北、环渤海、黄三角、长三角、珠三角及内陆等六大大豆压榨加工圈。

近十年来，我国大豆食品工业发展迅速，呈现出四个突出特点：一是传统食用大豆加工业稳步发展，豆制品企业主要分布在中部和南方。传统豆制品加工主要包括豆腐、豆浆类、千张、腐乳、豆酱、腐竹、膨化豆等，豆腐约占 50%左右。目前，全国豆腐生产企业分布较广泛，南方发展优于北方。近年来消费者对奶制品的消费信心指数下降，给豆浆的发展带来了空间和商机。休闲豆腐干的产品类型和消费市场逐渐成形，我国豆腐干的生产量有了明显的提高。腐竹富含营养且口感独特，消费比较稳定。此外，以膨化豆制品为原料、大豆素肉为产品概念的新产品近年来不断推陈出新，正在成为一个新的市场热点。二是大豆精深加工①在我国已成为新兴产业，精深加工产品市场广阔。以大中城市和传统加工为主的大豆食品加工企业群已初具规模。随着消费者对大豆加工提炼的保健产品认知水平不断提高，如对大豆蛋白粉的接受度不断提高，这为未来国产大豆的消费开创了巨大空间。我国在食品工业发展纲要中明确指出：“中国未来膳食结构中应当选择动物性食物和豆类食物并重的模式，优质蛋白质的选择应当以植物蛋白质为主”。随着生活水平的提高和膳食结构的改善，今后我国食用及食品工业用量将维持在年 3%左右增长。三是豆制品规模企业发展较好，企业质量安全意识逐步增强。据我国食品协会豆制品专业

---

① 大豆深加工主要包括蛋白类（如脱脂豆粉、浓缩蛋白、分离蛋白、组织蛋白、水解蛋白）、磷脂类（浓缩磷脂、复配流质磷脂、粉状磷脂、高纯度卵磷脂、改性磷脂等）、功能食品类（异黄酮、皂苷、低聚糖、膳食纤维、维生素 E 等）、精细化工类（生物柴油、大豆纤维、润滑油）。

委员会的初步统计，我国上规模豆制品企业（投豆量在 1 800 吨以上）的投豆量、销售额以及企业数目均呈现逐年上升的趋势，截至 2017 年 3 月，全国取得 QS 认证的豆制品企业数量有 2 770 家，取得生产许可证的豆制品企业总计 4 890 家，2016 年同期为 4 779 家（其中 QS 为 4 750 家，SC 为 29 家）总数比上年增加了 2.3%。可以看出，我国大豆食品生产企业的质量安全意识逐步加强，企业规模化发展成为必然趋势。此外，豆制品加工业仍存在小、散、乱现象，豆制品个体加工户和小作坊超过 10 万户，仍存在相当部分无证生产经营的个体小作坊，个体小作坊和加工户的总投豆量比例高达 80%。

（六）大豆的进出口情况

大豆原是我国重要的出口创汇农产品之一。随着城乡居民对肉、蛋、奶、水产品、豆制品及食用植物油消费需求的增长，大豆需求节节攀升。受种植比较效益等因素影响，国内大豆产量逐年减少，大豆市场产需缺口逐年扩大，大豆进口激增。2016 年我国大豆对外贸易依存度 87.2%，大豆进口量由 2001 年的 1 394 万吨，增加到 2016 年的 8 391 万吨，年均增速 12.7%。

我国大豆进口主要来源于美国、巴西和阿根廷，2016 年以上三个国家的大豆进口量占总进口量的 93%，进口的大豆主要是转基因榨油用大豆。2013 年以前从美国进口的大豆占比最高，2013 年后巴西超越美国成为我国大豆进口最多的来源国。2016 年从巴西进口大豆 3 804 万吨，占总进口量的 45.7%，其次是美国，占比 40.4%，第三是阿根廷，占比 9.6%（表 2）。近年来随着国内食用高蛋白大豆消费的增加，我国从俄罗斯、加拿大、乌克兰等国进口的非转基因大豆增长较快，从加拿大进口的非转基因大豆已从 2001 年的 1.7 万吨，增加到 2016 年的 145.6 万吨，年均增速 32%，从俄罗斯进口的非转基因大豆已从 2001 年的 1.5 万吨，增加到 2016 年的 40.1 万吨，年均增速 22%。

我国大豆出口量呈现出先增加后降低的趋势，大豆出口量由 2002 年的 30.53 万吨，增加到 2008 年的 48.5 万吨，然后降低到 2016 年的 13 万吨。我国大豆主要出口到美国、日本、韩国和朝鲜，出口到这四个国家的大豆占总出口量的 80%。此外，我国年产大豆分离蛋白 40 万～50 万吨，内销与外销各占一半，出口全球 90 多个国家和地区，约占全球贸易量的 50%。

表 2　我国进口大豆主要来源国及其进口比重

年份	美国		巴西		阿根廷	
	进口量（万吨）	比重（%）	进口量（万吨）	比重（%）	进口量（万吨）	比重（%）
2002	462	40.82	391	34.55	277	24.52
2003	829	39.98	647	31.20	596	28.75
2004	1019	50.41	556	27.76	440	21.76
2005	1105	41.55	795	29.90	740	27.82
2006	989	35.00	1165	41.15	623	22.02
2007	1163	37.54	1058	34.34	821	26.86
2008	1543	41.22	1165	31.13	985	26.31
2009	2180	51.25	1599	37.59	374	8.80
2010	2359	43.06	1823	33.92	1076	20.42
2011	2235	42.37	2062	39.32	784	14.84
2012	2597	44.48	2389	40.92	590	10.10
2013	2226	35.09	3181	50.19	612	9.66
2014	3003	42.06	3200	44.82	600	8.41
2015	2841	34.76	4013	49.09	944	11.55
2016	3366	40.44	3804	45.70	641	9.63

数据来源：中国海关。

（七）大豆产业的扶持政策

为保护农民利益，提高农民种植油料作物的积极性，维护国家植物油市场安全。我国政府通过制定大豆产业发展规划和指导意见加强政策顶层设计，先后制定和实施了大豆良种补贴政策、大豆临时收储政策、大豆目标价格补贴政策、大豆生产者补贴等政策。

产业政策顶层设计方面，为促进大豆产业发展，适应国际市场的竞争与冲击。2001 年我国政府制定并实施了《中国食物与营养发展纲要（2001—2010 年）》（国办发〔2001〕86 号），纲要提出针对我国食物与营养发展现状和存在的问题，优先发展大豆产业，促进大豆及其产品的生产和消费，提高大豆食品的供给水平。同年，我国政府实施大豆振兴计划，以提高我国大豆产业的国际竞争力。"大豆振兴计划"实施效果显著，涉及区域大豆单产明显提高。但从全国层面实施效果看，播种面积、产量、单产、含油率均未达到预期目标。2003 年农业部发布《高油大豆优势区域发展规划（2003—2007 年）》；2008 年农业部制定了《全国优势农产品区域布局规划（2008—2015 年）》，从生产环节对大豆区域布局、主攻方向、发展目标进行了部署。2007 年我国政府下发《国务院办公厅关于促进油料生产发展的意见》（国办发〔2007〕59 号），扩大了大豆良种补贴规模，从 2008 年开始中央财政统筹研究对油料生产大县与产粮大县的奖励政策，进一步完善大豆及食用植物油的中央和地方两级储备体系。为进一步调整优化种植结构和提升大豆质量效益与竞争力。面对大豆加工产能过剩、国内企业压榨能力和实际压榨量不断萎缩、大豆进口依存度高、产加销产业链较短、自主创新能力弱等问题。2007 年国家发展和改革委员会制定了《促进大豆加工业健康发展的指导意见》，对大豆产业的行业准入、产业布局做出规定，并提出了建立引导大豆有序进口的安全保障机制、大豆商业周转储备制度、制定和颁布大豆加工业相关标准的建议。2016 年农业部下发了《关于促进大豆生产发展的指导意见》，明确了大豆生产发展的思路和目标任务，提出了调整优化区域布局、大力推进科技创新、建立优质大豆保护区、加强大豆市场调控、科学引导健康消费等措施。2017 年我国政府制定了《国务院关于建立粮食生产功能区和重要农产品保护区的指导意见》（国发〔2017〕24 号），提出以东北地区为重点、黄淮海地区为补充划定大豆生产保护区 1 亿亩，并明确了相关扶持政策。

大豆生产环节补贴的政策主要有四类：一是大豆良种补贴政策。2002 年我国政府在黑龙江、辽宁、吉林和内蒙古，针对高油大豆实施大豆良种补贴政策，补贴标准每亩 10 元。2002 年中央政府安排财政资金 1 亿元，补贴面积 1 000 万亩；2003 年补贴规模增加到 2 亿元，补贴面积扩大到

2 000 万亩；2004—2007 年，每年分别安排 1 亿元，补贴面积 1 000 万亩。2008 年初，国务院决定将补贴规模扩大到 4 亿元，补贴面积增加到 4 000 万亩，占全国大豆播种面积（1.29 亿亩）的 31%。该项政策对提高大豆单产水平、大豆品质起到积极作用。二是大豆临时收储政策。受金融危机影响，大豆等农产品价格暴跌，为保护农民利益，2008—2013 年我国政府启动大豆临时收储政策，由发改委根据具体的市场情况，制定本年实行 1 次或者多次的临时收储价格和收储量，并委托国有粮食企业按照收储价格收粮。三是大豆目标价格补贴政策。连续五年实施的大豆临时收储政策，拉高了东北地区国产大豆价格，但同时降低了国产大豆的价格竞争力，导致常年以国产大豆为原料的压榨企业因采购成本过高而无法正常开工，直至退出市场收购，出现中储粮一家独大的现象。为完善大豆价格形成机制，提升大豆产业竞争力，我国政府从 2014 年开始启动东北和内蒙古大豆目标价格补贴试点工作，该政策是指在大豆价格主要由市场形成的基础上，国家事先确定能够保障农民获得基本收益的大豆目标价格，当大豆实际市场价格低于目标价格时，国家对农民进行补贴；当市场价格高于目标价格时，不启动补贴。四是大豆生产者补贴政策。为深入推进农产品“市场定价、价补分离”改革，2017 年中央 1 号文件提出，调整大豆目标价格政策。随后，国家发改委印发了《关于深入推进农业供给侧结构性改革的实施意见》，明确了 2017 年国家调整东北大豆目标价格政策，实施大豆生产者补贴政策。规定大豆生产者补贴标准原则上高于玉米生产者补贴标准。

大豆流通加工方面政策主要有两类：一是大豆临储拍卖政策。为稳定市场，促进大豆流通加工环节健康发展，2009 年起我国政府开始实施临储大豆公开拍卖，交易方式多采取竞价交易方式，通过现场和网上对委托标的依次按照交易节（五个标的）进行交易。截至 2016 年底，国家已实施 104 次临储大豆拍卖。二是油脂加工外资准入政策。2017 年我国政府印发《国务院关于扩大对外开放积极利用外资若干措施的通知》（国发〔2017〕5 号），明确重点取消油脂加工外资准入限制，将有可能引发新一轮外资企业投资油脂加工企业热潮，进而影响大豆产业发展。

二、大豆产业供给侧存在的结构性问题

我国已成为世界第一大豆进口国和消费国，大豆产业在发展过程中，特别是供给侧面临着比较突出的矛盾和问题。一是生产领域，生产成本高、技术水平低，国际竞争力弱；二是流通领域，购销不畅、交易成本高，进口监管不足；三是加工领域，产能过剩，科技创新能力弱，环保问题凸显；四是贸易领域，过度进口，产业损害补偿机制尚未建立，产业链服务体系亟须完善；五是政府调控方面，存在政策支持力度不足，对国产非转基因大豆保护不够，产业风险分担机制尚未建立等突出问题。以上问题亟须通过深入推进大豆产业供给侧结构性改革加以解决。

（一）大豆生产领域：生产成本高、技术水平低，竞争力不足

生产环节是产业生存发展的基础，该环节面临降成本、补短板的迫切需求。大豆种植成本高、经营面积小、品种质量杂、技术水平低、生产效率低、竞争实力差等问题突出。具体表现为：

一是大豆种植成本高，专业化程度不足，单产水平较低，比较效益差。横向比较看，2015/2016 年度黑龙江大豆亩均生产成本 617 元，而同期美国大豆的亩均生产成本约为 481 元；从亩均产量来看，2015/2016 年度黑龙江大豆平均亩产 182 千克，而同期美国大豆的平均亩产为 237 千克。纵向比较看，大豆种植成本上升，亩均利润由盈转亏。2010—2015 年，大豆总成本增长 56%，年均增幅 9.4%。其中，人工成本涨幅最大，年均涨幅 13.3%，土地成本涨幅次之，年均涨幅 11.3%。大豆种植净利润由盈转亏，由 2010 年的亩均利润 155.15 元，降低到 2013 年的 33.68 元，国家取消大豆临时收储政策后，大豆亩均利润降低到 2015 年的 −155.09元（表 3）。从比较效益来看，2002 年大豆、玉米、水稻种植的亩净收益比为 1∶0.43∶0.52，而 2011 年则变为 1∶2.16∶3.04，2015 年，大豆、玉米、水稻种植效益比为 1∶1.82∶2.63，导致我国大豆播种面积减少，农民种植大豆的积极性不高。二是大豆生产经营面积小，种植分散，品种混杂及重迎茬问题突出。我国大豆多为小规模分散种植，标准化的大豆生产技术较少，田间管理粗放，大豆轮作不充分，机械化水平难

以提高，科技推广难度大。大豆品种多乱杂，农户用种混杂、种植粗放，良种大豆种植规模小，部分地区的大豆品种常常多达几十种，且经常出现越区种植、混合种植。特别是重茬种植现象导致大豆产量不稳定，豆种品质差，纯度不高，抗病率低，经济效益低。高产优质品种缺乏，大豆产量和品质受气候因素影响较大，品种产量和品质稳定性较差，同时高脂肪和高蛋白质含量的品种较少，不能满足生产和加工需要。一些原有的高产品种也出现种性退化，已经逐渐丧失高产优势。三是国产大豆竞争能力差，组织化程度不高，生产技术水平低。与国内其他作物相比，大豆与水稻、玉米的收益比发生逆转，大豆产业发展缺乏必要的激励和动力；与进口大豆相比，国产大豆出油率普遍较低，价格明显较高，单产水平低，品质不均一，使得国内大豆生产缺乏核心竞争力。豆农的组织化程度不高，没有相应的种植、仓储、加工合作社，产业一体化程度不高。现代化的加工企业＋订单基地＋农户、加工企业＋中介服务＋农户、加工企业＋农户＋经纪人等运作模式和农产品加工企业的组织经营方式还未形成规模，大豆产业的发展难以达到企业与农户共赢的目的。在技术水平方面，大豆良种技术研发进展缓慢，大豆科研人员和机构逐渐萎缩，大豆研发积极性受到影响。同时，我国的农业服务体系较为落后，大豆生产的基础设施也较为薄弱。国家和农户应对自然灾害的设施设备缺乏，导致豆农抵御灾害的能力下降。此外，大豆主产区的农民整体科技水平有待提升，耕种及管理整体呈现粗放型发展方式，导致大豆的生产品质和生产效率较低，且国家没有针对大豆种植户开展足够的技术教育和技术培训，导致我国大豆种植户的文化素质和管理水平普遍较低，难以利用现代化的信息技术处理生产中的问题，如自然灾害预防和期货市场套期保值操作等。

表 3　2010—2015 年大豆亩均成本收益情况

项　目	单位	2010 年	2011 年	2012 年	2013 年	2014 年	2015 年
主产品产量	千克	148.03	146.32	146.68	138.04	143.6	138.35
产值合计	元	586.35	610.72	706.83	659.58	641.61	559.62
主产品产值	元	573.19	597.48	693.46	647.03	630.14	548.21
副产品产值	元	13.16	13.24	13.37	12.55	11.47	11.41

（续）

项　　目	单位	2010 年	2011 年	2012 年	2013 年	2014 年	2015 年
总成本	元	431.2	488.77	578.2	625.9	667.34	674.71
生产成本	元	280.39	315.79	382.23	405.22	419.64	416.97
物质与服务费用	元	165.08	179.41	204.73	204.27	202.91	201.81
人工成本	元	115.31	136.38	177.5	200.95	216.73	215.16
家庭用工折价	元	100.6	114.64	156.52	183.26	197.01	195.86
雇工费用	元	14.71	21.74	20.98	17.69	19.72	19.30
土地成本	元	150.81	172.98	195.97	220.68	247.7	257.74
流转地租金	元	28.14	37.03	45.68	53.7	64.99	73.44
自营地折租	元	122.67	135.95	150.29	166.98	182.71	184.30
净利润	元	155.15	121.95	128.63	33.68	−25.73	−115.09
现金成本	元	207.93	238.18	271.39	275.66	287.62	294.55
现金收益	元	378.42	372.54	435.44	383.92	353.99	265.07
成本利润率	%	35.98	24.95	22.25	5.38	−3.86	−17.06
每 50 千克主产品							
平均出售价格	元	193.61	204.17	236.39	234.36	219.41	198.12
总成本	元	142.38	163.4	193.37	222.39	228.21	238.86
生产成本	元	92.58	105.57	127.83	143.98	143.50	147.62
净利润	元	51.23	40.77	43.02	11.97	−8.8	−40.74
现金成本	元	68.66	79.63	90.76	97.95	98.36	104.28
现金收益	元	124.95	124.54	145.63	136.41	121.05	93.84
附							
每亩用工数量	日	3.43	3.13	3.04	2.88	2.85	2.68
每亩主产品已出售数量	千克	110.67	98.16	111.67	100.43	92.88	108.38
每亩主产品已出售产值	元	425.79	401.28	526.81	469.9	413.62	423.58
商品率	%	95.39	95.87	96.69	96.88	97.60	97.83
每亩成本外支出	元	0.05	0.06	0.04	0.05	0.56	0.65

数据来源：《全国农产品成本收益资料汇编》（2016）。

（二）大豆流通领域：购销不畅，交易成本高，进口监管不足

我国大豆产业的流通环节发展较为落后，属于传统价值链多环节的流通体系，面临着仓储物流效率低、成本高、运力不足、技术水平落后等问

题，大豆流通成本居高不下，亟须补齐短板。具体表现为：

一是在大豆流通方面，存在产品收购环节多、混收及高收储费用现象，流通环节包括种植农户、个体商贩、批发商、企业，多个流通环节形成了“种植户出售大豆价格低、企业收购大豆价格高”的不良局面。二是流通环节市场化主体作用有限。国家储备收购成为国产大豆贸易主渠道，导致大豆流通体制不顺，国储收购带来市场扭曲，市场化的大豆加工企业无法建立稳定的原料供应链。三是大豆购销衔接仍不通畅，大豆收购交易成本高。小规模、分散型经营缺乏有效的组织方式，生产主体获取市场供求信息渠道仍不通畅和便捷，大豆产销区直接对接存在困难；大豆收购交易成本相对较高，收购大豆需要面对千家万户，以黑龙江大豆收购为例，每收购 1 吨大豆需原料包装、运输、储存等费用 75 元，而在东南沿海地区每吨进口大豆到达车间的费用不足 25 元，高昂的流通成本严重束缚了大豆产业链的转型和发展。四是大豆存储及运输环节中仍存在诸多困难。主产区大豆仓容缺口较大，露天存粮问题突出，大豆产业发展所需的仓储、运输、港口等基础设施仍不完善，特别是黑龙江省在粮食丰收时节，北粮南运的交通运输压力巨大。我国现存的大豆物流体系仍旧传统，缺乏高科技和信息化的现代物流技术，导致大豆流通成本较高，难以打破外资对大豆贸易流通渠道的垄断。当前，大豆流通环节最为突出的问题是进口转基因大豆的流向监管。市场预测每年约有 500 万吨转基因大豆流入食用市场，严重扰乱了市场，不利于国产大豆和进口大豆“两种产品、两个市场”的有序、健康、可持续发展，也不利于国内豆农利益的保障。

（三）大豆加工领域：产能过剩，科技创新能力弱，环保问题凸显

虽然我国大豆加工能力快速增长，大豆加工企业规模扩大，加工组织结构呈现多样化，但还存在生产能力严重过剩，国产大豆加工专用性不强，外资在我国大豆加工行业的比例提高过快，大豆加工业科技创新能力弱，产、加、销等产业链较短，企业布局不尽合理。具体表现为：

一是我国大豆加工业产能过剩，传统豆制品加工优势没有充分发挥。在食用油压榨方面，受外资企业竞争挤压，我国大豆加工企业生存困难，特别是大豆压榨企业面临停产破产，市场份额不断缩减，黑龙江省大豆加工企业从 2014 年的 139 户减少到 2016 年的 99 户，99 户加工企业中有 40

多户停产或连续停产。现存的大豆加工企业技术能力和规模参差不齐，受大豆混种混收、仓储成本高、原料出油率低等原因影响，大豆企业往往开工不足，造成产能闲置浪费；当前的大豆加工产业布局不合理，企业结构松散，没有形成专业化、规模性的油脂加工企业，难以形成专业化、规模化的竞争优势。而在传统豆制品加工方面，豆制品消费“低端”形象仍然制约产业效益增长，加工企业在生鲜产品包装、冷链消费等方面投资不足，企业生产环境仍需改善；当前加工产品的保质期短，消费难以突破特定区域；产品市场拓展速度慢，行业效益低，技术人才奇缺；大豆加工还面临着原料供应渠道杂乱，产品品质难稳定，豆奶粉（豆浆粉）速溶性差，豆渣的利用难解决等诸多问题。二是大豆加工科技创新能力弱，高技术领域没有占据优势地位。如我国的大豆蛋白产业长期处于低水平重复建设、产品单一、技术含量低、价格竞争激烈、利润微薄，在细分市场没有话语权的状态，具体表现为产品结构单一，同质化现象严重，远远满足不了市场需求。现有的大豆蛋白企业无视产品的技改和升级，难以推陈出新，无法引导消费市场走向，也没有在大豆蛋白的保健、方便、休闲食品等生产领域占据优势地位。虽然我国大豆蛋白的生产商数量以及大豆蛋白的产量均居世界第一，但多数企业的着眼点仅停留在生产规模的扩大，而在产品的升级、设备改造、产业链的延伸方面鲜有作为。除此之外，大豆蛋白生产工艺陈旧，技术含量不高，缺乏竞争力，国内企业同质化竞争白热化，高附加值的产业被做成了微利产业。三是大豆加工未建立统一的行业标准，环境污染和食品安全问题亟待关注。目前，传统豆制品生产体系的工业化、现代化、标准化程度不高，专业化信息资源匮乏，导致产、用脱节，资源浪费严重。大豆品种的非专用化致使加工工艺很难标准化，导致了加工设备无法标准化，进而影响豆制品产业的工业化和现代化体系建设，大量的副产物没有得到高效利用，导致原料利用率下降，使大量优质蛋白质资源流失并带来环境污染问题。由于缺乏统一的行业标准及行业监督，豆制品加工也存在质量安全难以保障的问题，主要表现为原料携带土壤微生物污染产品，生产环境恶劣及加工过程的二次污染，杀菌不彻底，卤汁重复利用，产品主要以散装形式在市场流通，员工卫生观念差等。不规范的行业生产成为阻碍我国大豆产业加工环节向现代化转型升级的重要因素。

(四) 大豆贸易领域：过度进口，产业损害补偿机制尚未确立，产业链服务体系亟须完善

大豆贸易方面不是讨论要不要进口的问题，而是如何确保适度进口的问题。在大豆贸易领域还存在过度进口，大豆及其替代品进口对国内产业的损害日益加深，但国内产业损害补偿机制仍未确立，大豆产业链服务体系仍不完善。具体表现为：

一是大豆进口量持续增加，对外依存度越来越高，自身话语权逐渐丧失，国内大豆产业安全受到威胁。2001—2016 年，我国新增大豆需求 6 704万吨，而进口增加 6 997 万吨，新增市场需求被进口大豆所挤占，而且原有市场需求也被进口大豆挤占，国内需求和生产未能同步快速增长，主产区大豆生产受到严重挤压。此外，由于食用植物油具有很强的替代性，大豆进口对其他食用油籽的价格也形成了明显打压，给我国利用冬闲田的油菜籽产业发展带了显著影响，给饲料粮生产也带来了严峻的挑战。二是大豆贸易政策与大豆产业基础竞争力不相适应，不能起到应有的“门槛”保护作用。大豆进口与外资相结合严重挤压了中小油脂企业的生存空间，致使中小压榨企业大量减少。在面临国外大规模生产且获得高额补贴的大农场竞争的情况下，我国对农业的支持和保护并没有与农业基础竞争力相适应，国家对 WTO 规则赋予的“绿箱”和“黄箱”政策空间，还有加强利用的空间。进口大豆已对国内大豆产业发展造成严重损害，但大豆产业损害补偿机制仍未建立。三是我国大豆产业的社会化服务体系仍需完善。政府技术推广体系作用有待加强，专业化的服务组织缺乏，整个产业链的组织形式、风险分担、保险保障等软实力较弱。从政府技术推广体系来看，当前没有专人为农民开展专业化的知识技术讲解，难以提高农户的种植技术以增加种植产量。从产业链专业化服务组织来看，大豆生产领域缺乏专业植保队伍、专业农资服务机构，没有形成专业化服务大豆产业的链条，特别针对鲜食产品，没有形成从产品生产、粗加工到冷冻仓储的农业服务产业链。四是我国大豆产业缺乏强有力的产业协会以规范和保障整个产业的健康发展。在美国，大豆协会已有 80 多年的历史，美国大豆产业协会、大豆产业基金会、大豆出口协会在大豆产业开拓国外市场中发挥了重要作用。我国大豆产业却是“一盘散沙”“各自为战”，与美国相距甚

远，在大豆生产技术开发、整体营销、大豆产业信息咨询、培训、发布市场信息、沟通发展战略、寻求政府扶持等方面工作力度不足，难以维护我国大豆产业利益。

（五）政府调控领域：政策支持力度不足，对国产非转基因保护不够，产业风险分担机制尚未建立

政策支持的核心是确保大豆产业安全，特别是粮食安全和大豆基本供给安全。在政府调控环节存在的突出问题表现在政策支持力度不足，对国产非转基因大豆产业保护不足，大豆产业保险和风险分担机制不健全等。具体表现为：

一是政策支持力度不足。尽管大豆在我国统计口径中属于粮食，但在农业政策优先序中，谷物仍是政策保护和支持的核心，大豆相对处于劣势地位。为调动地方政府发展粮食生产的积极性，国家对粮食生产大县进行了大数额补贴。但是，在计算各县粮食产出时，以粮食总产为指标，导致东北和黄淮海区域大豆主产县为增加粮食总产大幅度压缩大豆面积以发展玉米、水稻等高产作物，破坏了长期建立的粮豆轮作体系。长期以来，由于投入不足，我国大豆科研队伍人数偏少，研发力量偏弱，与国外机构合作机会不多，在转基因大豆领域起步较晚。二是对国产非转基因保护不够。建立非转基因大豆保护区的步伐依然较慢，还未能有效树立我国非转基因原生大豆的品牌形象，导致国产非转基因大豆的市场竞争力受限；对转基因大豆食用油及各种大豆深加工产品公开加贴标识等政策的执行和监管力度也有待进一步加强。三是我国大豆产业保险和风险分担机制不健全。大豆的政策性保险水平低，商业性保险交易成本高农户参与度低，大豆价格保险和收入保险的运行机制尚未建立。场外商品衍生品市场发展滞后，国内大豆期货市场对价格发现、风险分担的作用未能有效发挥。

三、推进大豆产业供给侧结构性改革的目标与思路

大豆产业问题不仅仅是经济问题，更是社会问题和民生问题。推进大豆产业供给侧结构性改革对提高农业效益增加农民收入、提升产业竞争

力、确保食品安全和民族健康等方面具有重要战略意义。

（一）推进大豆产业供给侧结构性改革的意义

推进大豆产业供给侧结构性改革是提高农业效益增加农民收入的迫切需要。当前，农民家庭经营收入仍占农民收入的40%以上，大豆主产区农民增收还是靠大豆种植。由生产规模决定，我国大豆生产成本与世界主要出口国相比差异很大。国外低价大豆的大量进口，使得国内大豆价格既不能随着生产成本的上升而相应上升，也不能随着需求的拉动而相应提高，大豆种植的比较效益不断降低。大豆产业的供给侧结构性改革能够有效降低各环节的成本，补齐短板，提升大豆种植效益，提升豆农效益和收入。

推进大豆产业供给侧结构性改革是产业做大做强提高市场竞争力的迫切需要。近年来，我国大豆生产受到价格“天花板”和生产成本“地板”抬升的双重制约，资源环境两道“紧箍咒”越绷越紧，大豆产业供求结构失衡，生产成本高，产业竞争力逐年降低。只有大力推进大豆产业供给侧结构性改革，鼓励轮作，恢复国内生产，推动行业结构调整和产业升级，统筹国内国际两个市场两种资源，才能有效增强我国大豆生产、加工和销售环节主导权，提高大豆市场国际竞争力。

推进大豆产业供给侧结构性改革是适应城乡居民消费升级的迫切需要。随着新型城镇化加快推进，城乡居民消费需求正从追求数量向追求质量方面转变。居民改善食物营养结构的愿望迫切，对高蛋白食品需求增加，大豆是植物蛋白的重要来源，素有“田中之肉、营养之王”的美誉。大豆不仅富含丰富蛋白质，还含有异黄酮、卵磷脂、皂苷、可溶性纤维等，具有重要的保健功能。此外，大豆还是重要的食用油脂和饲养业重要的蛋白饲料来源，在国家食物安全中占有重要的地位，大豆产业的健康发展，事关食品安全和民族健康。

（二）大豆产业供给侧结构性改革的主要目标

综合考虑区域资源禀赋、市场需求、国际市场等因素，科学确定大豆产业发展目标，通过改革制约大豆产业发展的体制机制，加快推进和深化大豆产业供给侧结构性改革，促进大豆产业稳定发展。大豆产业供给侧结构性改革目标具体体现在：一是有效降低大豆生产成本，提升大豆生产适度规模化、组织化、标准化水平，保护豆农利益促进豆农增收。二是有效补齐大豆流通环节购销不畅、运力不足、技术水平落后，交易效率低等短板，提升大豆流通环节市场化、商务化和信息化水平，提高流通效率。三是有效解决进口转基因大豆监管问题，提升监管水平，加大惩罚力度，促进国产大豆与进口大豆错位竞争，相互补充，营造公平竞争环境。四是有效解决大豆加工环节产能过剩，科技创新能力弱和环保问题，提升大豆加工环节科技化、品牌化和国际化水平，提升大豆加工企业竞争力。五是不断加强大豆产业市场化改革力度，注重政府干预政策的连续性、协同性和普惠性，提升政府干预市场效力。最终目标通过各环节持续深入改革，力争大豆产业各环节短板逐步补齐，各类成本日益降低，大豆产业得以健康发展。

（三）大豆产业供给侧结构性改革的基本思路

以发展新理念为引领，实施新形势下国家粮食安全战略和藏粮于地、藏粮于技战略，以大豆生产保护区建设为依托，坚持市场导向，强化政策扶持，推进科技创新，促进大豆生产稳定发展。加快淘汰落后产能，引导企业合理布局，提升大豆加工业科技创新能力，做大做强大豆产、加、销产业链。统筹利用国内国际两个市场两种资源，发挥大豆贸易大国优势，完善农业全球战略布局，提升贸易话语权。坚持“一二三四”发展战略，充分发挥市场资源配置的决定性作用和更好地发挥政府作用，统筹推进、综合施策大豆产业“补短板”“降成本”“去产能”“去库存”四大任务，形成国产大豆和进口大豆错位竞争、相互补充格局，探索产出高效、产品安全、资源节约、环境友好的现代大豆产业发展之路，全面提升大豆产业总体水平和质量效益。

坚持“一个底线”，确保国内大豆产能不降低。保持大豆生产稳定，不能轻言放弃大豆，大豆生产发展定位在满足国内食用大豆的需求。为此，要调整优化布局，逐步扩大传统优势区大豆种植面积，构建用地养地结合的轮作制度；推进科技创新，提高大豆单产、品质和效益；加快明确政策目标，完善政策创设配套，强化关键措施支撑，确保大豆国内产能不降低。

注重“两个统筹”，保障国内市场供需稳定。统筹政府和市场的关系，在保住国家粮食安全底线、保障农产品质量安全不出问题、补齐政府缺位领域短板的基础上，选择适当的时机、采取合适的方式从对农业市场不合理的干预中退出来，让市场在农业资源要素配置中起到决定性作用。统筹好国内与国际的关系，利用好国内国际两个市场、两种资源、两类规则，实施差异化发展战略，结合“一带一路”战略合理布局国际产能，保证国内市场稳定供应。

围绕“三个保障”，明确大豆产业支持重点。推进大豆产业供给侧结构性改革要坚持“产业安全”“产品质量安全”“生态环境安全”等“三个保障”不动摇，坚持问题导向，提升产业竞争力。实施新时期大豆产业振兴计划，提高大豆生产组织化程度，在稳定生产的基础上，加大对传统压榨行业的支持力度，健全大豆行业组织，完善外资并购政策，规范大豆进口；加大监管惩罚力度，严查转基因大豆流入食用豆的行为，引导豆类加工企业走出一条有别于进口转基因大豆的高端路线；加强大豆种源保护力度，加大对种植绿色或有机非转基因大豆产区和农户的支持力度。同时，鼓励米豆轮作，完善扶持政策体系，加大对生态环境的治理力度。

推进“四个着力”，促进产业健康稳定发展。推进大豆产业供给侧结构性改革，要充分考虑大豆生产、大豆加工、大豆贸易、大豆消费等环节的特点，针对不同环节、不同阶段制定切实可行的产业政策。切实做到：着力促进大豆生产绿色融合发展，走现代生态循环之路，促进大豆生产数量的同时更好兼顾质量与效益；着力提升国产大豆加工能力，加强大豆加工业科技创新，提高国产大豆加工专用性，淘汰落后产能，不断延伸产业链条，提升价值链，构建完善的产加销产业链；着力打造“中国价格”与贸易标准，加强期货合约、期权合约的设计与研发，加快构建大豆产业信息采集分析与预测体系，提升我国在国际大豆定价的主导权；着力提倡健康生活方式，科学引导健康消费。鼓励居民合理食油、用油，厉行节约，杜绝浪费，广泛宣传食用大豆的营养功效和保健功能，扩大国内优质大豆消费市场，营造良好的大豆产业发展环境。

四、深化大豆产业供给侧结构性改革的对策建议

围绕推进大豆产业供给侧结构性改革的目标与思路，亟须从产业链各环节入手，以现代化的产业结构、组织方式、技术手段为抓手，实现大豆产业由大而弱向强而精的转变，促进产业链从传统到现代的转型升级。应对当前大豆产业链各环节的突出问题，未来可以从以下几个方面入手，提升大豆产业的竞争力。

一是注重大豆生产环节的规模化、组织化和专业化，提高大豆生产竞争力。规模经营降成本，组织结构提利润，未来我国大豆生产环节应进一步提高规模经营水平，变小规模分散种植为适度规模专业化种植，加强大豆种植田间管理，推广高脂肪、高蛋白的良种大豆，保证产品产量和质量稳定性。进一步提高豆农的生产组织化水平，积极发展合作社、生产协会等行业组织，推进适度规模经营和产业化，提高生产组织化水平，提升豆农的市场主体地位和价格话语权。加大科技研发力度，增强大豆综合生产能力，加强大豆杂种优势利用、分子设计育种、高效制繁种等关键技术研发，加大科技投入，大力加强基础研究和应用技术及产品研发，积极推广高产优质品种及配套技术，推动农机农艺结合，增强大豆综合生产能力。合理配置生产要素，做大做强优势产区，合理确定东北春大豆、黄淮海夏大豆、南方多作大豆的区域定位，加快建立大豆生产保护区，划定大豆生产保护范围，针对不同区域分类施策，保护和提升优势产区产能。

二是注重大豆加工环节的科技化、品牌化和国际化，提升大豆加工企业竞争力。拥有自主知识产权的高科技产品，走品牌化和国际化道路才能提升我国大豆加工企业的产品附加值，剔除过剩产能，减小恶性竞争，提升我国大豆加工业的整体竞争力。为此应进一步加强大豆加工科技创新，鼓励企业开拓大豆保健品市场，注意淘汰过剩产能，均衡区域布局，引导企业向高质、高效、品牌化、技术化、专利化方向发展。充分发挥“非转基因”等特色优势，走国产大豆品牌化道路，特别应注重“反转基因”地区市场空间的开发，如欧盟地区。依托地方特色，讲好品牌故事，以优势企业和行业协会为依托打造区域特色品牌，发挥好品牌的增信作用，提高消费者的认知度和忠诚度。要加强质量安全监管、行业自律和品牌维护，

坚决将影响品牌建设的“害群之马”清除出去，防止“劣币驱逐良币”。

三是注重大豆流通环节的市场化、商务化和信息化，提升大豆流通环节效率。改革大豆等农产品价格形成机制和收储制度是农业供给侧结构性改革的当务之急，也是提升我国大豆国际竞争力必须面对的重大课题。改革的总体方向是要充分发挥市场形成价格作用，加快培育多元市场购销主体，逐步实现由政策性收储为主向政府引导下市场化收购为主转变。同时，要加快结合我国实际和借鉴国际经验，科学确定大豆国家储备规模，形成适度、有效、规范的国家储备体系。建议在系统总结近年来农产品价格和收储制度改革经验的基础上，重点把握好大豆、玉米、小麦等品种政策的协同性，统筹考虑大豆与其替代种植品种的收益比价关系，走出农业结构调整“多了多了、少了少了”的怪圈。采用 PPP 模式，积极培育大豆流通主体，鼓励个体运销户和大豆经纪人向企业化、公司化、集团化方向发展。加大对大豆储备设施、流通设施、市场信息网络及电子商务平台等基础设施的投资力度，积极培育鼓励产业链主体间通过订单、合约建立现代化的产业组织体系和商务网络，减少各主体间的交易成本，提升产品流通效率。提高流通体系各环节的信息化水平，特别是促进批发市场信息化基础设施建设，建立大豆生产、加工、流通等相关环节的信息发布平台，并通过区域互联实现国内各产销区、国际各进出口国的信息互通。

四是注重政府支持政策的连续性、协同性和普惠性，提升政策效力。良好的政策工具能够促进大豆市场的健康发展，为此对内应逐步完善以市场定价为基础的大豆价格形成机制和以直接补贴为主的农民利益保护机制。一方面，完善大豆生产者补贴制度，中央财政对大豆生产者给予补贴，鼓励增加大豆种植；另一方面，将充分发挥市场机制作用，继续通过加强市场信息发布、完善收购贷款信用保证基金、加强区域运输保障等措施，激发市场活力，鼓励多元市场主体入市收购；对外应采取有效控制进口措施，建立产业损害补偿机制。在缺乏关税有效保护的情况下，应更加主动利用 WTO 赋予的权利，根据“两反一保”条例，及时启动贸易救济措施。同时，要综合施策，继续加强和完善对大豆生产的支持，逐步建立产业损害补偿机制，保护农业产业和重点区域农户的利益。调整产粮大县奖励政策资金测算办法，探索设立大豆生产大县单独奖补项目，对种植面积在 15 万亩以上的生产大县进行奖励。加大财政投入力度，改善大豆生产、物流、仓储和加工等基础设施条件。

五是注重发挥期货市场的公正性、预期性和灵活性，降低产业各环节风险。期货交易是一种有组织、规范化的统一市场，集中了大量的买者和卖者，通过公开、公平、公正的竞争形成价格。它基本上反映了真实的供求关系和变化趋势。可以依托期货交易所，以期货交割库覆盖的物流及相关现货数据为基础，同时参考其他现货市场、信息机构等的信息，开发大豆现货价格指数，建立权威的信息发布平台，为市场价格的确定提供参考。鼓励和引导农户对大豆种植的积极性，不仅要靠政府政策的支持，更需要市场的力量，期货市场对多数农户来说进行套期保值是比较困难的，甚至很多豆农不知道、不了解期货市场，更无法运用期货市场最本质的功能——套期保值——为自己的种植风险进行合理对冲。通过“期货＋保险”的方式，将风险转嫁给保险公司，由其风险管理子公司在期货、期权市场上进行风险的分散，既可以降低政府的财政负担，又可以通过发挥期货市场与保险市场的力量保护豆农的收益，同时又不会对市场价格造成过度干预，有利于市场自由化。

六是注重国内国际两个市场两种资源的互补性、传导性和联动性，提高我国大豆产业国际竞争力。加强与“一带一路”沿线及周边国家和地区的大豆产业合作，制定有针对性的农业对外合作规划，通过签订双边政府协议或贸易备忘录等方式，进一步拓宽大豆进口来源渠道，实施大豆进口来源多元化战略，合理分散进口市场风险。加强顶层设计，培育一批具有国际竞争力和品牌知名度的国产大豆生产商、流通商和跨国农业企业集团，以此带动我国大豆产业的振兴和发展。支持企业到国外建基地、设工厂、搞贸易，在大豆生产、加工、仓储、港口和物流等环节开展跨国全产业链布局，拓展我国大豆供应渠道。鼓励我国大豆种业走出去，到美洲、非洲等大豆生产区培育、销售我国大豆品种，通过品种权、基因专利权获取效益；加快大豆期货国际化进程，吸引境外中介机构和投资者参与国内期货市场，完善贸易标准，加快大豆期权合约设计与研发支持，完善食品安全法规和标准体系，积极参与国际标准制修订工作，政府要加快健全国内外大豆产业信息采集分析和预测体系，占领权威信息发布制高点，推动我国逐步成为大豆等国际大宗农产品定价中心，提高我国大豆产业国际影响力和竞争力。

棉花产业供给侧结构性改革：现状、问题与对策

我国是世界最大的棉花消费国、进口国和第二大棉花生产国，棉花产业在社会经济发展中具有重要地位，在全球棉花市场中占有重要份额。但是经过多年发展，我国棉花产业在获得长足发展的同时也出现很多问题和矛盾，包括产业结构层次较低、区域结构分布不均衡、要素投入结构不合理、产业增长动力结构持续性不强和收入分配结构不稳定等。这些问题相互叠加、相互交织，严重制约我国棉花产业做大做强。从未来发展看，我国棉花产业要实现转型升级，要打造世界棉花产业强国就必须正面这些问题，深入推进供给侧结构性改革，矫正要素配置扭曲。基于此，本文在描述我国棉花产业供给侧现状的基础上，深入剖析棉花产业供给侧面临的结构性矛盾与问题，提出深入推进棉花产业供给侧结构性改革的目标思路与对策建议。

一、棉花产业供给侧的现状描述

我国棉花产业经过多年发展，形成了“三足鼎立”的区域布局和多种种植模式。棉花科技获得了长足发展，对单产的提高发挥了重要作用。棉花经营主体多元化发展趋势明显，但总体仍以小农户生产为主。棉花加工企业布局深度调整，新疆集中度较高。棉花流通体制改革继续深化，市场化特征明显。棉花进口持续保持高位，但年度间受政策因素波动较大。

（一）棉花生产的区域布局

我国不是棉花的原产地，但在3000多年以前，棉花由国外引入我国[①]。经过多年发展，棉花成为我国最主要的大田作物之一。我国是世界

---

① 章楷．植棉史话［M］．北京：中国农业出版社，1984.

上宜棉区域最广阔的国家之一，棉区范围大致分布在北纬 18°～46°，东经 76°～124°之间，即南起海南岛，北抵新疆的玛纳斯垦区，东起台湾、长江三角洲沿海地带和辽河流域，西至新疆塔里木盆地的西部边缘均可以种植棉花。从 20 世纪 70 年代以来，我国棉花生产逐渐发展为“三足鼎立”的格局，主要分布在黄河流域、长江流域和西北内陆地区。2016 年，我国棉花总播种面积 5 064.2 万亩（图 1）。从全球地位来看，我国棉花播种面积居世界第二，仅次于印度。2016 年，印度棉花播种面积为 1.7 亿亩。

黄河流域棉区曾经是我国最大的棉区，棉花种植历史悠久，生长热量充足，水资源丰富，土壤肥沃，自然条件较好。棉田主要分布在黄淮海平原的河北、山东、河南、山西、陕西 5 个省。但近些年，由于比较效益下降，黄河流域棉花种植面积大幅下降，尤其河南省棉花种植面积下降幅度最大，从 2001 年的 1 287.3 万亩（全国第二大棉花大省）下降到 2016 年 150.2 万亩。2016 年，黄河流域棉区种植面积为 1 355.6 万亩，占全国总量的 26.8％，主要集中在山东、河北和河南。

长江中下游流域棉区是我国传统的棉区。棉田集中在长江中下游沿江、沿海及滨湖平原地区，主要包括江苏、安徽、湖北、湖南、江西、四川以及浙江等省。长江流域棉区棉花播种面积也呈现大幅下降趋势，尤其江苏省，棉花播种面积从 2001 年的 576 万亩下降到 2016 年的 95.1 万亩。2016 年，长江流域棉区棉花种植面积 944 万亩，占全国总面积的 18.6％，主要集中在湖北、安徽、湖南、江西和江苏等省（图 2）。

西北内陆棉区是我国最古老且快速发展的棉区。西北内陆棉区地理位置独特，日照充足，光热资源丰富，昼夜温差大，空气湿度较小，有利于棉花生产。棉田主要分布在新疆维吾尔自治区和甘肃两个省区。由于新疆水土光热条件较好，病虫害较轻，棉花以纤长、色白、力强著称，是我国最适宜的植棉地区，也是我国长绒棉的生产基地。21 世纪以来，西北内陆棉区尤其新疆棉花生产快速发展，成为我国最大的棉花主产省区。1999—2016 年新疆棉花种植面积、单产、总产以及人均占有量、外调量等一直居全国首位。2016 年，西北内陆棉区种植面积为 2 727.8 万亩，占全国总面积的 53.9％。其中，新疆棉花种植面积为 2 707.8 万亩，占全国总面积的 53.5％。

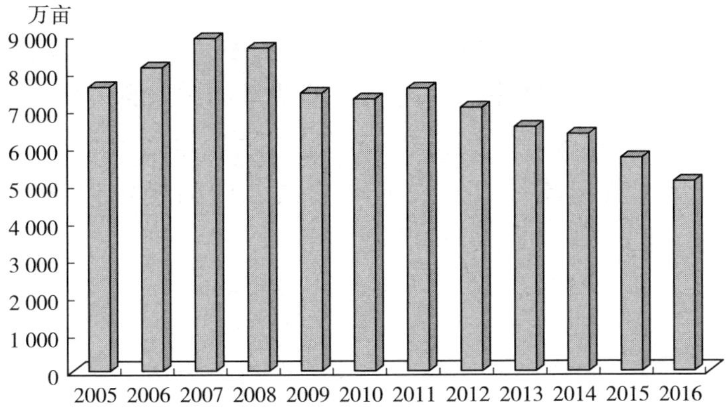

图 1　2005—2016 年我国棉花播种面积变化趋势

数据来源：《中国统计年鉴》。

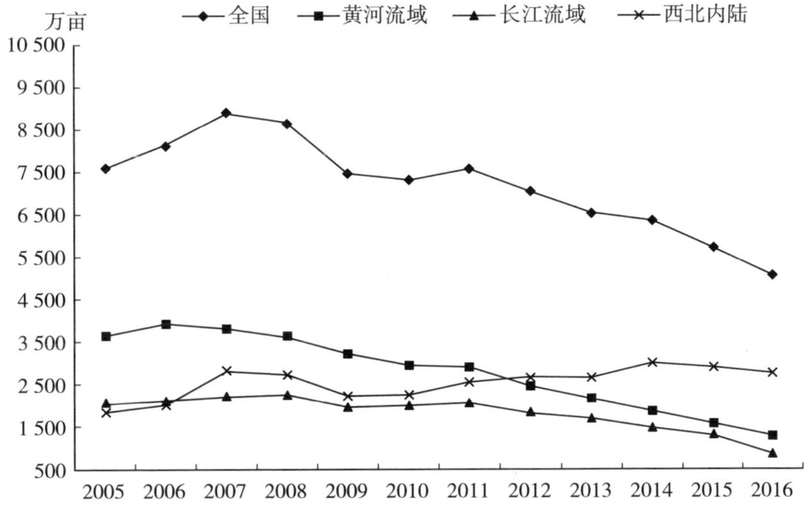

图 2　2005—2016 年我国总体及三大区域棉花播种面积变化图

数据来源：《中国统计年鉴》。

（二）棉花产出的基本情况

1984 年以来，我国一直是世界棉花产量最大的国家。但 2007 年后随着棉花播种面积的快速下降，棉花产量逐渐下降，在世界的地位也发生了变化。2005—2016 年，我国棉花产量从 571.4 万吨下降至 534.3 万吨，下降 6.5％（图 3）。棉花产量在全球的排名从多年的第一下降到第二，约占全球产量的23%。印度后来居上，棉花产量全球排名第一。2016年，印度棉花产量为578万吨。尽管我国棉花产量在世界上居于较高水平，但从国内供需看一直产不足需，国内棉花消费量的很大部分需要进口满足。从近些年常年产需情况看，国内棉花产量占消费量的比重在60%～70%左右。2016年，黄河流域、长江流域和西北内陆棉区棉花产量分别为101.8万吨、68.2万吨和361.4万吨。

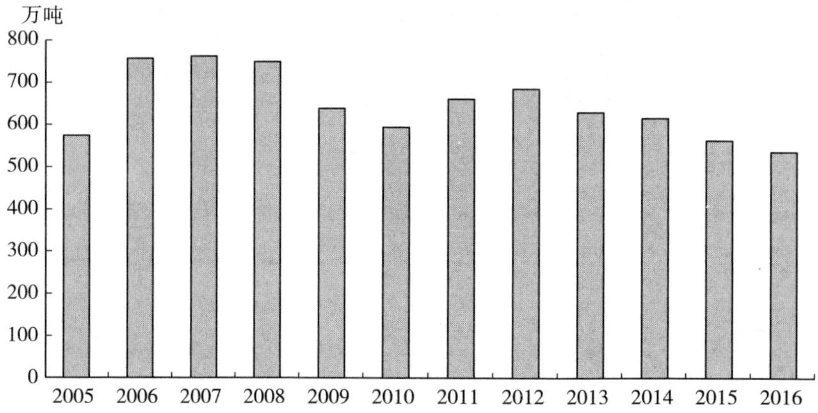

图3　2005—2016年我国棉花产量

数据来源：《中国统计年鉴》。

20世纪90年代后期，随着转基因抗虫棉的引进与推广，我国棉花单产迅速提高。2005—2016年，我国棉花单产每亩从75.2千克增长到105.5千克，增长40.2%。从全球排名看，我国属于棉花单产较高的国家之一。2016年，我国棉花单产全球排名第四，仅次于土耳其、澳大利亚和巴西（图4）。从三大棉区看，由于不同的种植模式和品种，不同棉区棉花单产水平差异较大。其中，西北内陆棉区单产水平最高，黄河流域次之，长江流域最低。2016年，黄河流域、长江流域和西北内陆棉区棉花单产分别为每亩65.0千克、72.2千克和132.5千克。其中，西北内陆棉区单产水平提高最快。2005—2016年，三大产区棉花单产水平分别提高15.3%、11.2%和22.5%。从各省份看，新疆、甘肃单产水平最高。2016年，新疆、甘肃棉花每亩单产为132.7千克和100.1千克（图5）。

棉花单产的提高离不开品种的改良。历史上，在我国种植的棉花约4

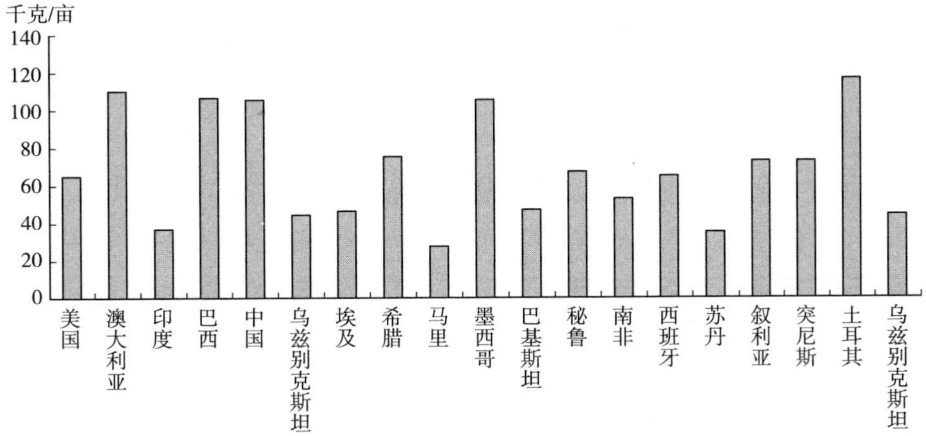

图 4　2016 年世界主要产棉国棉花单产

数据来源：国际棉花咨询委员会。

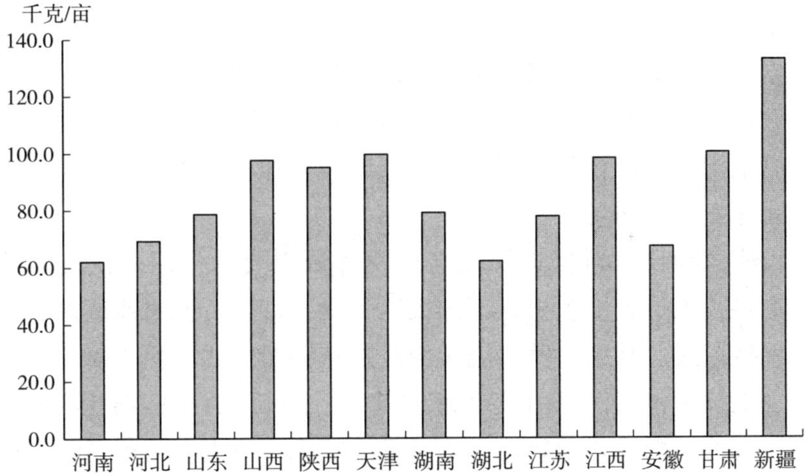

图 5　2016 年我国不同省份棉花单产

数据来源：《中国农业统计年鉴》。

个种类：亚洲棉、非洲棉、海岛棉和陆地棉。目前种植的主要是陆地棉和海岛棉，其中陆地棉占我国棉花种植面积和产量的 98%以上。20 世纪 50 年代以后，我国主要棉区已进行了 6 次大规模的品种更换，产量和品质有了较大幅度的提高。其中，20 世纪转基因抗虫棉自主研制成功是我国棉花史上的一次重大的技术突破。转基因抗虫棉之后育种方面突破性成果不多，但品种改良速度加快。近几年，国家和地方每年审定新品种100多个，品种更新周期从以前每5～6年一次缩短到3年。目前，我国棉花品种分为14个系列，分别是国审品种、中棉所系列、鲁棉系列、豫棉系列、鄂棉系列、冀棉系列、皖棉系列、晋棉系列、苏棉系列、蜀棉系列、新棉系列、湘棉系列、辽棉系列和其他系列。全国经过审核的品种约500多个。

（三）棉花的生产经营方式

由于我国小农户生产的特点，棉花生产主要以小规模家庭生产为主。目前，全国植棉户数约1 500万户，棉农数约4 500万人。新疆户均植棉面积约54.2亩，植棉户52.7万户，棉农人数约174.97万人。内地户均植棉面积约2.5亩，植棉户1 421.2万户①。随着农村劳动力转移规模加大，近些年我国棉花生产经营主体发生了较大变化，除了一般小农经营主体外，出现了专业植棉大户、专业合作社和龙头企业为代表的新型经营主体。根据对新疆棉区的调研，新疆棉区转包入其他人的地或者转包入集体土地的农户占总农户数的66.0%。出现了像国欣农研会、新疆小棉袄合作社、白银棉花合作社等大型棉花生产专业合作社。棉花生产主体已经呈现出多元化发展的格局。

种植模式和技术对促进棉花高产发挥着重要的作用。在长期的实践中，广大科技人员和棉农根据不同棉区气候条件、资源禀赋逐渐摸索出了不同的种植模式。其中，黄河流域棉区棉花种植方式主要为麦（瓜菜）棉两熟，主推技术包括麦棉两熟双高产技术。长江流域棉区棉花的种植方式主要为粮（油）棉两熟制栽培，主要推广技术为抗虫杂交棉稀植高产和油棉两熟技术。西北内陆地区都是一熟制，采用“矮、密、早”的高密度栽培模式，主要推广了合理密植、平衡施肥及膜下滴灌等节水、节肥、增效技术。滨海盐碱地棉区主推了地膜覆盖保苗技术。近几年还大力推广了机采棉技术和“精准技术”（精准播种、施肥、灌溉、化调、打顶和收获）等栽培模式。此外，育苗移栽、地膜覆盖、化学调控、病虫害统防统治、

① 根据2016年我国棉花总面积，调研获得的新疆、内地户均植棉面积，国家统计局调查的全国户均人口数等计算。

工厂化育苗、机械化移栽和缓控释肥等轻简化技术也得到了大力推广，成为我国棉花增产的关键技术。

21世纪以来，我国轻简化和机械化植棉步伐加快，除了新疆生产建设兵团推广了宽膜覆盖和机采棉外，长江和黄河流域棉区也加大推广工厂化育苗、机械化移栽和缓控释肥等轻简化技术。由于我国棉花种植规模小、品种不一致、田间管理不统一的现状，内地棉区还很难在生产中推广应用棉花收获机械。在棉花生产全程中，内地棉区在生产前端的耕地、整地基本实现了机械化，但中期的打顶、间苗定苗以及后期的采收等环节都普遍依靠人工。新疆棉花种植具有规模化、一致性高和劳力不足的特点，随着近些年人工成本的上涨和采棉工数量的下降，在采收环节实现机械化已成为棉花生产发展的必然要求。目前，新疆生产建设兵团大部分在棉花采收环节已经实现了机械化。但新疆地方由于棉花种植规模较小、集中成熟率不高、采收不干净以及机械化采收对棉花质量损伤较大等原因，部分农户并不完全接受机械化采收。目前新疆总体机械化采收程度达到60%左右，而地方机械化采收规模约占30%。

根据《全国农产品成本收益资料汇编》分类，棉花生产总成本划分为物质与服务费用、人工成本和土地成本三大部分。物质与服务费用主要是指在棉花生产过程中投入的农业生产资料的各项支出，包含种子、农药、化肥、农膜、燃料费、机械作业费。2015年棉花亩均成本为2 288.44元。物质投入结构如下：种子费55.1元，肥料费213.84元，农药70.82元，农膜30.92元，机械作业费98.93元，排灌费72.52元，水费24.59元，燃料动力费4.32元，工具材料费16.55元，修理维护费3.08元。棉花生产人工成本投入较高，2015年全国平均人工成本1 387.75元，其中家庭用工折价1 182.09元，雇工费用205.66元。在几大作物中，棉花人工成本是最高的，和三大粮食作物相比，2016年三大粮食作物用工量只有5.61个，而棉花则达到17.05个。黄河、长江流域省区每亩用工数量更是达到20～29个。但这几年新疆棉花生产投入结构变化较大，相比内地，物质投入较多，但由于机械化的推广，人工投入较低。2015年新疆棉花亩均成本2 140.09元，低于全国平均水平，其中人工成本892.68元，家庭用工折价418.7元，雇工费用473.98元，用工量9.67个，是全国棉区用工量最少的省区（表1）。

表 1　2015 年我国平均和新疆棉区棉花生产成本构成

项　　目	单位	全国平均	新疆
一、每亩物质与服务费用	元	620.4	887.26
（一）直接费用	元	570.18	782.99
1. 种子费	元	55.1	53.52
2. 化肥费	元	202.67	249.93
3. 农家肥费	元	11.17	13.04
4. 农药费	元	70.82	64.05
5. 农膜费	元	30.92	48.61
6. 租赁作业费	元	174.3	302.24
机械作业费	元	98.93	167.03
排灌费	元	72.52	134.17
其中：水费	元	24.59	47.36
畜力费	元	2.85	1.04
7. 燃料动力费	元	4.32	8.84
8. 技术服务费	元	0.77	1.85
9. 工具材料费	元	16.55	35.32
10. 修理维护费	元	3.08	4.43
11. 其他直接费用	元	0.48	1.16
（二）间接费用	元	50.22	104.27
1. 固定资产折旧	元	19.69	39.57
2. 保险费	元	19.09	38.10
3. 管理费	元		
4. 财务费	元	5.55	13.38
5. 销售费	元	5.89	13.22
二、每亩人工成本	元	1387.75	892.68
1. 家庭用工折价	元	1182.09	418.70
家庭用工天数	日	15.16	5.37
劳动日工价	元	78.00	78.00
2. 雇工费用	元	205.66	473.98
雇工天数	日	1.90	4.30
雇工工价	元	108.35	110.23
三、每亩土地成本	元	280.29	360.15
总成本	元	2 288.44	2 140.09

数据来源：《全国农产品成本收益资料汇编》。

(四) 棉花的市场流通情况

在大宗农产品中，棉花是最早放开的产品之一。按照 2001 年国务院确定的“一放、二分、三加强，走产业化经营路子”的改革思路，经过多年发展，我国棉花流通体制改革已取得重大进展，新的棉花流通体制已经确立，多元化的流通主体已经形成。

棉花是工业原料，在加工中首先需要将籽棉加工成皮棉，然后再销售给纺织企业，商品率非常高。在棉花消费中，除了农户自用和损耗外全部进入流通、加工和消费。其中农户自用和损耗仅占当年棉花产量的 3%～5%左右。棉花流通体制改革后，过去由供销社统一收购、统一经营的垄断局面被打破。现在经资格认定的各类企业都可以从事棉花收购和加工，各种渠道都可以参与棉花经营。大体来看，棉花流通主体有几大类型：一是农村棉贩或经纪人。农村棉贩或经纪人走村串户收购农民籽棉，集中后统一交售给棉花加工厂。二是加工厂设点收购。棉花主产区一般都会有大小规模不一的加工企业。加工企业附近的农户会将籽棉直接送到加工企业进行加工，或者加工企业在棉花集中收获期雇佣人员深入棉区收购棉花。三是订单收购加工。部分棉花加工企业和棉农签订协议，企业向棉农提供种子、肥料、田间服务等，农户将收货后的棉花直接交售给订单企业。加工成皮棉后，加工企业直接和纺织企业签订销售协议，也有贸易企业专门从事棉花的销售，靠购销差价赚取利润。棉花政策性收储企业是中国储备棉管理总公司，负责执行国家政策性棉花收购、存储和销售，主要业务包括国家储备棉的轮入和轮出，临储棉花的收购、保管和拍卖销售等。此外，2004 年 6 月郑州商品交易所推出了棉花期货交易，部分棉花也通过期货市场进行交易。根据统计，2016 年全年棉花期货市场的棉花交易量达到 1 145.28 万手（单边计算，每手 5 吨）。

我国棉花产区分布在新疆、山东、河北、湖北、安徽等地，尤其以新疆为主。但纺织加工企业主要在浙江、江苏、福建、湖北、山东、河北等地，新疆本地棉花消费量不大。因此，我国棉花主要的流通格局是新疆棉花流向内地，包括江苏、浙江、福建、湖北、山东等地，新疆棉花调出量占产量的 60%以上。内地棉花基本上都在内地使用，很少有流入新疆的。从流通方式看，由于新疆地处内陆，棉花的流通方式主要依靠铁路运输，其中短途运输以汽车运输为主。内地棉花流通方式主要包括铁路运输、汽运、水运三种方式，形成了多元化的发展方式。其中短途运输以汽车运输为主，长距离运输则以铁路和海运为主。

（五）棉花加工的基本情况

我国是棉花生产大国，同时也是棉花加工大国。我国棉花加工业紧随棉花产业发展的规律，经历了从无到有、从小到大、从分散到集中、从落后到具有一定水平的发展历程。在中华人民共和国成立前的较长年代里，籽棉加工是分散的、作坊式的民间轧花，加工设备大多是用人力、畜力、水力皮辊轧花机。中华人民共和国成立以来，随着棉花生产的发展，我国棉花工业主要经历了两次飞跃性的发展。目前棉花加工已由单机生产发展为完整的加工过程和独立的加工工业。随着我国棉花生产规模快速扩大，棉花加工企业也遍地开花。据统计，到 2005 年底，全国标准型轧花厂总数已超过 15 000 家，加工能力在 3 000 万～4 000 万吨，相当于全国当时棉花总产量的 5～8 倍。棉花加工和其他产品不同，由于籽棉运输成本高，加工企业基本都分布在产区，便于就地加工。从这几年的发展变化看，由于内地棉区棉花生产规模下降，内地棉区棉花加工企业大幅减少。整个内地轧花厂数量约在 200～300 家左右。以河南省为例，2007 年，全省棉花加工企业超过了 1 800 多家，但到 2016 年全省棉花加工企业不到 10 家。新疆目前约有轧花厂 897 家，成套生产线 1 175 余条。其中新疆地方有 593 家，成套生产线 791 条。目前加工企业主体以 400 型企业为主，200 型加工企业基本退出了棉花加工行业。为了推进棉花质检体制改革，国家在相关的政策安排中都考虑了 400 型加工企业的发展。2012—2014 年度，我国实行了棉花临时收储政策。政策明确规定，国家收储对象为 400 型加工企业加工的符合国家棉花质量标准的棉花。2014 年度开始的目标价格改革更是强调这一原则。在政策的引导下，目前国内 200 型的加工企业基本退出了棉花加工企业。

（六）棉花的进出口情况

加入世界贸易组织后，我国纺织业得到快速发展，对棉花的需求不断加大，国内生产难以满足需求，棉花进口规模快速扩大，成为世界第一大棉花进口国。近十年来棉花进口量一直保持高位。棉花年度间出口很少，棉花贸易常年处于逆差状态。

2001年以来，加入世界贸易组织后极大地释放了我国纺织业的潜能，纺织品出口大幅增长，带动了对棉花的需求。国内棉花产量难以满足需求，棉花进口大量增长。为了满足国内棉花需求，我国主动调整了棉花进口政策，在世界贸易组织规定的89.4万吨的配额外，又主动出台了滑准税，并根据市场需求增发滑准税配额。2005—2016年，我国棉花年均进口量达到281.6万吨。其中最高的年份为2011年和2012年，棉花进口量达到创纪录的544万吨和440万吨。2014年以后随着临时收储政策退出，实行棉花目标价格政策，我国棉花进口量开始下降。2014年、2015年、2016年棉花进口量分别下降到167万吨、165万吨和89.3万吨（图6）。从在全球地位看，长期以来我国一直是世界第一大棉花进口国，2005—2016年，我国棉花进口量占世界棉花进口总量的比例平均为32.9%。但2015年、2016年，由于我国正处于去库存阶段，棉花进口量下降，亚洲的孟加拉、越南棉花进口量跃居全球前列。我国棉花进口格局较为集中。美国、澳大利亚、乌兹别克斯坦、印度和巴西是我国主要的棉花进口国。2016年，从以上五个国家进口的棉花占我国棉花进口总量的85.7%。从我国棉花进口品种看，主要均以原棉为主。贸易方式以一般贸易为主，其他贸易方式为辅。

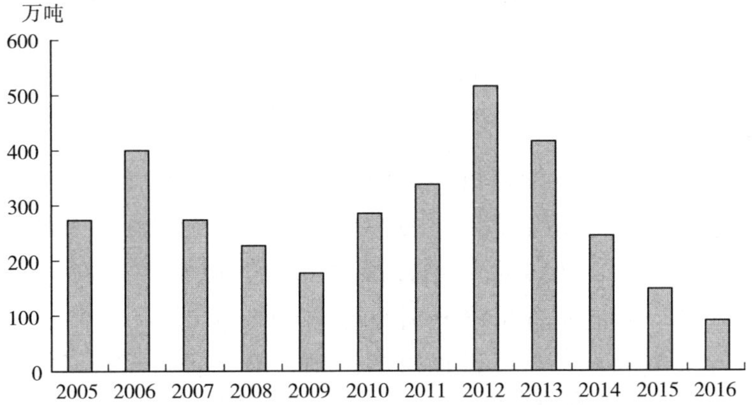

图6 2005—2016年我国棉花进口量变化

数据来源：中国海关。

我国棉花出口规模很小，常年出口规模在1万～3万吨左右。我国棉花出口市场更为集中，主要出口到东亚的朝鲜、日本和韩国，泰国、印度尼西亚、菲律宾等东盟国家，以及我国香港和台湾地区。

（七）棉花产业的扶持政策

作为全球较大规模的棉花产业，这些年国家也对棉花产业的发展出台了很多扶持政策，包括生产环节的政策、流通环节的政策等（表2）。

生产环节的支持政策包括良种补贴政策、高产创建政策、棉花生产保险政策和目标价格补贴政策。良种补贴政策是从2007年开始的，主要针对棉花普遍存在的品种“多、乱、杂”、商品棉一致性差的现象，按照每亩补贴15元的标准实行棉花良种补贴。2009年良种补贴从部分享受的特惠制改为全覆盖的普惠制。目前棉花良种补贴资金原则上直接发给购买良种的农民，具体补贴办法由棉花省区自主制定。棉花高产创建是从2009年开始的，主要是以棉花稳定发展和农民持续增收为目标，集约项目，集中力量，集成技术，主攻单产，改善品质，提高效益，通过典型示范，促进平衡增产，全面提升棉花综合生产能力。按照统一整地播种、统一肥水管理、统一技术培训、统一病虫害防治、统一采收的“五统一”要求，推进棉花高产。2009—2015年对全国200个棉花主产县、兵团团场的200万亩棉田予以4 000万元的资金扶持。棉花生产保险政策。2007年开始实行棉花生产保险政策试点，新疆、河北、山东、河南、湖北、安徽六个省作为全国农业保险试点省份。主要模式为政府组织推动、保险公司市场运作。政府对保费进行一定的补贴。以新疆为例，全区棉花保费率7%，保额400元/亩，其中在保费率中中央财政承担25%、自治区财政承担25%，农民自筹50%。棉花目标价格补贴试点政策是在取消临时收储政策后出台的。仅在新疆执行，对内地黄河流域、长江流域九省棉区实行定额补贴，每年补贴额为新疆补贴标准的60%，以每吨2 000元为上限。2014—2016年，棉花目标价格分别为每吨19 800元、19 100元和18 600元。2017年棉花目标价格补贴试点期已到，国家明确出台了棉花目标价格补贴政策。根据国家方案，棉花目标价格补贴仍然仅在新疆执行，但对新疆享受目标价格补贴的棉花数量进行上限管理，超出上限的不予补贴。补贴数量上限为基期（2012—2014年）全国棉花平均产量的85%。目标价格一定三年不变，每吨 18 600 元，如定价周期内棉花市场发生重大变化，报请国务院同意后可及时调整目标价格水平。

表 2　2007—2016 年我国棉花生产扶持政策一览表

政策类别	实施时间	主要内容
良种补贴政策	2007 年至现在	从 2007 年开始，对棉花实行良种补贴政策。按照每亩 15 元的标准补贴
高产创建政策	2009 年至现在	主要是以棉花稳定发展和农民持续增收为目标，集约项目，集中力量，集成技术，主攻单产，改善品质，提高效益，通过典型示范，促进平衡增产，全面提升棉花综合生产能力
棉花生产保险政策	2007 年至现在	2007 年国家决定实行棉花生产保险政策试点。首先选定新疆、河北、山东、河南、湖北、安徽六个省作为全国农业保险试点省份，主要模式为政府组织推动、保险公司市场运作。政府对保费进行一定的补贴。以新疆为例，全区棉花保费率 7%，保额 400 元/亩，其中在保费率中中央财政承担 25%、自治区财政承担 25%，农民自筹 50%
棉花临时收储政策	2008 年、2011 年、2012 年和 2013 年	主要做法是国家制定临时收储价，如果市场价格低于临时收储价，则政府按照收储价格敞开收购棉花。2008 年、2011 年、2012 年和 2013 年我国棉花临时收储价格分别为每吨 12 600 元、19 800 元、20 400 元和 20 400 元；收储规模分别为 122 万吨、320 万吨、662 万吨和 630.7 万吨，占当年产量的 16.3%、48.6%、96.6%和 100%
棉花目标价格政策	2014 年至现在	主要做法是国家制定棉花目标价格，如果当年市场价格高于目标价格，则政策不启动，如果低于目标价格，农民根据市场状况销售棉花，目标价格和市场价格之差由政府补贴。棉花目标价格补贴试点政策仅在新疆执行。对内地黄河流域、长江流域九省棉区实行定额补贴，每年补贴额为新疆补贴标准的 60%，以每吨 2 000 元为上限。2014—2016 年，棉花目标价格分别为每吨 19 800 元、19 100 元和 18 600 元。2017 年后实行三年目标价格政策一定不变，每吨 18 600 元
新疆棉花运输补贴政策	2008 年至现在	新疆棉花外运到内地补贴政策。主要目标在于提高新疆棉花价格竞争力。2008—2010 年每吨补贴 400 元。2012 年以后，每吨补贴 500 元

数据来源：作者整理。

市场环节的支持政策包括临时收储政策和出疆棉运输补贴政策。棉花临时收储政策在 2008 年、2011 年、2012 年和 2013 年启动，收储规模分别为 122 万吨、320 万吨、662 万吨和 630.7 万吨，占当年产量的 16.3%、48.6%、96.6%和 100%。尽管临时收储政策对于稳定棉花市场和价格、保护棉农利益、稳定植棉面积起到了一定的作用，但同时也扭曲了市场价格、弱化了市场价格机制的作用、降低了我国纺织行业的竞争力等。2014 年，我国取消了临时收储政策，出台了棉花目标价格补贴试点政策。2008 年为帮助解决新疆棉花远离内地销区移库成本较高问题，促进新疆棉花销售，保护新疆发展棉花产业的积极性，财政部研究制定了《出疆棉移库费用补贴管理暂行办法》，其中指出符合国家标准的出疆棉，不分品级和长度，中央财政每吨定额补贴 400 元。2012 年至今，中央财政继续对出疆棉移库费用给予补贴，补贴标准提高到 500 元/吨。

二、棉花产业供给侧存在的结构性问题

尽管近些年我国棉花产业获得了长足发展，产业规模快速扩大，但也存在很多问题，尤其表现在产业的供给方和市场需求不匹配，资源配置扭曲，生产效率低下，整个棉花产业大而不强。

（一）生产专业化和组织化程度偏低，小生产大市场矛盾突出

长期以来，由于人多地少，我国农业生产规模普遍偏小，分散经营。而棉花由于人工投入较多，相比其他大田作物，专业化和组织化程度较低。目前新疆棉区户均种植面积仅 50 多亩，黄河和长江流域棉区户均种植面积不足 5 亩，分别约相当于美国的 1/25、1/200。尽管部分地区也发展出了植棉大户、棉花生产专业合作社等新型经营主体，但在整个棉花生产中所占比例很少，与其他机械化程度较高的作物相比，棉花生产专业化、组织化程度偏低。而且这几年来由于人工成本偏高、比较效益偏低，不少传统棉花种植区改种其他作物，已经难见大面积集中连片棉花基地。除新疆生产建设兵团外，其余棉花主产区在专业化生产、组织化经营、社会化服务方面严重滞后。由于生产环节难以实现专业化、组织化和规模化，我国机采棉推广非常困难。20 世纪 90 年代以来国家在新疆大力推广机采棉，但目前机采棉主要在新疆生产建设兵团，新疆维吾尔自治区推广

较少。而长江和黄河流域棉区因种植模式多样、棉田分布相对分散、加工不配套等一系列问题，机采棉推广面积很少。机采棉推广缓慢除了品种、种植模式等原因外规模小、分散经营也是重要的原因之一。

（二）生产成本尤其是人工成本增长过快，棉花竞争力持续下降

在土地、水等资源约束背景下，伴随着用工成本上升和农资价格上涨，中国棉花生产迈入了高成本时代。2004—2015 年，棉花亩均生产成本从 743.1 元上涨到 2 288.4 元，年均上涨 10.8%；每 50 千克棉花生产成本从 419.4 元上涨到 996.4 元，年均增长 8.2%（图 7）。单位产量生产成本涨幅小于单位面积生产成本，这表明近十多年来中国棉花单产提高较快，单产的提高抵消了一部分成本上涨。和世界主要棉花生产国比较看，中国棉花生产成本增速最快、成本最高。2004—2015 年，中国、美国、印度①亩均棉花生产成本增速分别为 10.8%、2.4%和 9.2%。2015 年中国、美国、印度亩均棉花生产成本绝对值分别为 2 288.4 元、713.3 元和 545.1 元，中国亩均棉花生产成本分别是美国的 3.2 倍、印度的 4.2 倍（图 8）。2004—2015 年我国三大棉区棉花生产成本变化如图 9 所示。

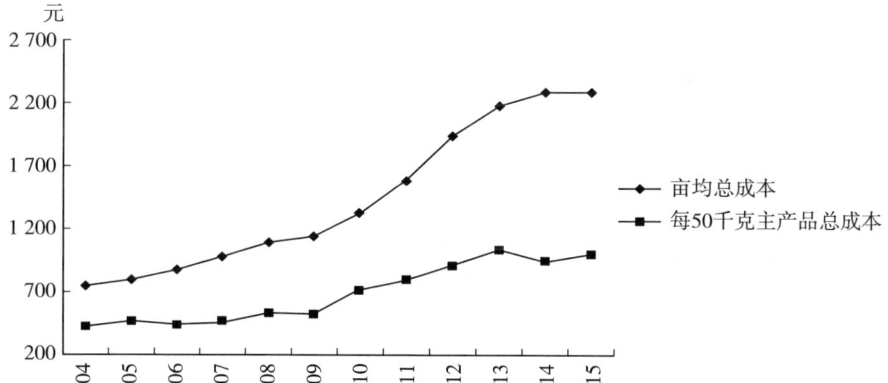

图 7　2004—2015 年中国棉花生产成本变化

数据来源：《全国农产品成本收益资料汇编》。

① 由于数据的可得性，中国、美国分析时间段是 2004—2015 年，印度是 2004—2012 年。不同币种之间的换算汇率按照中国人民银行发布的年度平均汇率进行折算。美国数据来自美国农业部，印度数据来源于印度农业部。但由于缺乏印度全国数据，本研究中印度数据由印度的马哈拉施特拉邦（Maharashtra）的数据代替，该地区是印度主要产棉区，常年棉花面积占印度棉花种植面积的 1/3 左右。

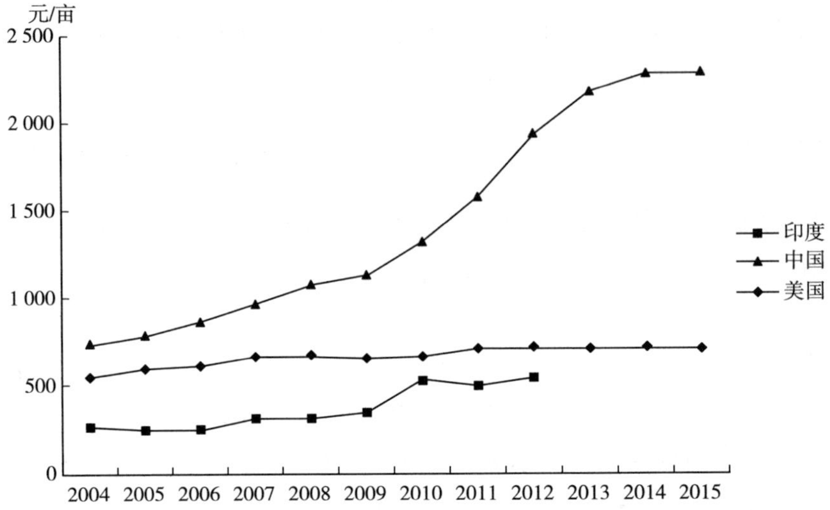

图8　中国、美国、印度籽棉亩均生产成本对比

数据来源：《全国农产品成本收益资料汇编》、美国农业部和印度农业部。

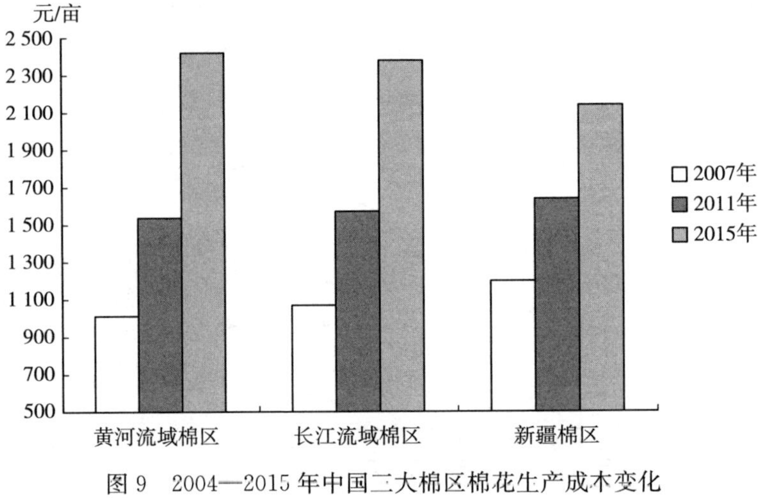

图9　2004—2015年中国三大棉区棉花生产成本变化

数据来源：《全国农产品成本收益资料汇编》。

从成本要素构成看，我国棉花生产成本中人工成本增长较快，在总成本中占比大幅提升。2004—2015年，我国棉花亩均生产成本中人工成本从354.8元增长到1 387.8元，年均增长13.2%，高于总成本10.8%的增长率。人工成本在总成本中所占比重从47.7%上升到60.6%。从国际比较看，美国亩均棉花生产成本中人工成本持续下降，2004—2015 年，在总成本支出中的比重由 12.1%下降到 6.7%。印度棉花生产成本中，人工成本也在不断增长。2004—2012 年，印度棉花亩均人工成本支出占总成本的比重由 20.7%上升到 32.3%。比较亩均棉花生产成本中的人工成本，2015 年中国人工成本是美国的 31.2 倍和印度的 8 倍（表 3）。

表 3　中、美、印三国棉花生产成本结构动态比较

单位：元/亩

项目	中国			美国			印度		
	2004	2008	2015	2004	2008	2015	2004	2008	2012
物质和服务费用	297.8	403.4	620.4	417.8	555.4	571.4	172.2	185.6	278.5
种子费	31.1	40.1	55.1	62.6	73.0	105.7	25.2	20.9	28.2
肥料费	115.3	184.9	202.7	45.7	110.8	89.4	23.3	30.7	73.3
农药费	32.5	54.2	11.2	81.6	70.7	70.3	8.8	9.0	21.4
燃料动力费	0.4	0.4	70.8	39.0	69.1	43.2	—	—	—
修理维护费	1.3	1.2	30.9	28.4	37.7	38.7	—	—	—
排灌费	22.4	31.1	174.3	2.4	3.3	3.6	7.7	9.1	16.7
税金保险	21.3	0.8	98.9	11.0	8.7	10.2	0.5	0.4	0.2
固定资产折旧	6.9	3.1	72.5	88.4	137.6	165.6	5.1	6.8	5.1
人工成本	354.8	527.1	1 387.8	66.7	44.9	47.9	55.4	69.9	175.7
家庭用工折价	319.8	464.2	1 182.1	46.0*	28.9*	31.2*	16.2	26.2	60.3
雇工费用	35.0	62.9	205.7	20.7	16.0	16.7	39.2	43.8	115.5
土地成本	90.5	149.5	280.3	65.1	64.2	94.1	40.6	56.3	89.3
流转地租金	17.9	9.9	46.9	—	—	—	0.0	0.7	0.1
自营地折租	72.6	139.6	233.4	—	—	—	40.6	55.6	89.1
总成本	743.1	1 080.0	2 288.4	549.6	664.4	713.3	268.2	311.8	543.4

注：“*”为未付人工机会成本。

（三）棉花质量难以满足市场需求，市场结构性矛盾突出

棉花是纺织企业的主要原料，原料的优劣决定着纺织品的质量。在纺织品市场已经成为买方市场的状况下，棉花质量的重要性正在不断上升。从近些年我国棉花质量看，普遍表现为棉花一致性差、异性纤维含量高，棉花大路货居多，高等级的偏少，难以满足纺织企业需求。根据纺织工业

对棉花质量的要求，原棉的品质主要由遗传品质、生产品质和产后品质 3 个方面组成。从遗传品质看，据农业部棉花品质监督检验测试中心调查，“十一五”期间我国通过国家和省级审定的棉花品种（杂交种）的主要指标包括纤维长度、整体度、断裂比强度、马克隆值等与美国棉花品种相当，甚至某些指标还有优势，具有一定的竞争力。从生产品质来看，根据农业部棉花品质监督检验测试中心连续 14 年对我国主产棉区生产领域棉花主栽品种的 8 项纤维品质指标分析结果显示，我国生产的陆地棉的纤维品质在国际上处于中上等水平，基本上能满足中、粗支纱的需要。和美国相比，主要差距体现在原棉的长度分布范围。我国棉花纤维品质以中绒为主，原棉长度分布范围较集中，从 26 毫米到 31 毫米，其中 27 毫米、28 毫米、29 毫米占绝大部分，结构较为单一。尤其缺乏长度在 31 毫米以上、长度整齐度指数在 83％以上且各品质指标相互匹配的高档的满足纺 60 支以上高支纱的优质棉。美国棉花等国外棉的主体长度尽管不如中国，但原棉的长度分布范围宽，能够适应市场上急需的纤维长度在 31 毫米以上、适纺 60 支以上高支纱的高品质原棉。尽管我国棉花从品种品质和美国、印度等差距不大，但最终的商品棉品质由于多种原因，差距较为明显。主要表现在以下几个方面：

一是异性纤维问题严重。异性纤维是在棉花采摘、交售和加工环节混入的色绒丝、毛发丝和纤维丝，俗称“三丝”。原棉中的“三丝”容易被打碎成无数纤维小疵点，在纺织加工中难以清除，影响棉纱和布的质量，危害很大。异性纤维是我国棉花存在的突出问题，也是影响我国棉花竞争力的主要原因。而美国、澳大利亚等国由于全程机械化采收和严格的质量管控，异性纤维含量很低。

二是一致性较差，影响成纱质量。主要表现在同级棉不同批次、不同棉包产品等级均存在差异，难以满足现代棉纺织工业的要求。这主要由两方面原因引起：一方面是种子“多、乱、杂”造成棉花一致性较差。据统计，20 世纪 90 年代以来，我国棉花新品种层出不穷，仅中棉系列、豫棉系列的新品种就在 30 个以上，其他系列的品种根本无法统计。据农业部棉花品质监督检验测试中心调查，“十一五”期间我国通过国家和省级审定的棉花品种（杂交种）就有 600 多个。仅 2012 年全国棉花品种（含未审定的品系、组合、材料、代号和不知名等）就达 553 个（表 4）。而种子市场由于监管不到位，未审先推现象普遍，无证经营屡禁不止，一些不法商贩趁机乱引、乱起名、乱宣传、乱炒作、乱经营。据了解，有些县市场上销售的有品名、有包装的棉种多达 54 个。而棉农由于缺乏甄别种子优劣的能力，只能根据宣传挑选种子。这样势必造成棉花品种过多、过乱和过杂。而美国全国棉种总共 15～20 个。另一方面我国收购环节的混收混存，更加剧了这一现象。

表 4 2012 年全国棉花播种品种（系）类型①

种植区域	品种总数	不同类型品种数量/个					
		常规种	Bt 常规种	Bt 杂交种	非 Bt 杂交种	优质专用	其他
长江流域	298	31	18	103	114	4	27
黄河流域	158	37	53	22	20	3	22
西北内陆	168	67	15	21	25	5	24
辽河流域	2	2	0	0	0	0	0
合计	553	112	58	141	137	12	93

（四）加工流通秩序混乱，无序竞争状况突出

长期以来我国棉花加工能力严重过剩，收购市场秩序混乱，无序竞争状况突出。且加工企业普遍规模偏小，部分技术设备落后，加工质量不高，一定程度上浪费了籽棉资源，降低了商品棉质量。据统计，到 2005 年底，全国标准型轧花厂总数已超过 15 000 家，加工能力在 3 000 万～4 000万吨，相当于全国棉花总产量的 5～8 倍。无照经营的加工企业至少有 3 000 多家。2005 年以来，随着我国棉花生产规模的下降和棉花质检体制改革的推进，棉花加工企业数量有所下降，但仍然严重超过了生产能力。以新疆为例，目前新疆约有轧花厂 897 家，成套生产线 1 175 余条，这还不包括“一证多线”的情况，加工能力约 700 多万吨。其中新疆地方有 593 家，成套生产线 791 条，加工能力约 400 万吨。而 2016 年，新疆棉花产量仅为 410 万吨。加工能力严重超过了生产能力，造成加工秩序混乱，在棉花紧缺年份市场状况较好时，大量加工企业进入市场争抢资源，

① 毛树春，冯璐，芦建华．中国棉花生产景气报告 No332：2012 年全国棉花种植品种监测报告［R/OL］．（2012－12－31）．http：www. ccppi. com. cn/ccppipdf/332. pdf.

抬高价格，而在棉花供给相对充裕市场低迷时，加工企业则迅速退出，加剧市场波动。为争抢资源，不少企业混等混级收购加工，进一步加剧了质量问题。

从我国棉花质量检验看，在2014年棉花目标价格补贴试点政策改革以前，棉花质量检验存在较大体制上的漏洞，难以保证加工质量。2014年以前棉花仪器化公检是由企业自行提取样品，纤检部门到企业与企业交接样品后，拿回公检实验室检验后，给企业提供检测数据。由于取样环节不处在监管范畴中，这给不良企业提供虚假样品提供了可乘之机，棉花实际质量与标识不符、甚至掺杂使假等现象较为突出，整个棉花质量检验体系缺乏公信力，也给纺织企业采购原料造成极大的困难。2014年以后配合目标价格改革，新疆棉花质检体制也进行了较大调整，由原先的传统公检改为在库公检。在库公检相比传统公检：一是地理位置改变，公检场所由原来各企业自备仓库转移到经过自治区资格认定的新疆棉花专业监管仓库；二是公检内容改变，曾经以质量品质检测为主的公检如今要质量重量同检。取样环节进入封闭监管仓库，避免了监管漏洞，保证了样品的真实性，增加棉花公检的公信力。棉花质检体制实行在库公检后，新疆棉花加工、流通秩序大幅好转，但内地由于仍然实行传统公检，棉花加工质量、数量无法保证。

（五）棉农效益持续下降，棉花生产规模下降过快

由于生产成本持续上升，棉花价格大幅波动，我国棉花收益呈现显著的不稳定性特征，且在2011年以后出现了持续下降态势。2004—2015年，我国亩均棉花收益从223.1元波动下降到－921.6元[①]，2013年以后植棉收益呈现连年亏损态势，且亏损程度不断加深。棉花单位产量净利润和亩均净利润的变化特征较为相似。2004—2015年，每50千克的棉花净收益从125.9元波动下降至－401.3元。分区域看，新疆棉区棉花亩均净利润远超黄河、长江流域。以2011年为例，黄河流域、长江流域和新疆棉区棉花亩均净利润分别为－11.3元、61.6元和570.6元。2014年以来由于棉花价格大幅下滑，棉花生产亏损程度加深，国家实行了目标价格补

① 计算2014年和2015年中国棉花亩均收益时没有包括政府补贴。

贴政策，对植棉户的市场损失进行相应弥补。但新疆和内地棉区实行了不同的补贴政策，对新疆棉区棉农的补贴程度远大于内地棉区。

由于比较效益下降、机械化程度低、水土资源紧张等原因，我国棉花生产规模下降速度过快，且过度集中在新疆。2005—2016 年，我国棉花播种面积从 7 592.9 万亩波动下降至 5 064.2 万亩，下降 33.3%；棉花产量从 571.4 万吨下降至 534.3 万吨，下降 6.5%。2016 年西北内陆棉区的棉花播种面积和产量占全国的比重达到 53.9%和 67.6%。

（六）棉田残膜污染严重，可持续发展后劲不足

地膜覆盖是一项重要的科技成果，对于提高棉花单产发挥了重要作用。但是，地膜在提高单产的同时也带来了新的问题。主要是地膜不能够自然降解，在残膜回收不彻底的情况下，随耕翻埋入地下，残膜碎片在土壤中埋藏 20 年仍不能被微生物分解，在土壤中形成阻隔层，破坏了土壤的毛细结构，影响透水和透气性，阻碍了棉花的根系生长，从而造成了“白色污染”。目前新疆棉花使用的地膜基本为 0.008 毫米，韧性差，播种期后，大多散落在地里，人工清理成本高，农户缺乏回收的积极性。据调查，目前新疆农田废旧地膜平均残留量 4.68 千克/亩，棉田废旧地膜平均残留量 5.73 千克/亩，较 2001 年增加 105%，其中样点棉田中废旧地膜残留量最高的达 26.65 千克/亩。棉田残膜量的大量增加，使得土壤环境恶化，土壤含水量下降，土壤板结、透气性差，削弱抗旱能力，棉花根系不能正常发育，导致棉花减产。据测定，播在残膜上的种子，烂种率可达 6.92%，烂芽率达 5.17%，减产量达 12%左右，并影响农机作业质量。同时，堆放在田头、房前、渠边及被风吹起，四处散落的残膜，严重影响了农村环境。

三、推进棉花产业供给侧结构性改革的目标与思路

棉花是仅次于粮食作物的第二大农作物，同时也是涉及纺织工业的重要原料。我国是棉花生产大国、纺织工业大国、纺织服装消费和出口创汇大国。目前我国棉花生产 60%以上集中在新疆等少数民族聚居区。棉花不仅是当地少数民族和当地政府重要的收入来源，同时也是广大纺织工人

就业的重要途径。棉花产业的发展对整个国民经济、区域经济发展、民族团结和棉农尤其是中西部棉农就业和收入都具有重要意义。深入推进棉花产业供给侧结构性改革，破解棉花产业发展难题、培育棉花产业发展新动能、提高供给体系质量和效率，对于打造世界棉花强国、扩大就业范围、增加农民收入、维护边疆稳定民族团结具有重要意义。

（一）棉花产业供给侧结构性改革的主要目标

到2020年，棉花种植面积稳定在5 000万亩，产量稳定500万吨以上，能够满足国内棉花的有效需求。棉花生产支持政策和产业发展政策体系进一步完善，棉花目标价格改革成效显著，价格形成机制基本理顺，市场在资源配置中的决定性作用得到充分发挥。棉花现货、期货市场、电子交易市场协调发展，形成多层次、功能齐全的棉花市场。棉花生产结构调整初步完成，不适宜地区和生态脆弱区棉花生产结构调整任务完成，形成布局合理、相互补充、优势互补的产业布局。棉花耐盐碱、抗性强、宜机收的高产棉花品种选育任务获得突破，初步研发出适宜机采的品种，形成能复制、可推广的机械化栽培模式，各种节本、节劳、增效技术实现大面积推广。棉农合作社、家庭农场等多种新兴经营主体蓬勃发展，“代育代栽”等社会化服务模式得到广泛推广。棉花各环节质量监管体系建立，棉花质量显著提高。棉花加工企业布局优化，加工能力和生产能力匹配，棉花流通和加工秩序好转。棉花去库存进程基本完成，国内棉花库存消费比由现在的约100%降到40%左右，库存水平基本合理。棉花进出口调控机制和储备调控机制进一步完善，市场总体运行平稳。

（二）棉花产业供给侧结构性改革的基本思路

着眼于棉花全产业链发展，以提高棉花生产效率和产业整体竞争力为核心，以强化科技创新应用为支撑，以可持续发展为导向，切实转变棉花生产和产业发展方式，加大推广棉花机械化，降低棉花生产成本，提高棉花质量，稳定棉花种植面积，发展适度规模经营，调整优化棉花加工结构，注重产加销相互衔接和产业链协调发展，充分发挥市场机制在资源配置中的决定性作用，完善棉花目标价格补贴政策和棉花产业发展政策体系，打造世界棉花强国。

改革的主要任务包括：

一是调结构，转方式。加快建立棉花生产保护区进度，对适宜棉花生产的地区加大支持力度，实现稳棉保供。推进新疆棉花生产结构调整，引导棉花生产向优势产区集中，部分生态脆弱区坚决退出棉花生产；稳定黄河流域棉区和长江流域棉区，巩固沿海沿江沿黄环湖盐碱滩涂棉区。加快转变棉花生产方式，由以面积扩张和片面追求产量为主的粗放式发展向以提质增效为主的集约式发展转变。加强创新驱动，提质增效，把品种改良、机械化、精准化、标准化、信息化和智能化作为创新的优先领域。

二是抓品质，提质量。从单纯追求提高单产向全面提升遗传品质、生产品质、轧花品质转变，通过改良品种，改变种植模式和管理方式，大力发展“中高端品质棉”生产，满足纺织业由中低端向中高端转变对原材料带来的新需求。加强优质棉品种的选育，大规模更新现有落后品种。加强中绒棉、中长绒棉、彩色棉、超长绒棉品种的选育开发。加快推进棉花规模化种植、标准化生产，在棉花品种、采摘、晾晒、储存、收购以及加工等多个环节共同发力，加强棉花质量管理。探索优质优价，利用市场机制、市场力量提高棉花质量。

专栏1　新疆生产建设兵团从“源头”提升棉花质量

新疆是我国重要的优质商品棉生产基地，新疆生产建设兵团第八师又是新疆优质商品棉的重要产地，2016 年，该师棉花种植面积达 285.9 万亩，其中 256 万亩实现了机采棉。第八师为切实提高棉花质量，从机采棉品种选育、种植、田间管理、采摘、收购、加工、检验等环节全程、全方位实施管控，狠抓棉花全程质量管控。

自 2014 年开始，新疆生产建设兵团第八师石河子市每年都会有专人带队到全国的纺织企业去考察学习，根据纺织企业的要求，提出了“保长度、降短纤、绝三丝、减籽屑、提品级”的口号，使得当地棉花质量得到了很大的提升，基本与澳棉持平。同时新疆生产建设兵团第八师石河子市针对机采棉产业发展特点和加工企业面临的问题，率先在新疆及新疆兵团开展机采棉籽棉检验试验方法和籽棉含杂率等分级标准的制定工作。该市于 2015 年开始实施《机采棉籽棉含杂率检验方法标准》和《机采棉籽棉杂质等级》地方农业标准，使加工企业按照籽棉杂质等级进行分类堆放、分类加工，实现了因花配车，有效选择加工工艺，避免盲目加工。2016 年，新疆生产建设兵团第八师石河子市加工皮棉 47 万吨，纤维长度 28 毫米及以上占比 99.1%，而且棉花质量达到了无“三丝”或绝“三丝”的水平。由于新疆兵团第八师棉花质量的不断提升，使当地的棉花平均价格高于国家目标价格，达到质量优、信誉好、销售快、价格高的预期目标，棉花实现了由数量型向数量、质量、效益型的重要转变。目前，新疆兵团各植棉团场已建立了棉田基本情况档案，按照棉花株型、品种、株高、日生长量进行登记，为棉花丰产丰收将提供可靠依据。

专栏 2　优质棉补贴政策试点

为切实提高棉花质量，鼓励棉农、流通商、加工企业重视棉花质量，2017 年新疆出台了一项政策试点，就是疆棉“双 29”质量补贴。新疆尉犁、塔城、沙湾、博乐等六个市（县）成为全疆首批试点。主要的政策内容是籽棉交售者所交售的籽棉经加工后皮棉质量达到“双 29”级以上，即可获得 0.2 元/千克的质量补贴。那按照每亩 500 千克籽棉的单产计算，如果达到“双 29”级，则籽棉交售者每亩可以获得 100 元的补贴。这个政策鼓励棉农和加工企业通过分等采摘、分级堆垛及加工等方式提升棉花质量，提高棉花收益，有效增强棉农和棉企在棉花生产、加工环节主动调整棉花品质的意识，促进新疆棉花质量不断提升。

三是降成本，增效益。推进科技创新，强化农业科技基础条件和装备保障能力建设，提升棉花生产的科技水平，提高农业生产资源的产出效率。推进机制创新，培育新型棉花生产经营主体和新型服务主体，发展适度规模经营，提升集约化水平和组织化程度。大力发展机械化生产，从科研育种、栽培模式、化学调控、采收、加工等全环节联合攻关，实现“机械换人，降本增效”。在长江、黄河流域大力推进“轻简化栽培”技术，利用“化学调控”等先进技术，减少棉花生产中的人工投入，实现“快乐植棉”。

四是严监管，稳秩序。进一步健全棉花加工抽检、预警机制，加大违法责任追究力度和处罚力度。全面落实棉花加工企业质量主体责任，加强棉花加工企业诚信体系建设，健全质量追溯体系，全面完善国内企业质量诚信档案，健全棉花加工企业信用评价体系，科学评定企业质量信用等级，对企业安全信用等级实施分类监管。加大违法责任追究力度。鼓励和推进棉花加工企业兼并重组、升级改造加工设备，优化加工空间布局，提高棉花加工质量。通过严监管，重处罚，优布局，达到稳秩序。

五是创品牌，促融合。鼓励支持纺织企业、加工企业与棉农、棉农合作社建立产销联结机制，发展订单式农业和股份合作，使市场需求与生产直接挂钩，建立由市场需求指导和推进生产发展。制定品牌棉花的质量规范、行业规范，改变常规性、粗放型经营模式为现代化、精准化服务模式，为纺织用户提供专业化、个性化服务，推动棉花品牌向中高端迈进，提高国内棉花产业整体竞争力。

专栏3　国家棉花产业联盟成立

当前，我国棉花生产与需求脱节现象严重，生产出的原棉质量不能满足纺织工业的需要，且生产方式较为落后，棉花种植人工成本高，植棉效益低下。适时调整生产结构、大力发展优质棉生产和培育国际化优质棉品牌，推行和实施棉花全产业链技术集成和增产增效，是促进我国棉花产业可持续发展的有效途径。在这一背景下，2016年11月28日，由中国农业科学院棉花研究所联合新疆生产建设兵团第七师、新疆生产建设兵团第一师、江苏联发集团股份有限公司、河南永安纺织有限公司等大型涉棉单位共同发起成立的、全国棉花生产、加工、流通、纺织、服装和贸易等市场主体和涉棉科研机构、大中专院校、行业协会、各级政府等自愿组成的国家棉花产业联盟。国家棉花产业联盟是互助互利型的全国性非营利性社会组织，是以具有法律约束力的合作契约为保障，形成的“自愿联合、平等协商、互助互利、合作共赢”的合作组织。

国家棉花产业联盟建立常态化工作机构，推动棉花科技协同创新，统筹优势资源，搭建联盟检测技术体系及研发共享平台，参照“良好棉花”和“澳棉”生产技术标准，大力推进优质棉新品种区域化布局和订单生产新模式，将从根本上解决我国棉花产业面临的生产与需求脱节问题，提高我国棉业在国际上的竞争力。国家棉花产业联盟的主要任务是根据“生产上需要什么，企业就生产什么，科研机构就研制什么”的发展思路，联合棉花产业链条的优势成员单位，建立棉花科研、生产、检验、轧花加工、流通、纺织市场的一体化运作机制和利益共同体，攻克现有体制机制相互脱节、相互制约的障碍和瓶颈，以“中高端品质”、“绿色通道”、“直通车”等快捷、便利形式实行棉花产业链各环节的有效直接对接，以技术、机制、方式、方法构建促进棉花产业深度融合与协同创新，培育发展联盟式的优势联合体，实现我国棉花全产业链各环节、各单位的有机融合，引领棉花产业发展模式的转变和升级，加快科技成果转化为现实生产力，提升我国棉花产业的核心竞争力。

六是保生态，促发展。树立尊重自然、顺应自然、保护自然的理念，在不适合棉花生产的生态脆弱区，坚决退出棉花生产。根据新疆维吾尔自治区整体水资源情况，确定棉花生产发展规模，加大对在生态保护区开垦棉田行为的监督、检查和处罚力度。节约和高效利用农业资源，加大“化学调控”、“轻简栽培”等最新技术在生产上的推广利用，推进化肥农药减量增效。建立棉田残膜回收利用制度，通过补贴引导农户使用环保地膜、提高农户和企业回收残膜的积极性。加大在新疆等地开展无膜化栽培模式实验，尽快从科技的角度实现无膜化栽培。

专栏4　新疆昌吉回族自治州玛纳斯县回收残膜做法

自20世纪80年代中期以来，玛纳斯县积极推广地膜种植技术。目前，覆膜作物面积达97.2万亩，占总播面积的88.4%，年使用地膜用量5 600多吨，是全疆地膜普及率最高的县市之一，其中，种植棉花的面积达到60多万亩，种植玉米的达到30多万亩。为了降低残膜危害，玛纳斯县在 2013 年作为示范点，开始推进农田残膜回收。目前，全县有两个大型企业将对其进行清洁生产和地膜的加工回收再利用，拥有 500～600 个回收机。玛纳斯县累计回收残膜共 197.2 万亩（2011 年 0 万亩，2012 年 0 万亩，2013 年 34 万亩，2014 年 91 万亩，2015 年 72.2 万亩），生产再生颗粒 7 300 吨；新增棉花产值 22 968.27万元（产值＝新增棉花产量×单价×累计回收地膜面积），再生颗粒产值 5 110 万元（再生颗粒按 7 000 元/吨估算）。玛纳斯县回收残膜的主要做法如下：一是领导重视。从行政方面增加对地膜回收的重视，成立了以县长为组长，分管县领导为副组长，多部门组成的工作领导小组，设立农业环境保护办公室，负责和督查各乡镇、场、站农业生态环境保护整体工作。二是全方位开展宣传工作，提升农民认知度和参与度。充分利用广播、电视媒体及发放宣传单等多种形式，做到“报纸上有文字、广播上有声音、电视上有图像”，大力开展农田残膜回收治理宣传工作，积极宣传相关奖补政策。三是开展试验示范。玛纳斯县先后争取 5 166 万元，实施了国家农业清洁生产示范、自治区农用地膜综合治理、自治区农田废旧地膜污染综合治理整县制推进试点县、不同地膜试验、旱作农业等 6 个项目，率先在全疆进行农田废旧地膜污染综合治理试点示范。根据不同示范点进展情况及时总结经验、模式、做法、问题，成熟后再进行推广。四是强化政策扶持。对农民使用 0.01 毫米高标准农膜进行补助，并按标准回收和交售残膜，每亩补助 21 元，对于机械回收的农户，每亩补贴 14～15元。对购买残膜回收机械实行应补尽补，提高农户购买积极性。除享受国家农机购置补贴政策外，购买大型机械项目再补助不低于每台 2 万元、立杆式搂膜机补助每台 3 000 元。采取加大对再生资源回收企业的支持力度。对按要求从事废旧地膜回收加工利用的企业，给予购买 30 万元/条生产线的奖励。五是完善监督体系。玛纳斯县人民政府出台并颁布“政府通告”，组建市场监管组，由农业、质检、工商部门对全县农用地膜生产企业、农用地膜销售市场生产、销售的农用地膜进行质量监管，禁止厚度低于 0.01 毫米地膜进入市场。对流入农资市场不符合质量标准的农膜，依法严厉打击。

四、深化棉花产业供给侧结构性改革的对策建议

我国棉花生产规模小、成本高、质量差是基本特点。推动农业供给侧结构性改革，进一步提升国内棉花竞争力，稳定棉花生产，降成本、提质量、增效益是主要方向。

一是要完善农产品价格形成机制，理顺国内外价格关系。坚持棉花目标价格补贴政策的思路。针对我国棉花产业“大进大出”的产业格局，必须坚持市场形成价格机制，避免人为的政策扭曲市场价格。考虑到当前棉花目标价格补贴面临入世“黄箱”补贴的上限约束，未来可以在目标价格的制定标准上、在与棉花生产挂钩的机制上进行探索，争取将“黄箱”补贴纳入“蓝箱”甚至“绿箱”补贴。配合棉花生产保护区建设，将内地适宜棉区及华北漏斗区、黄河三角洲盐碱地、苏北盐碱地等纳入棉花生产保护区。对棉花生产保护区以县为单位，每年固定投资额度，用于加大棉田质量改良、改善水利设施、推广高品质棉及其配套技术应用、超早熟短季棉及其配套技术试验示范、轻简栽培技术示范，以及对广大棉农进行技术培训和宣传等。

二是大力发展机采棉，降低棉花生产成本。机采棉是现代化植棉的一项系统工程，不是简单引进采棉机或者仿制、研发采棉机就可以实现，而是贯穿棉花品种培育、农艺栽培、田间管理、残膜回收、脱叶催熟、机械采摘、棉花清理加工等各个环节。今后要推进从育种、栽培到农机、加工等各环节的科研配套。大力支持机车制造企业，研制适合棉花高产和多熟种植制度的新型采棉机，加大国产采棉机所需钢材料和新型采棉机配套装备的自主创新研制。采用分子育种、转基因技术培育适合机采的新品种，在吐絮集中、纤维长、果枝始节高、马克隆值、比强度等性状方面取得突破性进展，实现产量、品质、抗性和早熟性指标相统一。促进农机农艺相结合，研发适合机采的管理技术、脱叶催熟技术、晚熟与秋湿应对技术措施，开发机采棉的清花装备和轧花标准工艺。

三是发展适度规模经营，提升农业要素使用效率。鼓励棉农组建合作社，发展适度规模经营。支持纺织企业、加工企业与棉农、棉农合作社建立产销联结机制，发展订单式农业和股份合作，使市场需求与生产直接挂

钩，生产的棉花能够满足纺织企业的需求。发展“代育代栽”的社会化服务模式，由公司或农民合作组织实现集中式工厂化棉花育苗、移栽，推广托管式生产经营形式，由专业化公司、农民合作社、国有农场和种植大户等新型经营主体代耕代种，发挥规模优势。

四是加大科技推广投入，提高棉田产出效率。增加科技研发投入，大力培育和推广高产、抗病、抗逆、早熟等优良品种，大规模更新现有落后品种，从遗传品质上改善棉花品种。从品种、种植模式、管理技术、脱叶技术、采收等环节配套农机农艺，创新机采棉采净率、采收率、采收品种达标的机采棉技术，整体提升机采棉技术体系。加强棉田土壤改良和盐碱改良，加强防灾减灾配套设施建设，特别是雹灾设施建设。大力探索推进简约种植方式，研发适合内地小规模生产的种植方式，推进播种或移栽环节的机械化程度；加快重要生产技术的推广，包括节水灌溉技术、超早熟短季棉及其配套技术试验示范、轻简栽培技术示范、高密度栽培模式等。

五是全程加强监管，提高我国原棉质量。首先，加大棉种市场的监管执法力度，从源头上控制品种的乱引、乱销、乱种的不法行为，提升纤维品质一致性水准。其次，抓紧出台并严格执行聚乙烯吹塑农用地面覆盖薄膜标准，确保棉田地膜厚度在 0.01 毫米以上，加大棉田残膜回收与再生利用示范工程实施力度。第三，要坚强对异性纤维的整治力度。通过广播、电视和网络等各种媒体加强“三丝”问题宣传，让棉农和企业充分认识其影响我国棉花发展的巨大危害性。多部门联合严格管理，从源头狠抓对“三丝”的控制，包括采摘环节、晾晒环节、贮存环节以及收购环节等。同时对“三丝”问题解决好的棉区和企业要给予奖励和扶持，充分发挥他们的示范引导作用。

六是完善市场体系，提高棉花流通效率。进一步加强对棉花市场的预测和研究，建立健全信息网络，及时向生产者、经营者和消费者提供准确可靠、系统完整的生产和市场信息。建立严格的市场督查及问责机制，特别是对“一证一线”等政策规定要加大监管和落实力度，将国内棉花加工产能控制在合理范围内。全面落实棉花加工企业质量主体责任，严格执行棉花国家标准的有关要求。加强对棉花加工设备的底线要求，依法查处企业使用国家明令禁止的棉花加工设备，鼓励推动企业升级加工设备、优化加工工艺。全面完善国内棉花加工企业质量诚信档案，健全棉花加工企业信用评价体系，科学评定企业质量信用等级，对企业安全信用等级实施分类监管。进一步健全棉花加工抽检、预警机制，加大违法责任追究力度。鼓励和推进棉花加工企业兼并重组，优化加工空间布局。建立健全棉花质量问题追溯机制，加大对棉花质量问题的追溯和违法行为责任追究力度。充分发挥棉花期货市场的发现价格和套期保值功能，上市棉花期权交易，降低期货交易风险。

七是建立棉花生产绿色补贴体系，促进产业可持续发展。加强对残膜回收工作的宣传，利用各种方式大力宣传残膜的危害性，提高广大棉农的环保意识。建立残膜回收技术补贴，按照农户回收残膜的数量确定合适的标准，减少残膜对棉花生产和环境的不利影响。也可以对农户使用可降解地膜实行补贴。将残膜回收机具纳入农机具购置补贴范围内，加大补贴力度，对购置残膜回收机具的农户给予适当补贴，以鼓励他们的积极性。制定农田地膜残留量标准和残膜留量超标准收费标准，制定治理残膜污染及回收的有关法规、条例。为减轻国家财政负担，按照谁污染谁治理的原则来依法治理污染，使农田地膜污染早日纳入法制化管理轨道。

油菜产业供给侧结构性改革：现状、问题与对策

油菜是我国重要的油料作物，也是关系国计民生的重要农产品。菜籽油在国产食用植物油中的主体地位显要，对确保国内食用油供给安全具有重要的支撑作用。近年来，我国油菜产业总体平稳发展，国内国际两个市场两种资源得到充分利用。2008年以来，随着油菜籽临时收储政策调整和价格形成机制改革的深入推进，油菜产业供给侧面临的问题也逐渐突显，突出表现在油菜种植意愿下降、产业链上下游环节衔接不畅、国产油菜压榨加工规模大幅萎缩、食用植物油自给率进一步下降等方面，影响和制约着产业健康发展。亟待通过供给侧结构性改革，进一步完善产业运行机制，促进产业可持续发展。本文在描述油菜产业供给侧现状的基础上，深入剖析油菜产业供给侧存在的结构性矛盾和问题，进一步明确深化油菜产业供给侧结构性改革的目标与思路，并提出若干对策建议。

一、油菜产业供给侧的现状描述

油菜是我国第一大油料作物①，种植面积占全国油料作物总面积②比重超过50%，产量占比超过40%。近年来，我国油菜生产平稳发展，产量稳中有增。基于资源禀赋条件和种植结构调整，逐渐形成了长江流域种植冬油菜、西北内陆地区种植春油菜的生产格局。加入世贸组织以来，我国油菜籽进口量大幅增加，高峰时达到500万吨，有效满足了国内市场对菜籽油的加工消费需求。2015年，我国取消了实施七年的临时收储政策，市场化改革取得阶段性成效。

---

① 按照面积和实际油用量计算。

② 油料作物按照国家统计局统计口径，不包含大豆。

（一）油菜生产的区域布局

我国油菜种植历史悠久，分布区域广泛。近 20 年来，我国油菜播种面积总体稳中有增，部分年份波动较大。2000—2015 年，我国油菜种植面积从 1.12 亿亩增至 1.13 亿亩，增幅为 0.5%。其中，2005—2007 年间，为确保粮食增产，国家加大了粮食生产支持力度，粮食作物替代油菜种植明显，油菜种植面积连续下滑，2006 年和 2007 年缩减幅度分别为 17.8%和 5.7%。为稳定油菜生产、保护农民利益，我国自 2008 年开始实施油菜籽临时收储政策。2010 年，油菜种植面积恢复至 2004 年的种植规模水平，此后油菜种植面积总体保持稳中有增。目前，除北京、天津、海南外，我国各地均有油菜种植。其中，长江流域和西北内陆地区是我国油菜主要分布区域。浙江、广西、山东、福建、上海、广东等东部沿海等地也有零星种植，但面积较小。

按照种植季节不同，我国油菜可分为秋冬播油菜和春播油菜两种。其中，秋冬播油菜一般 10—11 月种植，次年 5—6 月收获；春播油菜一般 4—5 月份种植，当年 9—10 月收获。秋冬播油菜主要分布在长江流域地区，湖南、湖北、四川、江西、安徽、贵州和江苏等省为主要产区。2015 年，七省油菜种植面积分别为：1 971.9 万亩、1 848.2 万亩、1 541.1万亩、817.6 万亩、798.6 万亩、792.2 万亩和 563.6 万亩。与 2009 年相比，湖南、贵州、四川、湖北面积增幅显著，分别增长了 29.4%、13.1%、9.7%和 5.7%；安徽和江苏两省面积大幅缩减，减幅分别为 26.2%和 21.1%。春播油菜主要集中在西北内陆地区，内蒙古、甘肃和青海等地区为主要产区。2015 年，三省油菜种植面积分别为：473.4 万亩、242.4 万亩和 213.2 万亩，与 2009 年相比，内蒙古油菜种植面积增幅最大，达到 44.2%，甘肃和青海两地油菜面积不同程度减少，减幅分别为 14.4%和 16.5%。

随着各地农业种植结构调整和优化，近年来，我国油菜区域布局集中化趋势明显，冬播油菜进一步向长江流域集中。2015 年，长江流域优势产区湖南、湖北、四川、江西、安徽、贵州和江苏等省冬油菜面积占全国总面积 73.7%，与 2009 年相比提高了 0.6 个百分点（图 1）。

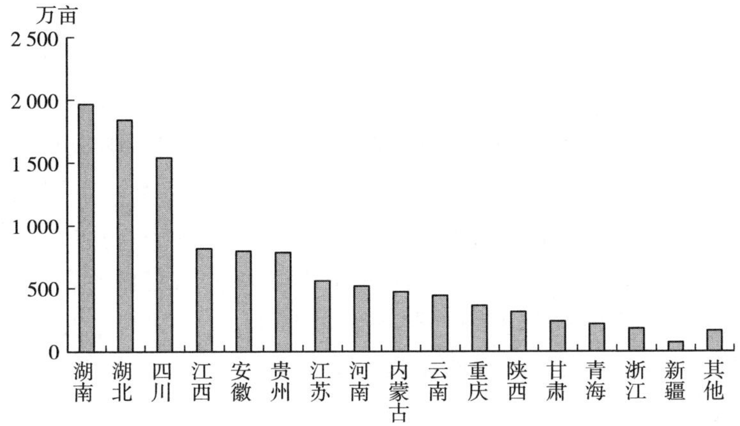

图 1　2015 年中国各省区油菜种植面积与分布

数据来源：《中国统计年鉴》。

（二）油菜产出的基本情况

近年来，我国油菜生产发展总体稳定。2004—2015 年我国油菜籽产量总体保持小幅增加，部分时段略有波动。其中，在 2000—2002 年、2004—2007 年以及 2009—2010 年间分别出现了三个时段的产量下降，下降的主要原因是气候影响单产下降以及因效益低下导致油菜种植面积缩

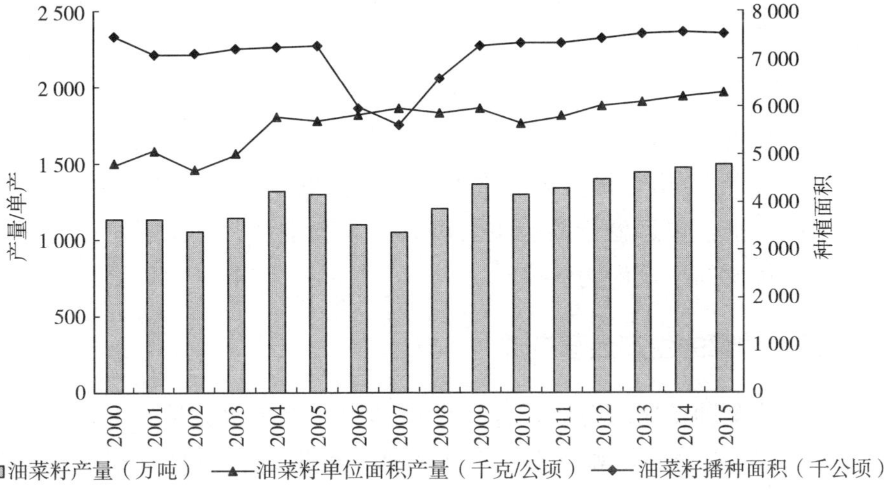

图 2　2000—2015 年中国油菜籽面积、单产与总产

数据来源：《中国统计年鉴》。

减。2011 年以来，我国油菜籽总产保持连续增加，至 2015 年，我国油菜籽产量达到 1 493.1 万吨，相比 2007 年 1 057 万吨的最低点增长了 41.2%（图 2）。

随着生产技术水平不断提高和新技术新品种推广应用力度加大，我国油菜单产水平稳步提高。2000—2015 年，油菜籽单产从 101.2 千克/亩提高至 132.1 千克/亩，增幅达到 30.5%，年均增长 1.8%。在品种研发培育和改良优化带动下，近 10 年来我国油菜籽品质也明显改善，突出表现为芥酸和硫苷含量呈逐年下降趋势，含油量上升。2015 年我国双低油菜含油量平均值达 43.79%，为历史最高水平；芥酸含量平均值为 4%，为历史最低值。

我国是世界油菜主产国，油菜生产居世界前列。1980—2012 年，我国一直保持世界第一大油菜产出国的地位。这一时段，加拿大为全球油菜籽第二大产出国和主要贸易国，其国内产出的油菜籽以出口为主，仅少量用于国内消费。随着全球油菜籽消费需求和贸易需求不断增加，加拿大国内生产规模也相应增加。受益于技术进步、转基因品种研发和品种改良，自 2013 年开始，加拿大油菜籽产量超过中国位居世界第一。2015 年，加拿大油菜产量达到 1 837 万吨，占全球油菜总产比重 25.1%，中国油菜籽产量仅次于加拿大，占全球的 20.4%。从单产水平来看，全球范围内欧盟主要国家油菜籽单产水平总体较高。其中，欧盟平均单产水平达到 237 千克/亩，智利平均单产水平达到 254 千克/亩，乌克兰平均单产水平达到 172.7 千克/亩。此外，比利时、荷兰、英国、爱尔兰、卢森堡等国油菜籽单产水平也相对较高，高于加拿大和印度等主产国。目前，我国油菜籽单产 131.3 千克/亩，接近全球平均水平，但低于加拿大油菜籽 147 千克/亩的单产水平，也远低于欧盟主要国家的单产水平。这也显示未来我国油菜籽仍有较大的增产潜力。

（三）油菜的生产经营方式

我国油菜种植区域分布广泛，种植油菜的农户也数量较多，目前，全国约有 3 000 万农户种植油菜。受人多地少的资源禀赋特征影响，以及不同地区地形地貌限制，如湖北、湖南、四川、云南、贵州等地多山地和丘陵地带，土地流转规模十分有限，因此，油菜生产经营仍主要以分散的小规模农户为主，户均种植规模约 3～4 亩，部分地区农户种植规模不到 1 亩地。与世界其他主产国相比，我国农户户均经营规模总体偏小。以主产国加拿大为例，加拿大油菜生产经营主体为农场主，目前全国有 4.3 万个油菜籽农场主，平均种植油菜规模近 200 公顷，经营规模远大于我国。

受小规模分散种植影响，我国油菜生产投入总体保持较高水平。2015 年，中国种植油菜亩均需用种子费用 18 元，化肥 91 元，农药 14 元，机械作业 44 元，生产平均用工 4～5 个，人工成本超过 500 元，占总成本比重超过 60%（表 1）。而加拿大、德国等国由于经营规模大，生产实行全程机械化作业，亩用人工仅 0.5 个，成本占总成本比重低于 10%，用工成本以及占比均远低于我国。目前，在我国北方春油菜主产区，适宜规模化种植的产区，通过采用良种良法结合、辅以机械化耕种收，能将油菜亩生产成本控制在 300～400 元，达到与加拿大生产成本相当的水平。

表 1　2010—2015 年中国油菜生产成本构成

单位：元/亩

项　　目	2010 年	2011 年	2012 年	2013 年	2014 年	2015 年
主产品产量	125.13	130.15	130.11	139.15	134.00	138.96
产值合计	509.80	608.79	652.84	745.86	710.01	647.89
主产品产值	500.29	599.00	642.66	735.79	700.13	637.91
副产品产值	9.51	9.79	10.18	10.07	9.88	9.98
总成本	501.21	587.52	734.44	844.16	871.75	907.54
生产成本	419.67	501.00	642.51	744.54	762.86	790.65
物质与服务费用	162.65	178.09	198.18	208.72	215.44	222.71
人工成本	257.02	322.91	444.33	535.82	547.42	567.94
家庭用工折价	251.75	317.08	437.64	526.32	536.20	556.69
雇工费用	5.27	5.83	6.69	9.50	11.22	11.25
土地成本	81.54	86.52	91.93	99.62	108.89	116.89
流转地租金	6.98	7.17	9.08	9.47	9.77	13.73
自营地折租	74.56	79.35	82.85	90.15	99.12	103.16

数据来源：《2016 年农产品成本收益汇编》。

由于生产规模偏小且地形地貌限制较多，我国油菜生产机械化水平总体偏低，生产对人工依赖程度较高。目前全国油菜耕种收综合机械化水平约为30%。其中，机耕比例达到48.63%、机播比例为11.39%，机收比例为10.69%，远低于全国农作物平均60%的耕种收综合机械化水平。其中，江汉平原地区油菜种植规模化程度较高，机械化率也相对较高，2015年湖北全省机播、机收面积分别达27%和43%，显著高于全国油菜籽机械化水平；部分山地丘陵为主的地区，如湖南、四川、贵州、云南等地生产机械化相对更低。

（四）油菜籽的市场流通情况

伴随着农产品流通体制改革的推进，油菜籽市场化流通机制日益成熟。2015年油菜籽临时收储政策调整以后，油菜籽流通呈现高度市场化、流通主体多元化的特征。目前我国油菜籽购销主体以经纪人、贸易商、加工企业和小型油坊为主。经纪人和贸易商在产区收购菜籽后加价0.2～0.4元/千克销往销区；加工企业收购油菜籽后通过压榨精炼成四级菜籽油、食用调和油等销往终端市场；小油坊主要活跃在产地，以小规模土榨方式加工并在本地和周边销售，大部分榨坊日加工规模能到5 000千克，开工时间主要集中在6～8月。

由于不同地区居民消费习惯不同、产需缺口差异较大，油菜籽收购流通具有明显的跨区域特征。湖北是我国油菜籽最大的主产区，但当地居民主要消费的食用植物油为豆油，菜籽油消费量相对有限，因此省内油菜籽主要外调至其他省区。四川、湖南虽是油菜籽产出大省，但本地菜籽油特别是浓香型菜籽油消费旺盛，产不足需特征明显，因此需从其他地区调入部分油菜籽。此外，云南、贵州、陕西等地也以菜籽油消费为主，且本地产量相对较少，存在一定的产需缺口，目前除从湖北调入菜籽外，也从内蒙古、青海等地购买部分。

近年来，油菜籽现货市场持续发展的同时，油菜产业期货市场也逐渐发育成长。为规避菜籽市场价格波动较大所带来的价格风险，2007年，菜籽油期货品种在郑州商品交易所上市，合约交割月为1、3、5、7、9、11月交割，2012年，油菜籽期货同菜籽粕期货也正式上市，合约交割月为7、8、9、11月。受标准化、商品化率等因素影响，我国菜籽和菜籽油期货总体活跃程度较低。2008—2014年间，我国实施了油菜籽临时收储政策，由国家财政对加工企业支付加工费用和保管费用，鼓励企业收购油菜籽。收储政策期间，市场主体主要以政策性储备为目的参与收购和加工，真正参与市场成品油销售的主体数量极少。国产菜籽基本都以菜籽油的形式进入国家储备库，市场流通主要以进口菜籽加工菜油为主。市场主体参与期货市场的积极性也极低。临时收储政策调整后，价格形成机制有所完善，主体活跃程度显著提高。现货市场中，经纪人参与到市场流通、企业参与下游市场的比例均显著提高。期货市场合约成交活跃，根据郑州商品交易所统计数据，2016 年我国菜籽油期货法人客户数同比增加 123%，法人户成交量同比增加 265%，法人持仓同比增加 48%。2016 年菜油日均成交量单边 11 万手（10 吨/手），同比增加 251%。

（五）油菜籽加工的基本情况

随着粮油需求稳步增加，我国油菜籽加工业稳步发展。特别是 2008 年我国实施临时收储政策后，油菜籽加工企业产能进一步扩大。目前，我国具有四级菜籽油生产资质的企业超过 400 家，日压榨菜籽能力达 13 万吨左右，年加工菜籽能力超过 4 000 万吨，与 1 400 万吨左右的产量相比，加工产能处于明显过剩状态。近几年国内新建菜籽加工企业的日压榨能力都在 500 吨以上，且大都可加工棉籽，部分企业可加工大豆。除四级菜籽油压榨（大榨）加工外，近年来我国菜籽油小榨（浓香型风味菜籽油压榨，一般在油坊和小型压榨企业以 95 型机器压榨）发展也较为活跃。

从区域布局来看，油菜籽大榨加工企业主要分布于油菜主产区的长江流域和沿海等油菜籽进口到港地区。其中，长江流域加工企业多分布在产区内，主要以加工国产菜籽为主，湖北、湖南、四川等地加工企业产能占全国压榨比重超过 50%。沿海地区加工企业依托东部沿海贸易区位优势，主要分布在广东、福建和广西及浙江地区，这些加工企业主要以压榨进口油菜籽为主，同时兼顾进口大豆压榨。小榨加工主要集中在四川、陕西南部、云南、湖南、贵州等西南地区。长期以来，这些地区的居民对浓香型小榨菜油的消费偏好十分突出，形成了特有的相对稳定的消费市场，支撑了当地小榨加工活跃发展。2015 年，我国临时收储政策取消以后，湖北、湖南等以国产菜籽压榨为主的大中型压榨加工企业纷纷缩减了油菜籽大榨加工规模，原有生产加工设备或停工或转而加工大豆，小榨加工逐渐成为产区菜籽的主要流向领域。

近年来菜籽油品牌建设取得长足进步。大中型油脂加工企业纷纷创建并推广菜籽油品牌，如中粮集团创建了“福临门”“初萃”品牌，益海嘉里集团创建了“金龙鱼”“外婆乡小榨”品牌，湖北荆楚粮油股份有限公司创建了“荆楚大地”品牌，内蒙古呼伦贝尔农垦创建了“苍茫遥”芥花油品牌。

（六）油菜籽及菜籽油的进出口情况

油菜籽是我国进口量仅次于大豆的油料产品，除进口油菜籽外，我国还进口少量菜籽油。但总体来看，由于大豆和棕榈油进口规模较大，油菜籽和菜油在我国油籽和食用植物油进口中占比相对较小。2016 年，油菜籽进口占油籽进口总量的 3.98%，菜籽油进口占食用植物油进口总量的 10.2%。

2002—2014 年，我国油菜籽进口量从 61.8 万吨增至 502.67 万吨，增长了 7.2 倍，年均增长率高达 19.2%（图 3）。2015 年以来，在我国投放储备菜籽油背景下，油菜籽进口量呈现一定规模缩减，2016 年降至 356.6 万吨，同比上年减少 20%，但进口规模仍处于相对较高的水平。除进口油菜籽用于压榨外，我国还进口部分菜籽油，主要用于品牌菜籽油及调和油加工。受比价关系和产需缺口影响，菜籽油进口量总体较低，2002—2009 年进口量均在 50 万吨以下，进口规模低于豆油和棕榈油。近年来，由于国产菜籽压榨规模骤减，我国菜籽油缺口较大，同期大豆进口创下新高，对豆油进口需求减少，2015 年、2016 年菜籽油进口量均高于豆油，分别为 81.5 万吨和 70 万吨。出口方面，我国油菜籽和菜籽油出口量极少，常年维持在 1 000 吨和 1 万吨以下。

油菜籽和菜籽油进口规模总体增长以及保持高位的主要原因一方面源于我国油籽油脂进口的高度开放，另一方面也与我国食用植物油需求快速增加有关。2002 年开始，按照加入世贸组织承诺，我国将菜籽油进口关税降低至 9%，进口配额数量逐年增加。2006 年取消了配额限制，实行 9%的单一关税管理；同时取消国有贸易的管理体制，实行完全市场化竞争。近年来，随着我国逐渐放松对加拿大油菜籽的进口限制，加之国内外油菜籽价格倒挂严重，同时国内市场对菜籽油的需求相对强劲，我国油菜籽的进口量猛增。

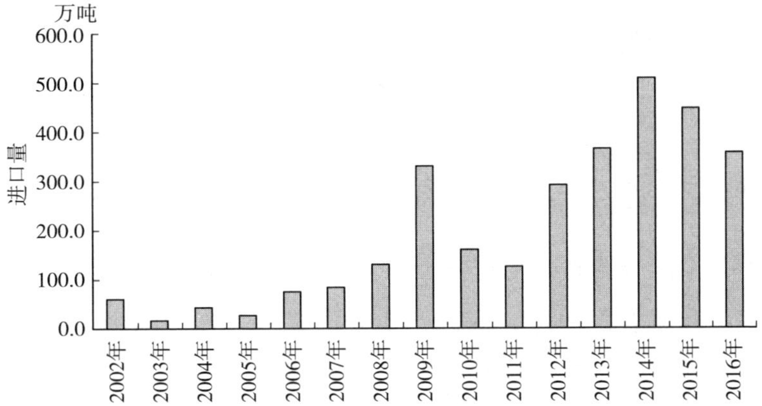

图 3 2002—2016 年中国油菜籽进口量

数据来源：根据海关统计数据整理。

从进口来源结构看，我国油菜籽主要从加拿大和澳大利亚进口。2005 年以来我国从两国进口的油菜籽占进口总量比重超过 90%。近几年来，由于价格优势突出，加拿大油菜籽在我国油菜籽进口市场上占比逐年增加。2006 年，我国进口的油菜籽有 96.4%来自加拿大。此外，受 2010 年加拿大油菜籽感染黑胫病影响，短期内进口受到限制，我国也从俄罗斯、乌克兰和阿联酋等国家进口少量油菜籽。菜籽油进口结构与菜籽进口结构较为相似，主要进口来源国是加拿大、澳大利亚、法国、乌克兰、俄罗斯和德国。2016 年，我国自六个国家进口的菜籽油占总进口量比重分别为 86%、4.3%、3.1%、1.7%、1.7%和 1.6%，累计占比达到 98.4%。

（七）油菜产业的扶持政策

油菜生产扶持政策包括良种补贴政策和产油大县奖励资金政策。2007 年《国务院办公厅关于促进油料生产发展的意见》（国办发〔2007〕59 号）提出加大油料生产扶持力度，设立油菜良种补贴项目。具体补贴区域为长江流域“双低”油菜优势区，包括江苏、浙江、安徽、江西、湖北、湖南、重庆、四川、贵州、云南省（市）以及河南的信阳地区，补贴面积 1 亿亩，补贴标准 10 元/亩。2008 年，我国首次探索实施产油大县奖励政策，主要目的是促进我国油料产业发展，逐步缓解产粮（油）大县财政困难，调动地方政府抓好油料生产的积极性。按照“突出重点品种、奖励重点县（市）”的原则，确定油料奖励品种，按2004年至2006年三年平均产量，以行业主管部门提供的各种折油脂比例和奖励系数测算，油脂量在4 000吨以上的县可入围奖励。产油大县奖励资金不作为财力性补助资金，作为鼓励油料产业发展的专项补助资金，全部用于扶持油料生产和产业发展。自2015年开始，政策规定入围县享受奖励资金不低于100万元。

在实施生产支持政策促进油菜生产发展的同时，我国还综合实施价格和流通政策确保农民利益、促进产业健康发展。2008年以来，为解决卖难问题同时确保农户基本收益，我国开始在油菜籽主产区实行菜籽（油）临时收储政策。2009年，根据国务院第58次常务会议精神，按照有利于保证农民种植油菜籽能够获得基本收益、有利于充分发挥市场机制作用、有利于促进国内食用油产业持续健康发展的原则，继续在主产区对油菜籽实行临时收储。并提出“综合考虑去年以来化肥等农资价格变化及今年油菜籽种植成本等情况，按照保证农民基本收益和略高于市场价格的原则，确定油菜籽托市收购价格为每千克3.7元”。执行区域为湖北、四川、安徽、江苏、湖南、河南、贵州、江西、青海、陕西、浙江、甘肃、重庆、内蒙古、云南、新疆、西藏等17个油菜产区。其中，冬播油菜产区托市收购期限为2009年6月1日至9月底；春播油菜产区为2009年9月1日至12月底。此后至2014年，我国连续七年实施油菜籽临储政策，按照保证农民基本收益和略高于市场价格的原则，收购价格总体波动走高，至2014年我国油菜籽临储价格提高至5.1元/千克。

临时收储政策实施对促进油菜籽生产稳定发展和保护农民利益发挥了积极作用，但也衍生出了系列问题，在一定程度上影响了产业健康运行。至2015年，我国菜籽油储备量不断增加，同时内外价格倒挂严重，油菜籽进口量激增，产业发展面临严峻挑战，市场价格形成机制亟待理顺。2015年6月18日，国家发展改革委、国家粮食局、财政部、农业部、中国农业发展银行五部门联合下发了《关于做好2015年油菜籽收购工作的通知》（国粮调〔2015〕99号），提出“为进一步完善油菜籽价格形成机制，充分发挥市场在资源配置中的决定性作用和更好地发挥政府宏观调控作用，促进油脂油料市场顺畅有序流通，推动油菜产业上下游协调发展，调整完善油菜籽收购政策，改为市场化收购”。2015年12月，为缓解连续七年收储的菜籽油库存压力，补充国产菜籽油产需缺口，我国启动了大规模临储菜籽油拍卖。2015 年 12 月 1 日至 2017 年 3 月 8 日，我国共启动了两轮临储菜籽油拍卖，累计拍卖 44 次，成交 426.4 万吨。近一年半的时间，我国累积拍卖成交的菜籽油占临储总量比重高达 45.8%。截至 2017 年 3 月，2012 年收储的菜籽油已经基本拍卖完毕，2013 年收储的菜籽油拍卖成交 135 万吨。

除国家财政实施相关政策对产业发展进行调控外，部分油菜主产省也积极出台相关政策促进产业发展。以湖北省为例，作为油菜生产大省，为支持油菜产业发展，湖北省建立了油菜产业发展专项资金。从 2001 年起，省财政每年安排 2 000 万元专项资金用于双低油菜产业发展。同时，增加油菜农机具购置补贴项目资金规模，推进油菜机械化。

二、油菜产业供给侧存在的结构性问题

尽管我国油菜产业取得了长足发展，但在开放条件下产业发展面临的主要矛盾和问题也不容忽视。目前，油菜产业供给侧存在的问题涵盖生产、流通、加工、贸易以及政策调控等环节，突出表现为成本上升，竞争力持续下降；比较效益较低，稳定生产的难度加大；优良品种推广缓慢，难以满足中高端消费需求；加工业萎缩趋势明显，制约产业可持续发展；以及政策调整缺乏过渡，国产食用植物油有效供给缺乏保障等方面。

（一）生产成本持续增加，市场竞争力显著下降

近年来，伴随着城镇化进程加快，农业生产用工成本不断上升，加之土地、水资源等对农业生产的约束日益增强，油菜生产成本持续上涨。2008—2015 年，我国油菜生产总成本从 393.61 元/亩增至 907.54 元/亩，增幅达到 130.6%，年均增长 12.7%。

我国油菜生产成本持续上涨的动力主要源于人工成本。一是从油菜生产成本构成来看，人工成本在总成本中贡献最大。2015 年，我国油菜生产人工成本为 567.94 元/亩，占总成本比重为 62.6%，为构成总成本的首要要素。另外两项主要成本中，物质与服务费用为 222.71 元/亩，占总

成本比重为24.5%；土地成本为116.89元/亩，占比12.9%（图4）。二是从成本增速主要贡献来看，人工成本是主要贡献来源。2008—2015年间，我国油菜生产的人工成本从189.01元/亩增至567.94元/亩，增幅达200%，年均增长17.0%；物质服务费用从142.48元/亩增至222.71元/亩，增幅为56.3%，年均增长6.6%；土地成本从62.12元/亩增加至116.89元/亩，增幅为88.2%，年均增长9.5%。人工成本增幅和增速高于总成本，也显著高于物质服务费用和土地成本。三是从分项成本分解及增速来看，2008—2015年间，油菜生产亩均成本占比较大的分别为家庭用工折价61.3%、自营地折租11.4%、化肥费9.4%、机械作业费6.9%；增幅较大的分别为机械作业费19.4%、雇工费用18.3%、家庭用工折价17%、流转地租金16.9%、农药费8.1%和种子费7.6%。从成本结构、增速以及分项成本要素贡献来看，油菜用工较多以及增速较快的劳动用工价格是影响成本快速增加的主因。

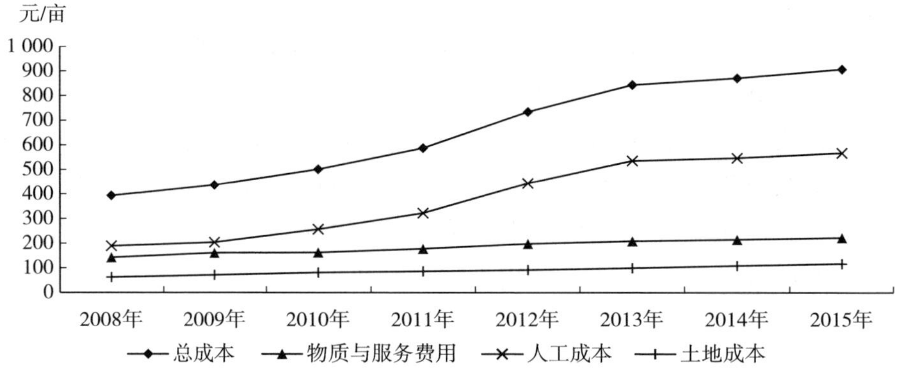

图4　2008—2015年油菜生产成本变动

数据来源：《2016年农产品成本收益资料汇编》。

由于成本居高不下，我国油菜籽市场竞争力也显著下降。与第一大油菜生产国加拿大相比，2015年，我国冬油菜和春油菜亩均成本分别高出加拿大春油菜的104.8%和87.8%，单位产量生产成本分别高出加拿大春油菜的106.8%和164%。其中，中国的冬油菜和春油菜亩均人工成本分别是加拿大油菜籽亩均人工成本的17倍和16倍，土地成本是加拿大土地成本的2倍，中国亩均成本中仅物质服务费用略低于加拿大。此外，我国油菜单产水平低于加拿大，也在一定程度上加剧了成本劣势。从成本构成和国别对比来看，人工成本是影响竞争力的关键，土地成本次之。未来要抑制成本持续上涨乃至降低油菜生产成本，提高产品竞争力，放缓人工成本增长或降低人工成本水平、提高单位产出率是重要手段。

（二）比较效益持续下降，农户种植意愿不高

2008年以来，为稳定油菜生产、确保农民收益，我国实施了油菜籽临时收储政策。尽管政策实施7年来，收购价格总体明显增加，但由于油菜生产成本的刚性及大幅增加，油菜籽收购价格涨幅相对有限，油菜种植比较效益连续下降的趋势未改。从农民亩均获得的现金收益来看，这一特征尤为突出。2015年，我国油菜生产亩均现金收益为400.2元，较2008年增加92.2元，但较2013年峰值下降118元。剔除家庭用工折价和自营地折租等隐性成本部分，油菜生产的净利润降低更加明显。自2012年开始，种植油菜的亩均净利润已下降为负值。至2015年，进一步降至－259.65元，较2008年的308.6元减少568.25元（表2）。加之成本不断上升，油菜种植的成本利润率由2008年的78.37%降至2015年的－28.6%。与替代作物冬小麦、蔬菜以及杂粮杂豆等作物相比，油菜生产已彻底丧失了比较优势。

表2　2008—2015年油料与粮食作物每亩净利润

单位：元

品种	2008年	2009年	2010年	2011年	2012年	2013年	2014年	2015年
两种油料平均	282.24	294.30	252.96	372.00	296.48	13.25	－8.98	－81.67
油菜	308.46	42.52	8.59	21.27	－81.60	－98.30	－161.14	－259.65
花生	256.39	546.38	497.26	722.79	675.20	124.60	143.78	96.71
三种粮食平均	186.39	192.35	227.17	250.76	168.40	72.94	124.78	19.55
稻谷	235.62	251.20	309.82	371.27	285.73	154.79	204.83	175.40
小麦	164.51	150.51	132.17	117.92	21.29	－12.78	87.83	17.41
玉米	159.22	175.37	239.69	263.09	197.68	77.52	81.82	－134.18

数据来源：《2016年全国农产品成本收益汇编》。

比较效益下降直接带来的影响就是农户种植积极性下降，近两年来油

菜生产萎缩趋势明显。2016 年我国油菜种植面积下降 2.7%，产量下降 2.6%。生产萎缩不仅影响下游加工原料的攻击，也影响到上游研发、育种、制种等环节。

（三）优良品种推广缓慢，中高端消费需求难以满足

我国传统品种油菜的品质总体不高，主要表现在油的脂肪酸组成不合理，芥酸含量达 45%左右，不利于人体消化利用与营养健康；同时，菜饼中含较多的可致毒物质硫甙，使得高含蛋白质的菜籽饼只能做肥料，不能做饲料。2000 年以来，我国培育出了一大批既优质（符合国际双低标准）又高产抗病的油菜新品种，显著促进了我国油菜的双低化进程。双低油菜[①]是油菜种的优良品种，其芥酸和硫甙含量低于普通菜油品种，同时含油量高达 40%左右，而且脂肪酸组成合理，油酸平均含量达 60%，因此双低菜籽油也被称为“最健康的油”，属高品质食用植物油。在美国和加拿大，双低菜籽油也被誉为最好的食用植物油。近年来各主产区都在大力推广双低油菜，但总体来看难度仍较大。主要原因：一是农户对双低油菜品种性能了解有限，目前种植油菜品种仍较多而杂，双低油菜推广的比例仍不高，全国范围内目前仅湖北省双低油菜种植比例较高，可达到 70%左右，其他各省均低于 50%。二是双低油菜籽产量及收购量规模总体较小，双低油菜加工过程需要单独的生产线和加工设备，收购处理及加工成本相对普通品种较高，企业投资生产线的动力和积极性有限，多数加工企业仍采用混收的方式收购并加工，难以在收购环节体现出优质，进而也无法通过优价激励农户在更大范围内种植双低油菜，产业发展难以走出低质混等的漩涡，打造高端优质产品的难度仍较大。

目前，我国居民食用植物油消费结构中，豆油、棕榈油消费比重超过 60%，菜籽油消费占比仅为 22%左右，从膳食营养健康角度来看，未来菜籽油特别是双低消费潜力和增长空间仍较大。随着人口增长、城镇化进程加快以及居民收入水平提高、健康消费理念转变，居民食用植物油消费总量继续保持增长，但消费趋向多元化、个性化、高端化特征，消费结构

① 双低油菜是芥酸含量低于 3%、硫苷含量低于 30 微摩尔/克的油菜品种，双低菜籽油油酸含量达 60%。

逐步升级，消费者将更加关注食用植物油的健康和营养特性，消费的重心将进一步向知名品牌的中高端食用植物油转移。菜籽油中，双低高品质菜籽油需求量将明显增加，也是今后菜籽油消费增长的主要来源。但从目前双低油菜推广普及程度来看，尚难以与市场趋于高端化和优质化的需求对接。

（四）国产菜籽加工萎缩，产业可持续发展遭遇瓶颈

自 2015 年我国油菜籽临储政策调整后，国内油菜籽市场价格迅速回归至国际市场，短期内结束了价格内外倒挂，但国产菜籽加工规模却呈现萎缩趋势。2015 年和 2016 年针对湖北、湖南等油菜主产区的调研显示，主产省油菜籽加工企业基本全部停工，仅有少数几家大型企业收购少量菜籽加工，且收购价格总体偏低，下游加工规模缩减直接影响上游原料的流通乃至生产，导致产业发展遭遇瓶颈。国产菜籽加工萎缩的主要原因如下：

一是企业产能过剩且竞争力低下。临储政策执行期间，加工企业利润有政策性收储支持保障，大批中小型压榨企业产能顺势扩张。2016 年中国食用植物油加工业发展报告显示，国内食用植物油加工产能过剩高达 50%；与此同时，企业在政策支持下避免了市场竞争和产业结构升级压力下的自然淘汰，形成了加工产能分散、开工率不高、竞争力低下、产品缺乏特色的产业格局。

二是国产菜籽缺乏竞争优势，大榨加工被进口菜籽替代，形成明显的挤出效应。与进口油菜籽相比，国产油菜籽在价格和含油率两方面缺乏优势。价格方面，2015 年收储政策调整后，国产油菜籽价格迅速回落至国际市场价格水平，但由于成本较高且产量缩减，2016 年以来，国产油菜籽价格迅速回升，国产油菜籽进厂价和进口油菜籽到港税后价基本保持 800～1 500 元/吨的价差，国产油菜籽在大榨加工中处于明显的劣势（图 5）。加之我国油菜籽进口关税偏低（9%）、无关税配额，开放程度较高，进口菜籽进入中国市场极为便利。含油率方面，2015 年加拿大油菜籽平均含油率已达 43.5%。我国油菜籽含油率约为 36%～42%，除个别地区部分品种含油率较高外，平均含油率低于进口菜籽。由于进口菜籽进口成本低且含油率高，大榨明显优于国产菜籽，加工企业采购积极性高。近两

年在国内主产区大榨利润被挤压、基本退出市场的背景下，进口菜籽规模和加工活跃度持续较高，沿海加工企业开工率仍保持一定水平，进口菜籽榨油目前已成为菜油期货升、贴水定价基准对象。

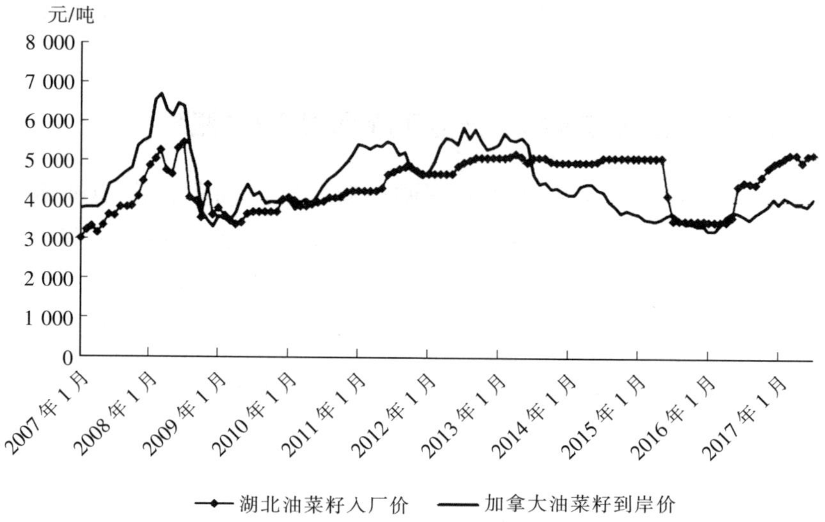

图5 2007—2017年中加油菜籽价格

三是浓香型小榨菜籽油缺乏品牌和特色，加工规模有限。长期以来我国西南地区有食用浓香型菜籽油的传统，如四川、贵州、云南等地，浓香型小榨菜籽油在这部分主销区消费需求稳定，价格和压榨利润总体较高。近两年，由于大榨加工萎缩严重，很多油菜籽加工企业将发展重心转移至小榨维持运转。调研显示，2016年新菜籽上市期间，湖北省具备收购加工能力的企业有近150家，但参与油菜籽收购的不到20家，收购的菜籽总量不到10万吨，且没有一家开工，都将菜籽卖至四川、湖南、贵州、陕西、江苏等地进行浓香型菜籽油压榨或当地小榨。2017年市场形势依然如此。但由于当前浓香型菜籽油品牌建设仍相对滞后，且在食用植物油市场中特色仍然不鲜明，加之当前浓香型小榨消费具有区域性和规模限制，菜籽流向及加工规模受到一定制约，因此产业整体规模仍呈萎缩趋势。

（五）政策调整缺乏过渡，国产油菜籽及油脂供给缺乏保障

2015年我国调整了油菜籽临时收储政策，改为市场化收购。政策调

整是我国农产品市场价格形成机制进一步完善、市场化程度进一步提高的重要举措，政策的实施有效缓解了财政压力，也理顺了油菜产业上下游衔接机制。但由于政策调整速度较快，产业发展从财政资金和政策支撑到完全实现市场化缺乏过渡，产业发展总体处于僵化状态，一方面生产、加工不同程度萎缩，另一方面产业供给对储备油和进口的高度依赖。随着国内储备菜籽油去库存结束，未来产业有效供给面临较大缺口，食用植物油供给安全也将面临严峻挑战。

一是菜籽油库存集中快速释放后，短期内国内产需缺口较大。2015 年 12 月至 2017 年 3 月，我国累计投放了 426.4 万吨储备菜籽油进入市场，有效补充了国内油脂供应，并成为菜籽油供给的首要来源（图 6）。充分考虑菜籽油从拍卖成交到加工成为有效供给的时间周期，2016 年我国成为有效供给的储备油约为 258 万吨，按照目前我国年均 650 万吨菜籽油消费量估算，储备菜籽油占比为 39.7%。这一比例已远高于储备在供需平衡中发挥调节作用的平均比例，市场对储备油高度依赖。去库存结束后，国内生产和加工难以在短时期内恢复增加有效供给，国内市场产需将面临较大的供需缺口。

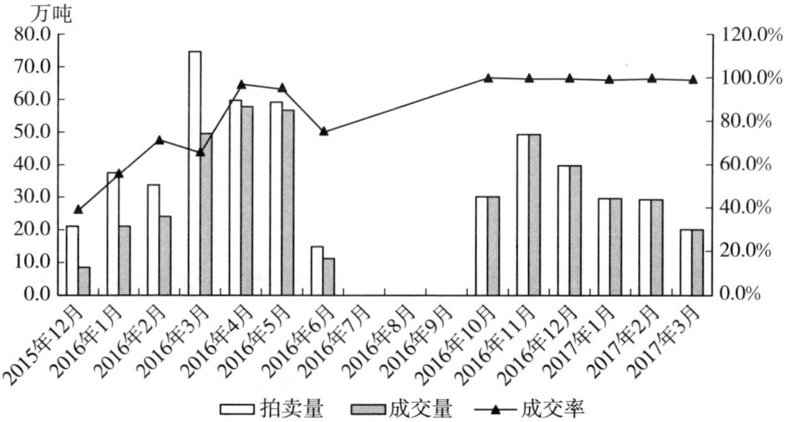

图 6 2015 年 12 月至 2017 年 3 月储备菜籽油拍卖规模和成交率

数据来源：根据历次拍卖成交数据整体。

二是进口规模持续保持高位，去库存结束后自给率将进一步下降。近年来，我国菜籽油对外依存度也保持高位。根据海关统计数据计算，2015 年、2016 年我国累计进口菜（籽）油（包括进口菜籽压榨油和直接进口的菜油）456.9万吨，占菜籽油消费总量的35%，成为次于储备油的第二大供给来源（表3）。其中，2015年高达38.7%；2016年，受进口杂质计划实施新标及储备油拍卖影响，进口总量占消费比重有所下降，但也高于30%。在储备油大规模拍卖背景下，进口仍保持高位也从另一个侧面反映了国内生产萎缩，产需缺口确实很大。剔除储备菜籽油和进口菜籽油的消费占比，2016年，国产菜籽榨油占消费比重已不足30%。长期以来，油菜担任了我国确保食用植物油自给率的重要角色。生产萎缩背景下，去库存在很大程度上掩盖了菜籽油对外依存度的提高。随着去库存接近尾声，后期缺失了库存对国内供给近40%占比的贡献，菜籽油对国际市场依赖程度将进一步提高，加之比较效益低下导致国产菜籽短期内难有大幅度增产，我国食用植物油供给格局必将面临大幅调整，自给率预期将进一步下降。如何充分有效的利用两个市场、两种资源，确保油菜产业可持续发展，是我国油菜产业去库存后期需理性对待、深入思考的重要问题。

表3　2015年、2016年进口菜籽油占消费比

单位：万吨

	进口菜籽折油	进口菜籽油	合计进口油	占菜籽油消费比重
2015年	169.9	81.50	251.4	38.7%
2016年	135.5	69.97	205.5	31.6%

数据来源：根据储备菜油拍卖统计数据、海关统计数据和农业部油料全产业链分析预警团队预测消费数据计算。

三、推进油菜产业供给侧结构性改革的目标与思路

油菜是保障国产食用植物油自给率的重要产品，在确保我国粮油供应安全方面发挥着重要作用。我国油菜产业发展关系到我国3 000多万油菜种植农民的生计以及数百家油脂加工企业的生存和发展，也直接影响到国内食用植物油供应数量安全和品质安全。加快推进油菜产业供给侧结构性改革，既是实现农民增收、油菜生产稳定发展，油脂加工企业转型升级、产业综合竞争力有效提升的迫切需要，也是有效满足城乡居民食用植物油消费总量和结构需求的重要措施。

（一）油菜产业供给侧结构性改革的主要目标

2016年12月，中央经济工作会议明确指出“2017年是实施‘十三五’规划的重要一年，是供给侧结构性改革的深化之年”。农业供给侧改革进入深水期。2017年中央1号文件提出，农业供给侧改革要围绕增加农民收入、保障有效供给。实现这一目标要着力进行三大调整：一是调优产品结构，突出优；二是调好生产方式，突出绿；三是调顺产业体系，突出新。与油菜产业发展现状以及存在的问题相对应：调优产品结构重点解决满足油菜籽和菜籽油市场有效供给的问题，调好生产方式重点解决当前油菜生产成本高、比较效益低下、生产萎缩的问题，调顺产业体系重点解决油菜产业、产品综合竞争力不高、产品结构难以满足日益增加的消费需求和产业可持续发展的问题。

结合当前油菜产业发展面临的瓶颈和挑战，以及1号文件对农业供给侧结构性改革提出的要求，未来油菜产业要实现以下目标：促进油菜产业区域布局更加合理，明确长江流域优势产区为油菜生产保护区，确保优势产区有效产能；转变生产方式，切实降低油菜生产成本，提高土地产出率、劳动生产率和资源利用率；进一步优化产品结构，满足消费者多元化、优质化消费需求；实施差异化、品牌化产业战略，促进加工业转型升级，培育一批龙头企业，打造优势特色产品，在国际市场具有较强竞争力；充分发挥农业多功能性，提高产业综合效益；利用期货市场、多元化经营和产业协同发展等手段分散市场风险；健全生产支持和贸易调控手段支持和促进产业可持续发展。

（二）油菜产业供给侧结构性改革的基本思路

基于我国油菜产业发展形势和供给侧面临的问题，推进油菜产业供给侧结构性改革的基本思路是：全面贯彻党的十八大、十八届三中、四中、五中、六中全会精神，以邓小平理论、“三个代表”重要思想、科学发展观为指导，深入贯彻习近平总书记系列重要讲话精神，贯彻落实中央关于推进农业供给侧结构性改革的总体部署，以提高产业综合效益和综合竞争力为核心，以科技成果应用与推广为支撑，以转方式、调结构、降成本、补短板、防风险为主要抓手，确保国产油菜有效供给，优化产品结构满足消费需求，促进产业上下游有效衔接，加速产业转型升级，实现产业持续协调健康发展。

一是填补生产短板。重点是确保油菜籽有效供给，提高综合生产率。国产油菜是确保食用植物油自给率的重要作物，关乎油料和食用植物油供给安全，不能放任生产持续萎缩。填补生产短板和实现产业持续发展是确保国内有效供给的首要基础，提高综合生产率、降低单位产品生产成本、提高比较效益是关键点，品种改良、适度规模经营、机械化作业和社会化服务是重要途径。

二是调整产品结构。重点是适应消费结构升级，满足多元化、优质化消费需求。满足消费需求是供给侧结构性改革的重要方向。综合考虑人口总量和结构变化、经济增长趋势、地区消费偏好以及健康消费理念的普及，未来我国食用植物油及菜籽油消费趋势呈现如下特征：①总量继续保持增加。传统消费偏好地区四川、湖北、陕西、湖南、河南南部等地菜籽油消费量将稳中有增，其他地区对菜籽油需求也逐渐增加。目前甘肃、河北等地消费增长趋势明显。②结构进一步优化。与豆油、棕榈油和花生油相比，菜籽油的油酸、不饱和脂肪酸含量显著高于前者，在美国和加拿大，菜籽油被誉为最好的油。随着消费者对优质、安全、多样化的食用植物油消费需求日益增加以及健康消费理念的普及，双低菜籽油市场空间将进一步增大。适应城乡居民消费结构转型升级的趋势，要围绕数量、质量和安全消费需求来调整优化产品结构。

三是发扬产业特色。重点是通过实施差异化、品牌化产业战略，与国际市场形成两个市场，培育特色竞争优势。与主要生产国加拿大相比，我国油菜在生产规模、生产成本、含油率等方面均居劣势，在市场高度开放同时缺乏有效保护手段背景下，国产菜籽势必继续面临进口菜籽的替代竞争。考虑到我国菜籽全部为非转基因，同时小榨浓香型菜籽油在品质和消费感官方面与进口菜籽压榨油具有显著差异，国产菜油和进口菜（籽）油有望形成两个相对独立的市场。2016 年 6 月以来，国内外油菜籽价格已呈现出走势独立、差异明显且相对稳定的趋势。实施差异化战略、培育特色竞争优势已具备一定的市场条件和资源条件。

四是拓展产业空间。重点是充分发挥农业多功能性，提高产业综合效益，促进产业可持续发展。油菜在加拿大、美国、欧盟等发达国家和地区，不仅作为重要油料作物种植，更是禾本科粮食作物的轮作换茬作物，此外各国还积极拓展油菜多功能用途。欧盟将菜籽油广泛用于生物柴油，在燃料税收政策上给予支持，避免油菜单一用途导致过剩。加拿大在开发双低菜籽油的同时，更加注重高油酸和优质蛋白饲料方向的发展，计划2025年实现33％的高油酸化，并成功将饼粕用于奶牛业。我国油菜产业的主导产品是食用菜籽油和水产业饲用菜籽饼粕，在油菜产品的多元化开发利用方面已落后国外。油菜产业多功能特征突出，除传统油用外，兼有观赏、肥用、饲用、工业用等功能。拓展油菜产业空间关键在于充分开发产品、延长产业链和实现产业多功能效用，提升产业综合效益和综合产值，从而促进产业可持续发展。

五是防范市场风险。重点是充分利用期货市场、多元化经营和产业协同发展等手段分散市场风险。去库存后期，随着市场价格形成机制的进一步完善，油菜产业上下游衔接机制有望进一步理顺。但与此同时，贸易自由化和高度市场化背景下，国内油菜产业也必将面临国际市场来自大豆、棕榈油等同质化产品更加激烈的竞争，产业发展势必面临更大的不确定性和价格波动带来的市场风险，需重点关注国际市场主要品种供需形势、价格走势以及市场动态，积极防范市场风险，提高产业可持续发展能力。

六是完善产业政策。通过健全生产支持和贸易调控手段支持和促进产业可持续发展。油菜籽临储政策改革是完善我国农产品价格形成机制的重要一步，对充分发挥市场机制作用、理顺产销衔接机制意义重大。但放开市场的同时，仍需高度关注产业的可持续发展和国家的食用油安全，政策调整过渡时期产业发展面临的机遇和挑战兼具，这一时期产业支持政策必不可少。

四、深化油菜产业供给侧结构性改革的对策建议

围绕油菜产业供给侧结构性改革的目标与思路，结合油菜产业供给侧存在的核心问题，建议从降低生产成本、优化产品结构、实施品牌化差异化战略、推动油菜产业三产融合、完善生产贸易支持政策等方面深化油菜产业供给侧结构性改革，促进油菜产业实现健康可持续发展。

（一）加快生产方式转变，切实降低生产成本

加快生产方式转变，切实降低生产成本是当前解决油菜生产成本较高、有效供给不足的根本举措。一是稳定生产、确保优势产区产能。要结合资源禀赋和结构布局，重点抓好长江流域油菜生产，通过建立油菜生产保护区，确保优势产区有效产能；加大长江流域冬闲田和滩涂资源利用，推广双季稻-绿肥、水稻-油菜以及油菜、马铃薯间作套种等模式，努力稳定油菜种植面积。二是切实降低油菜生产成本。与国际市场相比，我国油菜生产在单位面积成本和单位产量成本上均居劣势，因此，适度扩大经营规模，提高单产是降低成本的重要抓手。今后应积极培育家庭农场、合作社和种植大户等新型经营主体，在适宜地区通过土地流转发展适度规模经营；以降本增效为核心，大力推广油菜绿色增产增效模式、良种良法配套、农机农艺融合，推进油菜新品种新技术示范和全程机械化；支持多种形式的新型农业服务主体开展专业化、规模化、社会化服务，通过发展规模经营、机械化作业和社会化服务，多渠道、全方位降低油菜生产经营成本。

专栏1　湖北省探索推广油菜生产节本增效

2013年以来，湖北省与中国农业科学院油料所联合协作攻关，在云梦、公安、襄阳、黄梅等县开展大面积油菜“五化”生产模式示范，使成本降低取得历史性突破。云梦县2013年从传统的原每千克成本超过5元逐渐下降到2.9元；公安县2014年降到2.3元；襄阳县2015年降到2元；黄梅县2016年降到1.75元，逐渐接近加拿大等主要出口国1.5～2元/亩的直接田间生产成本，竞争力接近国际先进水平。中国农业科学院油料所在湖北优势主产区探索推广油菜生产“345”模式，通过良种良法配套、机械化耕种收，可将油菜生产成本降低在300元左右，基本达到加拿大油菜生产成本水平，亩均单产达到200千克，以油菜籽4元/千克收购价格计算，亩均收益达到500元左右，实现节本增效。

（二）以市场需求为导向，调整优化产品结构

以市场需求为导向，调整优化产品结构可从以下几个方面着手：一是加大研发力度，改良品种，着力提高单产、含油量和推进油菜机械化生产。要加快选育一批单产高、抗病性好、品质优的突破性机械化新品种。将油菜单产水平平均提高到250千克以上。二是改良优化品种，提高产品品质。显著提高油菜菌核病和根肿病抗性水平，提高油菜含油量、油酸等品质，将含油量普遍提高到50%以上。以促进油菜双低化为核心，加快油菜高产、优质（油酸含量80%以上）品种改良。三是加大双低油菜品种标准化生产推广力度，优化种植品种结构。加大食用植物油健康消费理念宣传力度，积极开展双低油菜品种宣传，通过技术推广、统一供种等途径，加快双低油菜品种推广和普及。目前，湖北省部分产区双低油菜普及率达95%，全省部分油菜品种含油量达50%以上，高出一般品种5～8个百分点，相当于每亩增油13%以上。

（三）实施品牌化差异化战略，提升产业综合竞争力

提升产业综合竞争力是实现产业可持续发展的核心动力。一是以品牌带动产业竞争力提升。菜籽油品质好、品牌响、有市场，才能带动加工企业收购加工积极性，进而通过优质优价提高农民收益和种植积极性，产业发展才能良性循环。积极引导和支持创建一批龙头企业，创建国产双低菜籽油品牌；加大品牌宣传力度，为国产优质菜籽油营造良好的市场营销氛围。二是实施差异化战略，适度扩大浓香型、风味菜籽油加工规模。我国长江流域相当一部分消费群体对浓香、风味菜籽油需求巨大，而进口菜籽榨油口感上差异极大，多用于调和油生产，两种产品市场及需求群体差异非常大，差异化战略实施的市场基础和资源基础均已具备。可鼓励和引导有条件的企业开发优质的特色国产菜籽油，通过市场细分进一步拓展国内外市场空间。目前，我国主产省湖北地区部分加工企业发展双低菜籽油在品牌化和差异化市场战略方面已经进行了有益探索，且效果良好。每年约有40%的优质油菜籽向省外输出和50%的菜饼出口国外，已成为名副其实的油菜生产大省、油菜科研强

省和商品油菜籽集散地，具有“世界油菜看中国，中国油菜看湖北”的美誉。

（四）推动三产有机融合，提升产业综合效益

油菜产业多功能特征突出，除进行传统生产种植外，产品加工、旅游、观赏等功能以及副产品饼粕等综合利用均蕴含巨大产值，油菜还可作为绿肥有效增加农作物产出。产业未来发展可结合传统生产油用为主，兼顾开发油菜花观赏、油菜秸秆综合利用、浓香小榨菜籽饼肥用、大榨菜粕饲用等功能和价值，实现多元发展和多功能探索。鼓励油菜生产、加工、销售采取“企业＋合作社”、“企业＋家庭农场”、“互联网＋”等方式，通过建立紧密的利益联结机制、畅通高效的产销衔接机制，带动农民增收、降低流通成本；积极探索油菜一、二、三产业融合模式，推进产业组织、商业模式创新，推动新产业、新业态发展；加快油菜加工业转型升级，通过产业链延长、积极开发优质特色多元化产品，提高加工产品和加工企业的综合竞争力；发展油菜主题休闲农业、乡村旅游产业，充分挖掘和提升产业综合效益。

（五）充分发挥期现货市场功能，有效规避市场风险

目前，油菜以及菜籽油期现货市场发展日益完善，可充分利用期现货市场，通过套期保值、完善利益联结机制等措施规避和分散市场风险。一是积极鼓励油菜生产经营主体利用期货市场，以及与下游加工主体开展订单农业等形式规避国内外市场经营风险；二是发挥农业多功能性，采取多元化经营策略分散产业间风险，鼓励企业等生产经营主体以合资、合作、联合经营以及入股等形式，联合产业上下游进行全产业链经营，积极拓展三产经营领域，分散单一领域生产经营风险；三是探索和推广产业联动发展模式化解产业上下游风险，如采取油菜种植与浓香小榨加工、茶园蔬菜种植（利用小榨黄饼作为肥料）、水产养殖等协同发展，浓香小榨加工的饼粕可以用于肥料，也可以与部分青饼混合，制成水产饲料。

专栏2 湖北省组建油菜产业化战略联盟，打造精品名牌

湖北省政府重视油菜籽加工龙头企业，建立油菜产业化战略联盟，实现强强联合、互利共赢。创建双低油菜品牌，推进双低油菜精深加工。对大型油脂加工企业实行浮动补贴制度。重点加大国产优质油品牌扶持力度，培育具有社会责任感、全球影响力强的大型民族油脂企业发展，打造一批中国知名品牌和驰名商标。大力宣传培植压榨型非转基因低芥酸菜籽油，促进健康消费，扩大消费群体。加大市场监管力度。制定调和油配料比例标识制度，防止劣质油品冲击食用油市场。兴建油菜科技产业园，推动联盟创新示范。素有全国油菜产业第一县之称的沙洋县，2013—2015年总投资20亿元，打造中国双低油菜科技产业园。该产业园是湖北省农产品加工“四个一批”工程10大重点产业链项目，由湖北洪森天利油脂生物科技有限公司实施。产业园项目位于沙洋经济开发区，占地500亩，打造集双低科技研发、文化旅游、精深加工、仓储物流、品牌营销于一体的全产业链国家级示范园区。通过组建湖北省油菜产业战略联盟，有力地推动了优质菜籽油品牌建设。目前全省有“荆楚花”“天助”“接福”“洪湖浪”“中油”等5家菜籽油荣获“湖北优质菜籽油”品牌称号。

（六）完善生产贸易支持政策，促进产业可持续发展

总体来看，油菜籽临储政策的调整为产业发展营造了良好环境，对充分发挥市场机制作用、理顺产销衔接机制意义重大，但当前我国油菜产业发展仍处于弱势阶段，产业健康可持续发展仍需要政策协同支持。一是健全生产支持政策。把油菜生产纳入大粮食统筹规划、通盘考虑，在优势产区设立优质油菜生产功能区和保护区，继续实施支持政策。加大技术补贴力度，对油菜全程机械化生产、油菜“粮改饲”多功能开发、肥料油菜纳入土壤有机质提升等给予补贴。二是健全贸易调控手段。合理把控去库存、生产发展与进口的节奏与规模，防止集中、大规模、过快去库存对市

场下游和生产者利益造成冲击；坚守食用油籽和植物油关税水平，建立和加强产业损害预警，预防去库存后期大量进口对国内市场造成冲击，必要时启动贸易救济措施防止进口对国内产业过度损害。

甘蔗产业供给侧结构性改革：现状、问题与对策

食糖是重要的战略产品，不仅是居民生活的必备调味品，也是基础的工业原料，在食品加工、医药、建材、化工、造纸、饲料、发酵等领域都有着广泛应用。甘蔗是我国重要的经济作物，也是食糖加工的主要原料，我国90%左右的食糖为甘蔗糖。因此甘蔗产业的发展对于保障国内食糖供给、优化农业种植结构十分重要。近年来，我国甘蔗产业发展面临着严峻挑战，要素价格快速上升导致甘蔗种植成本刚性增长、蔗农种植收益下滑、甘蔗种植面积不断萎缩，对我国食糖供给安全带来了严峻挑战。本课题在对我国甘蔗产业供给侧现状进行描述的基础上，分析了甘蔗产业供给侧存在的主要问题，明确了下一步产业发展的目标与思路，并提出了针对性的对策建议。

一、甘蔗产业供给侧的现状描述

中国是世界上古老的甘蔗种植国之一，早在公元前4世纪，我国便有了种植甘蔗的历史记载。时至今日，甘蔗仍是我国重要的经济作物之一，在农业种植结构中占据着重要位置。当前，我国甘蔗种植区域集中于广西、云南两省区；种植面积较大，单产水平不高；种植主体以普通农户为主，组织化、规模化程度较低；甘蔗种植是典型的订单农业，蔗农与糖厂签订收购合同，甘蔗加工与甘蔗种植布局一致；近年来，我国食糖进口大幅增加，其中绝大多数均为甘蔗原糖，国内甘蔗产业受损严重；中央政府和主产区出台了一系列扶持政策，涵盖了甘蔗的生产、加工、流通等领域。总体来看，甘蔗产业仍处提质增效、换档升级阶段。

（一）甘蔗生产的区域布局

甘蔗是一年生宿根的热带和亚热带作物，喜温、喜光，对土壤的适应性比较广泛，主要分布在北纬33°至南纬30°之间。甘蔗按照用途不同可分为两类：一类是用于制糖的糖料蔗或称原料蔗，其含糖量和出糖率较高，且纤维发达，便于压榨；另一类是作为水果食用的果蔗或称肉蔗，按皮色分为黄皮果蔗和黑皮果蔗两种。其糖分较低，水分较多，纤维较少。目前，我国甘蔗种植以糖料蔗为主，果蔗的种植面积较小。受甘蔗收购价格、种植成本和竞争作物比较收益等因素的影响，我国甘蔗种植面积呈现“增三年、减三年”的周期变化。近年来，由于国内食糖价格低位运行，作为我国甘蔗第一主产区的广西调低了糖料蔗收购首付价，同时甘蔗产区出现了糖料蔗收购款“打白条”的现象，甘蔗种植收益下滑，糖农种植意愿降低，导致甘蔗种植面积出现萎缩。2015 年我国甘蔗播种面积 160 万公顷，比 2014 年减少 16 万公顷，减幅 9.1%，已经是连续第二年缩减。但随着近期国内食糖价格企稳回升，主产区调高了糖料蔗收购价格，我国甘蔗种植面积缩减的趋势得到遏制，甘蔗种植有望实现恢复性增长。

甘蔗种植在我国广东、台湾、广西、云南、海南等南方地区均有分布，但自 20 世纪 70 年代以来，甘蔗种植逐渐由广东向广西、云南两地集中，改革开放初期的 1978 年，广西、云南两地甘蔗播种面积 18.81 万公顷，占全国甘蔗播种面积的 34.3%；2015 年广西、云南两地甘蔗播种面积增加到 128.5 万公顷，在全国甘蔗播种面积的占比也上升至 74%。其中，广西甘蔗播种面积 97.37 万公顷，主要集中在桂中南地区，包括南宁、崇左、来宾、柳州、百色、河池、钦州、北海、防城港、贵港等 10 个市（区）；云南甘蔗播种面积 31.15 万公顷，主要分布在滇西南、滇南地区的临沧市、德宏傣族景颇族自治州、保山市、普洱市、西双版纳傣族自治州、红河哈尼族彝族自治州、玉溪市、文山壮族苗族自治州等 8 个州市。

（二）甘蔗产出的基本情况

甘蔗总产量主要受到甘蔗面积和单产水平的影响。甘蔗单位面积产量的提升是一个相对缓慢的过程，因此我国甘蔗总产量主要受到甘蔗种植面积变化的影响，呈波动增长的特征。由图 1 可看出，2000—2015 年，我国甘蔗总产量呈波动中上升的趋势，2015 年甘蔗总产量 11 696.8 万吨，比 2000 年（6 827.98 万吨）增加 4 868.82 万吨，增幅 71.3%，年均增幅 3.7%。

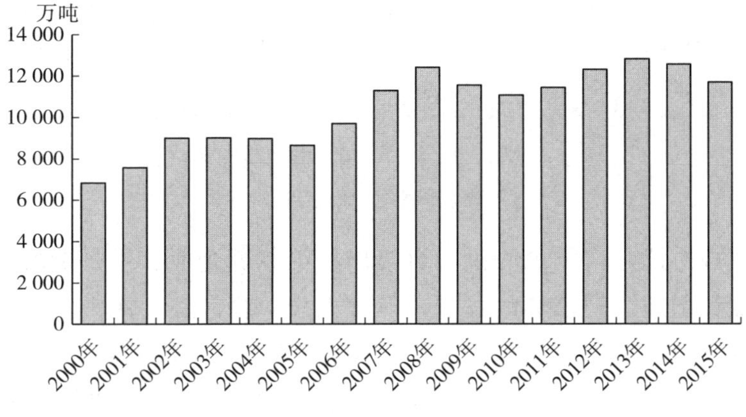

图 1　2000—2015 年中国甘蔗总产量

数据来源：国家统计局。

我国甘蔗的单位面积产量提升较慢、相对稳定（图 2)。2015 年的甘蔗单位面积产量 4.87 吨/亩，比 2000 年提高了 26.8%；而同期，同为糖料作物的甜菜单位面积产量提升了 139.9%。甘蔗单位面积产量提升较慢的原因是多方面的：一方面，我国甘蔗多种植于山区，农田水利等基础设施较差；另一方面，甘蔗品种的老化制约了单位面积产量的进一步提升。分区域来看，我国甘蔗主产区中甘蔗单产水平差别较大，2015 年广东甘蔗单位面积产量达 6 吨/亩，同期海南仅为 3.9 吨/亩，广西、云南甘蔗单产分别为 5.1 吨/亩、4.1 吨/亩。

我国是甘蔗种植大国，甘蔗种植面积仅次于巴西、印度，位居世界第三。但是与世界主要国家相比，我国甘蔗单产水平仍有较大提升空间，如泰国甘蔗单产达到 6.2 吨/亩，印度热带地区的甘蔗单产在 5.5 吨/亩左右，巴西甘蔗亩均单产也在 5 吨以上。

（三）甘蔗的生产经营方式

当前，我国甘蔗种植的主体仍以普通农户为主，其与制糖企业直接签

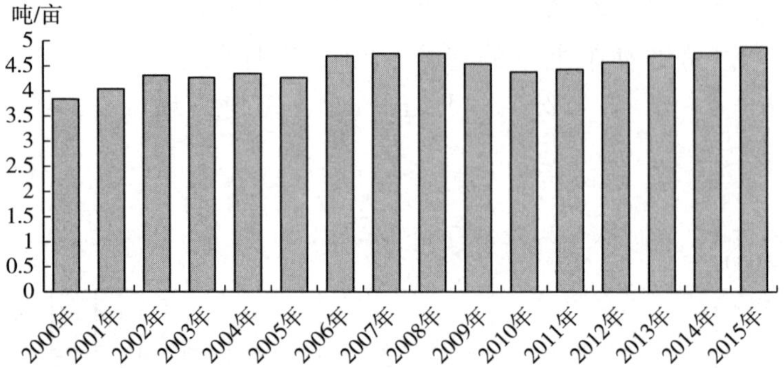

图 2　2000—2015 年中国甘蔗单位面积产量

数据来源：国家统计局。

订甘蔗收购协议，待甘蔗收割后直接出售给制糖企业。但是随着农村劳动力的转移和土地流转市场的发展，专业大户、合作社、龙头企业等新型农业经营主体也逐渐参与到甘蔗种植、施肥、喷药、收割等环节。这些新型农业经营主体的加入，促进了甘蔗种植规模化、机械化水平的提升。此外，在广西、广东等地还存在一些国有农场，农场职工也直接参与甘蔗种植。我国土地资源总量较大，人均占有量不足，人地矛盾十分突出。作为甘蔗主产区的广西、云南地形复杂，山地、丘陵、坡地较多，导致甘蔗户均生产规模较小，广西户均甘蔗种植面积仅为 0.52 公顷①，与世界主要国家相比相差甚远，如同样以小农户种植为主的泰国，其甘蔗户均种植规模约 4 公顷，是广西的 8 倍。

受气温和品种影响，甘蔗的生长周期在 9～17 个月之间不等，一般包括萌芽期、幼苗期、分蘖期、伸长期和成熟期 5 个生长阶段，按照下种时间基本可分为春植甘蔗、秋植甘蔗、冬植甘蔗。甘蔗种植的主要投入包括蔗种、地膜、农药、化肥等。从甘蔗生产投入的变化看，我国甘蔗种植成本不断增加。2015 年我国甘蔗亩均成本 2 203.57 元，是 2001 年的 2.8 倍。人工成本、物质与服务费用、土地成本分别增长了 3 倍、0.86 倍、2.34 倍。从甘蔗生产投入构成看，根据国家发改委公布的数据，2015 年我国甘蔗亩均成本 2 203.57 元，其中物质与服务费用 778.07 元，占比 35.3%；人工成本 1 169.21 元，占比 53.1%；土地成本 256.29 元，占比

① 李海福．广西甘蔗生产现状及对策研究［D］．南宁：广西大学，2012.

11.6%。人工成本已经成为甘蔗种植的第一大支出。一方面是由于我国农村劳动力转移，农村劳动力资源趋紧；另一方面也反映了我国甘蔗种植机械化程度偏低，需要依赖大量的人工投入。如现在广西当地请人砍一天甘蔗的话需要 200 元左右，一个人一天还收不到 1 吨。此外，由于甘蔗是无性繁殖，用种量较多，一般 1 亩地需投入甘蔗种苗 400～800 千克①。

当前我国甘蔗种植仍然需要大量的人工投入，机械化水平较低，广西、云南机播率仅为 27.1%、7.6%，机收率仅为 4.3%、0.3%②，而目前巴西甘蔗生产已基本实现全程机械化。造成我国甘蔗种植机械化水平较低的原因是多方面的，如农机与农艺不相匹配、缺乏适用的小型机械等。以广西为例，甘蔗的机械化收割往往要求 1～1.5 米的甘蔗宽行距，但是广西农民由于受种植习惯的影响，甘蔗种植行距多在 0.8～1 米。

（四）甘蔗的市场流通情况

我国甘蔗种植以糖料蔗为主，主要用于食糖加工，是典型的订单农业。制糖企业与相对固定的蔗区中的农户签订甘蔗收购合同，在甘蔗种植过程中制糖企业提供部分生产资料和技术指导，甘蔗成熟后，一般由制糖企业派出车辆将甘蔗拉回厂区。

在后续的食糖流通环节，主体则更为多元，各级经销商、食糖批发市场和期货公司快速发展，国有糖业公司（包括零售商业公司）数量逐渐减少，国有和集体性质的生产企业比重趋于下降；非国有糖业公司（包括零售商业公司）迅速成长，个体、私营和外资企业所占比重迅速上升，并在食糖流通领域发挥重要影响。食糖的流通效率大大加快。在流通方式方面，目前，我国食糖流通主要包括直接销售、通过中间经营商销售、批发市场销售、期货市场销售等形式。直接销售流通环节少，购销关系比较稳定，主要通行于大型糖厂和大型用户之间以及双方都有良好信誉的企业之间。中间经营商销售又包括代理销售、联合销售、买断式经销等多种形式，不同形式中各主体的经营风险和利润分配方式有所差别。批发市场作为交易中介方，除了提供信息、合同、仓储、运输等服务外，还作为第三

① 洪红，等．甘蔗栽培技术［M］．北京：金盾出版社，2016.

② 国家发展改革委，农业部．糖料蔗主产区生产发展规划（2015—2020 年）［EB/OL］．http：//www.ndrc.gov.cn/zcfb/zcfbtz/201506/t20150604_694957.html，2015-5-20.

方保证交易的安全性。由于交易方便、费用较低、安全性高，批发市场逐渐成为糖厂和经销商之间的重要纽带。2006 年 1 月，白糖期货在郑州商品交易所正式上市，进一步完善了国内白糖市场体系和价格形成机制。

（五）甘蔗加工的基本情况

甘蔗在砍收之后，需要尽快运输到制糖厂进行加工，否则便会导致甘蔗中糖分的流失，从而降低出糖率，提高制糖成本，因此我国甘蔗糖的加工布局与甘蔗的产区一致。主要集中在广西、云南、广东、海南等甘蔗种植区。根据中国糖业协会的数据，2015/2016 榨季开工的甘蔗糖厂共有 200 家，其中广西有 92 家，云南有 65 家。

我国甘蔗加工市场开放度较高，企业类型多样，央企、国企、外企、民企均有参与。根据中国糖业协会的统计，2015/2016 榨季我国共开工甘蔗糖生产企业（集团）42 家、糖厂 200 家。央企中的代表糖企有中粮集团旗下的中粮屯河糖业股份有限公司，国有企业中的代表糖企有广西农垦农业集团公司、南宁糖业股份有限公司、云南英茂糖业（集团）有限公司等，外资企业中的代表糖企有英联糖业集团、广西南宁东亚糖业集团等，民企中的代表糖企有广东恒福糖业集团有限公司等。

我国的甘蔗主要用于制糖，甘蔗制糖方法是以澄清过程中所使用的主要清净剂来命名，主要有亚硫酸法和碳化法两种。亚硫酸法是采用石灰、磷酸和二氧化硫为主要清净剂，主要优点是工艺流程短、设备少、澄清剂用量小，但是所生产出的白糖在洁白度和产糖率等方面较差，亚硫酸法是目前国内制糖厂普遍采用的方法。碳化法是以石灰和二氧化碳为主要清净剂，主要优点是总回收率较高、成品糖纯度较高，缺点是工艺流程复杂，石灰消耗量巨大，需考虑当地石灰的供应，生产成本较高。在甘蔗制糖过程中，大部分蔗糖会被提取出来制备成品糖，但也会产生蔗渣、糖蜜、滤泥等副产品。其中，蔗渣是甘蔗经机械压榨、浸提后所得部分，约占榨量的 24%～27%，其富含纤维素、半纤维素和木质素，可用于燃烧发电、造纸、板材制作等；糖蜜是制糖工业将压榨出的甘蔗汁液，经加热、中和、沉淀、过滤、浓缩、结晶等工序制糖后所剩下的浓稠液体，可用于发酵乙醇等；滤泥主要是甘蔗汁澄清后的残渣，可用作肥料、饲料等。总的来看，甘蔗制糖副产品用途十分广泛，而目前我国对其开发利用深度有待进一步加强。

我国食糖以工业消费为主，民用消费占比较小，制糖企业往往将食糖直接销售给下游食品饮料加工企业，直接面向个人消费者的小包装业务占比较小，加之食糖一般作为添加剂使用，居民对其口感、风味感知力较差，所以对食糖品牌的关注度较小。近年来，随着人们健康养生意识的提高，古法红糖、黑糖等一些主打健康概念的食糖产品开始热销。

（六）蔗糖的进出口情况

从世界食糖贸易结构和我国食糖贸易来源来看，我国食糖贸易仍以甘蔗糖为主。甘蔗作为制糖的一种基础原料，其进出口贸易较少，因此本部分主要介绍与甘蔗紧密相关的食糖的进口贸易情况。

近年来，随着人口规模的逐渐扩大和城镇化水平的快速提升，我国食糖消费量稳步增长；而受国内食糖价格波动的影响，食糖产量起伏较大。总体上看，国内食糖产不足需，存在较大的供需缺口。以 2015/2016 榨季为例，我国食糖产量 870 万吨，食糖消费量 1 520 万吨，产销缺口达 650 万吨。较大的供需缺口导致我国对进口食糖存在刚性需求，目前我国已经成为世界上第一大食糖进口国，2016 年食糖进口 307 万吨。与快速增加的食糖进口相比，我国虽然是世界主要产糖大国，但是食糖出口量一直较少，且规模不断缩小，2016 年我国食糖出口仅 14.91 万吨。造成食糖出口减少的原因主要在于我国食糖生产成本较高，国际竞争力较弱。因此，本部分主要分析我国食糖进口的特点。

从进口来源国来看，中国食糖进口来源较为集中，主要来自于巴西、古巴、泰国、韩国、澳大利亚等国，来自这 5 个国家的食糖所占份额在大部分年份超过了 90%。其中，巴西、古巴、泰国所占份额最高，占进口总量 80%以上。自 2009 年开始，我国从巴西食糖进口数量剧增，目前巴西已成为我国第一大进口来源地。而在 20 世纪 90 年代，中国政府就与古巴政府签订了长期进口原糖的协议，以易货贸易的方式每年从古巴进口原糖 40 万吨左右，这些进口糖不进入市场流通，直接进入国家储备。泰国也是我国重要的食糖进口来源地，由于地理位置的原因，泰国食糖的运输成本和周期要低于巴西和古巴，在我国食糖进口中占据重要地位。

从贸易方式来看，我国食糖进口量不断增加，进口贸易方式以一般贸易为主。由表 1 可看出，2006 年我国食糖进口中一般贸易方式占 72.73%，进料加工占 2.56%；2013 年，一般贸易方式在我国食糖进口中的比重上升到 95.66%，进料加工方式仅占到 3.25%；2015 年，一般贸易方式在我国食糖进口中的比重有所下降，但仍占 54.83%，进料加工方式仅占到 2.87%。

表 1　2006—2015 年中国食糖进口与贸易方式统计

单位：万吨

年份	合计	一般贸易	来料加工	进料加工	保税仓库进出境货物	特殊监管区域物流货物	边贸	其他
2006	136.54	99.3	3.5	20.72	12.93			0.09
2007	119.34	99.18	1.59	13.28	5.22			0.07
2008	77.99	61.91	1.97	8.89	3.67			1.55
2009	106.45	83.02	0.17	9.93	12.77			0.56
2010	176.61	163.91	0.87	10.89	0.04		0.07	0.83
2011	291.94	276.68	0.97	13.27	0.06			0.96
2012	374.72	360.86	0.99	12.55	0.04			0.28
2013	454.59	434.86	1.3	14.77				3.66
2014	348.58	266.33	1.24	13.94	66.93			0.14
2015	484.59	265.71	0.9	13.93	185.14	18.88		0.03

数据来源：中国糖业协会：中国糖业年报（2015/2016 年制糖期）。

从进口时点来看，我国食糖进口数量庞大，各月之间数据差别较大，主要集中在下半年。究其原因，主要是由于下半年包含了夏季、中秋节两个食糖消费旺季，同时处于国内食糖榨季末期，旧糖销售即将结束，新糖尚未上市，市场供求处于偏紧状态，导致对进口食糖需求增加。

（七）甘蔗产业的扶持政策

甘蔗产业在生产环节的扶持政策主要有农机购置补贴、糖料机收作业补贴、农业保险保费补贴等。在农机购置补贴方面，主要是主产省（区）要对甘蔗种植机、甘蔗收获机等机具品目敞开补贴。在糖料机收作业补贴方面，2012/2013 榨季广西启动甘蔗机收作业补贴试点工作，机收作业补贴针对从事甘蔗机收作业的农机服务组织（含企业成立的甘蔗机收作业服务组织）和甘蔗联合收割机手，补贴标准为整杆式收获每亩补贴 150 元，切断式收获每吨补贴 30 元。在农业保险保费补贴方面，2012 年 1 月，财政部首次将糖料作物纳入中央财政农业保险保费补贴范围。糖料作物保险按照现行的中央财政种植业保险保费补贴政策执行，在省级财政至少补贴 25%的基础上，中央财政对东部地区补贴 35%、对中西部地区补贴 40%。中央财政对新疆生产建设兵团、中央直属垦区等补贴比例为 65%。从具体执行情况来看，除了中央和省级财政对糖料作物保险保费的补贴，市、县财政也往往给予一定程度的保费补贴，甚至一些糖厂也参与其中，分担了糖农的保费支出，一般来看，各个主产区糖农承担保费的比例在 20%以下。此外，农业部自 2008 年起开展了粮棉油糖高产创建项目，农业部门会同财政部门每年都会对其工作任务进行具体安排，原则上对每个粮棉油糖高产创建万亩示范片安排补助资金 16 万元。

甘蔗产业在流通环节的扶持政策主要有良种价外加价、临时收储和制糖企业临时储备食糖政策。良种价外加价主要由主产区政府组织实施，如广西壮族自治区政策规定，从 2009/2010 榨季开始在政府指导价前提下，在原料蔗进厂时对指定的加价品种每吨加价 20 元，2011/2012 榨季之后提高到 30 元/吨。补贴品种的确定采取由自治区列出推荐品种、蔗区自行决定补贴品种的办法执行，2016/2017 榨季共推荐了 17 个优良品种实行加价收购（表 2)。云南省规定优良品种加价最高为普通糖料蔗收购价格的 10%，淘汰品种减价最低为普通糖料蔗收购价格的 10%。食糖临时收储政策实施于 2008 年，一般采取竞价方式进行收储，其在增加农民收入、促进生产发展、保障市场供应、稳定价格水平等方面发挥了积极作用。但不容忽视的是，由于国内食糖生产成本快速上升，出现了临时收储价格高于国外食糖到岸税后价格的现象，使得临时收储的效果大打折扣。为了维护国内食糖市场平稳运行，商务部等六部委联合下发了《关于下达 2013/2014 年度制糖企业临时储存计划的通知》，标志着制糖企业临时储存食糖政策的开始实施。2014—2015 年国家每年共安排 300 万吨制糖企业食糖临时储存，由中央财政按 5 100 元/吨的价格全额贴息，采取企业承储、自负盈亏的市场化方式运作。

表 2　广西 2016/2017 榨季加价收购甘蔗品种

类　别	品　种	加价标准（元/吨）
加价品种	桂糖 29 号、桂糖 31 号、桂糖 32 号、桂糖 36 号、桂糖 37 号、桂糖 40 号、桂糖 42 号、桂糖 43 号、桂糖 44 号、桂糖 45 号、桂糖 46 号、桂辐 98/296、桂柳 05136、桂柳 2 号、福农 39 号、粤糖 93/159、粤糖 00/236	30

数据来源：广西壮族自治区物价局、广西壮族自治区糖业发展办公室《关于 2016/2017 榨季糖料蔗收购价格问题的通知》。

作为一种订单农业，甘蔗产业是保障农民收入的重要途径，同时在甘蔗主产区，制糖厂是当地政府的利税大户，对当地经济发展至关重要。因此，甘蔗主产区政府往往出台税收优惠政策减轻糖厂负担，扶持甘蔗产业发展。如积极落实营业税、个人所得税、土地使用税等税收减免政策；落实糖料收购企业的有关税收政策，对糖企扶持蔗农的机耕费、水旱田改造、品种改良、灭虫抗灾费等涉农劳务支出予以免税开票列入成本；落实国家西部大开发税收优惠政策，将企业所得税税率由 25%减按 15%。

二、甘蔗产业供给侧存在的结构性问题

当前，我国甘蔗产业发展面临着严峻挑战和突出问题，如我国虽然甘蔗种植面积较大，但是产出效率较低；虽然已经成为世界第一大食糖进口国，但是在国际食糖市场上的话语权较低；虽然甘蔗产业是典型的订单农业，但是蔗农与糖厂之间的利益关系却不够紧密；虽然中央和地方政府出台了多项产业扶持政策，但是政策效果却不明显。这些突出矛盾都反映了我国甘蔗产业的整体发展质量仍然有待提升。

（一）甘蔗种植成本居高不下，竞争力缺乏

据测算，我国甘蔗亩均生产总成本在 2005—2015 年增加了 1 376 元，年均涨幅 10.3%。具体来看，物质与服务费用、人工成本、土地成本的年均涨幅分别为 8%、12.3%、9.8%。从成本结构上来看，人工、化肥、土地是主要组成部分，2015 年我国甘蔗亩均成本中，上述各项成本分别为 1 169.21 元、342.78 元、256.29 元，合计占到总成本的 80.2%，其

中，单人工成本一项便占到总成本的53.1%。这主要是由于甘蔗在砍收环节需要大量人工，而随着“刘易斯拐点”的到来，我国人口红利正在消失，用工价格不断上升，同时，受地貌地形条件影响，甘蔗种植缺少经济适用的农机具，甘蔗机械化程度较低。调研发现，目前广西、云南部分边境地区由于人口缺乏，在甘蔗砍收环节普遍存在雇佣越南工现象，对边疆稳定造成了不利影响。

甘蔗种植成本的高企，一方面使我国与世界主要国家相比缺乏竞争力，2015年我国甘蔗种植总成本2 203.57元/亩，而巴西、印度的甘蔗种植成本分别约664元/亩、835元/亩，仅为我国的1/3左右（表3）。高成本成为制约我国糖料产业发展的“瓶颈”。另一方面则是直接推高了我国制糖成本，由于原料成本在制糖成本中的比重较大，一般能达到70%左右，所以高企的甘蔗种植成本成为我国甘蔗糖成本居高不下的一个重要因素。

表3　2010—2015年甘蔗亩均成本收益情况

项　目	单位	2010年	2011年	2012年	2013年	2014年	2015年
主产品产量	千克	4 746.83	4 710.21	5 028.81	5 177.72	4 798.11	5 176.71
产值合计	元	2 167.88	2 327.06	2 384.91	2 294.58	1 965.71	2 321.37
主产品产值	元	2 141.88	2 300.37	2 357.84	2 268.24	1 942.82	2 296.29
副产品产值	元	26.00	26.69	27.07	26.34	22.89	25.08
总成本	元	1 382.01	1 626.54	1 978.96	2 177.77	2 115.75	2 203.57
生产成本	元	1 221.09	1 448.63	1 786.52	1 953.60	1 881.39	1 947.28
物质与服务费用	元	584.73	664.46	765.04	800.15	747.69	778.07
人工成本	元	636.36	784.17	1 021.48	1 153.45	1 133.70	1 169.21
家庭用工折价	元	311.69	383.60	545.16	604.38	618.04	660.27
雇工费用	元	324.67	400.57	476.32	549.07	515.66	508.94
土地成本	元	160.92	177.91	192.44	224.17	234.36	256.29
流转地租金	元	7.70	8.35	11.37	16.17	19.03	18.36
自营地折金	元	153.22	169.56	181.07	208.00	215.33	237.93
净利润	元	785.87	700.52	405.95	116.81	−150.04	117.80
现金成本	元	917.10	1 073.38	1 252.73	1 365.39	1 282.38	1 305.37

（续）

项　目	单位	2010 年	2011 年	2012 年	2013 年	2014 年	2015 年
现金收益	元	1 250.78	1 253.68	1 132.18	929.19	683.33	1 016.00
成本利润率	%	56.86	43.07	20.51	5.36	−7.09	5.35
每 50 千克主产品平均出售价格	元	22.56	24.42	23.44	21.90	20.25	22.18
总成本	元	14.38	17.07	19.45	20.79	21.80	21.05
生产成本	元	12.71	15.20	17.56	18.65	19.38	18.61
净利润	元	8.18	7.35	3.99	1.11	−1.55	1.13
现金成本	元	9.54	11.26	12.31	13.03	13.21	12.47
现金收益	元	13.02	13.16	11.13	8.87	7.04	9.71
附：							
每亩用工数量	日	16.24	15.97	15.96	15.24	14.16	14.10
每亩主产品已出售数量	千克	4 722.97	4 692.98	5 005.65	5 131.79	4 790.83	5 176.71
每亩主产品已出售产值	元	2 130.74	2 291.70	2 347.20	2 248.38	1 940.21	2 295.90
商品率	%	99.83	100.00	99.99	100.00	100.00	100.00
每亩补贴收入	元						
每亩成本外支出	元	0.28	0.26	0.13	—	0.25	0.32

数据来源：国家发改委价格司，《全国农产品成本收益资料汇编》(2016)。

（二）甘蔗品种单一老化，综合性状下降

我国糖料蔗品种较为单一。自“九五”时期开始，我国从台湾引进台糖系列甘蔗品种，凭借其高产高糖的特性，台糖系列在大陆的种植面积不断扩大，与粤糖和桂糖系列一道构成了我国糖料蔗种植的三大系列。根据中国糖业协会的统计，台糖、粤糖、桂糖三大系列合计占我国甘蔗总种植面积的 90%以上，其中又以台糖系列居多，近 5 个榨季占比均在 60%以上（表 4)。造成新台糖系列“超期服役”的原因主要是由于缺少可替代的优良品种。一方面，糖料蔗外部引进渠道收窄，新台糖系列的研发地——我国台湾地区——停止了糖料蔗的育种研发，新台糖系列没有后续品种可以引进；另一方面，我国甘蔗育种推广体系滞后，而糖料蔗遗传背景十分复杂，种质资源不足，育种难度大且周期长（一个品种育种周期 10 年左右)，因此近年来虽然我国研发出了一些新品种，但是还缺少新台

糖系列的合适替代品种。

随着种植时间的延长，新台糖系列种性退化问题突出，局部蔗区表现出抗寒性差、病虫害加剧、宿根年限缩短、产量不稳定甚至下滑、糖分下降等诸多问题，种植风险加大。由于新台糖系列在我国种植面积较大，其综合性状的下降对于我国甘蔗单产和总产量的提升均将造成不利影响。

表 4 我国甘蔗品种种植比例

单位：%

榨 季	台糖系列	粤糖系列	桂糖系列
2011/2012	73.7	14.3	2.7
2012/2013	78.7	14.7	3.0
2013/2014	69.3	18.1	3.5
2014/2015	67.74	20.36	3.91
2015/2016	62.7	18.17	11.2

数据来源：中国糖业协会年报。

（三）食糖储备制度不完善，市场调节功能弱化

自食糖储备制度建立以来，其在保障市场供应、稳定市场价格等方面发挥了积极作用，但是随着国内食糖市场逐步开放，食糖储备制度的政策效果出现下降。如随着国内食糖生产成本快速上升，出现了临时收储价格高于国外食糖到岸税后价格的现象，使得临时收储的效果大打折扣；此外，储备糖制度在投放储时机的选择、政策执行效率等方面也有待改善。

储备制度是调剂国内市场余缺、稳定国内市场的重要制度，如果其“稳定器”的作用不能发挥，则会对国内食糖市场带来严重不利影响。如政策执行效率较低，则会错过市场窗口；库点分布不科学，则会增加食糖投放储的政策执行成本；投放储决策机制的不完善则容易对市场预期造成错误的引导，从而加剧市场的波动。

（四）产业链利益联结机制不健全，产业发展基础不稳固

当前，我国蔗区主要通过实行糖料蔗收购价格与蔗糖价格挂钩联动、二次结算的政策来平衡糖农与糖厂之间的利益关系，同时通过相对固定的蔗区管理来稳定甘蔗收购市场秩序。但是这套管理体系在长期运行中也显

现出一些问题：一是糖料蔗收购价格出台较晚，不能有效发挥引导甘蔗种植的引导作用，一般地，蔗区政府、行业组织会在每年 11 月公布甘蔗收购价格，而此时甘蔗已将进入砍收环节，因此对甘蔗种植面积的调控作用有限；二是蔗区管理不够完善，跨区抢收甘蔗的现象较为普遍，有的糖厂为了抢收甘蔗甚至不惜损失部分出糖率而选择提前开榨；三是履约意识不强，部分蔗农在甘蔗砍收季节会违反此前与糖厂签订的合同约定，将甘蔗出售给报价更高的制糖厂，有的制糖厂则往往通过提高扣杂率等方式降低甘蔗收购成本，损害蔗农利益。之所以出现上述问题，主要是因为违约成本低，缺少奖惩机制，糖农个体在与糖厂的博弈中处于相对弱势地位，但糖厂对违约农户也缺少管制手段，政府与行业协会的管理服务水平有待提升。

甘蔗种植是糖厂的“第一车间”，利益联结机制的缺失势必会对整个产业的发展造成不利影响。首先，其将造成制糖厂不愿增加对甘蔗种植环节的投入支持，尤其是改善耕作条件、完善基础设施等长期投入，从而不利于甘蔗种植和田间管理水平的提升，蔗农利益也将遭受损失；二是糖厂之间抢购甘蔗，势必会增加糖厂的成本支出，减少糖厂的利润空间，同时抢收甘蔗容易造成群体冲突，危害当地社会稳定。

（五）国内食糖进口规模较大，扰乱国内市场秩序

近年来，我国食糖进口量不断增加，已经跃升为世界第一大食糖进口国。食糖进口量由 2010 年的 177 万吨增加到 2015 年的 307 万吨，增幅达 73.4%（图 3）。我国食糖进口量快速增加的原因是多方面的：一方面是因为国内食糖市场产不足需，无法满足日益增加的国内需求，因此需要进口食糖弥补国内缺口，对进口食糖存在刚性需求；另一方面，由于食糖生产成本较高，国际食糖市场扭曲，造成国内外食糖价格倒挂现象严重，加之我国食糖进口关税较低，配额内进口食糖关税为 15%，配额外进口食糖关税为 50%，均远低于 97%的世界平均食糖进口关税，导致国外低价糖大量涌入国内。

食糖过量进口对国内产业发展造成了严重危害。大量国际低价糖的涌入拉低了国内食糖价格，使得国内食糖价格长期在国内制糖成本线下运行，造成国内食糖产业严重亏损，制糖厂不得不减少支农投入，糖料收购

价调低，糖农收入下滑，糖料面积大幅萎缩，食糖自给率不断降低。以2015年为例，国内食糖产业压榨能力同比下降0.12%，产量下降17.66%，开工率下降14.75个百分点，销量下降14.86%，市场份额下降9.71个百分点，劳动生产率下降11.27%，就业人数减少7.20%，广西、云南共有9家生产企业停产，国内产业受到了严重损害。

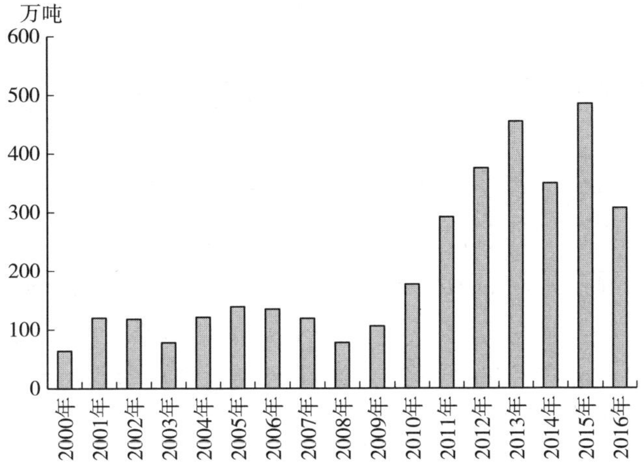

图3 中国食糖进口情况

数据来源：中国海关。

（六）政策衔接配套不够，实施效果不及预期

我国甘蔗产业链较长，包括生产、加工、流通、贸易各环节，涉及蔗农、糖厂、贸易商等多主体，因此管理部门较多，目前与糖业管理和政策执行有关的主要政府部门有国家发改委、工业和信息化部、财政部、环保部、农业部、商务部等，除了政府部门，还有中国糖业协会对制糖企业实行行业管理，华商储备商品管理中心参与国家储备糖的管理，中国农业发展银行负责国家储备糖专项资金的安排。这些部门和机构在维护国内食糖市场稳定、促进产业发展方面做出了积极努力，出台了许多产业扶持政策，但有时也会出现政策衔接度不够的问题，从而影响了政策实施效果。

管理分散、政出多门的现象对政策实施效果的影响是多方面的。一是增加了政策操作成本，由于涉及部门众多，产业扶持政策的出台与调整往往需要会商多个主管部门，经过多次讨论才能达成一个折中的方案；同时协会、糖厂等利益主体要想了解政策内容、获得政策扶持，往往需要去多个部门才能了解情况，这些都增加了政策的执行成本。二是减弱了政策执行效果。如2015/2016年度，在商务部已把进口食糖纳入自动进口许可、中国糖业协会推行行业自律的背景下，食糖进口快速增加的势头得到遏制，但是国内食糖价格仍未能达到预期水平，究其原因，主要是大量走私糖流入国内，冲击了国内市场秩序，使我国食糖贸易政策的调整效果大打折扣。

三、推进甘蔗产业供给侧结构性改革的目标与思路

作为我国四大主要农产品之一，食糖是重要的民生产品和战略物资；作为制糖主要原料的甘蔗种植集中于广西、云南等边境地区，是当地农民收入的重要来源，是政府财政税收的主要渠道。当前，我国甘蔗产业发展遭遇多种瓶颈，发展基础依然较为脆弱，推进甘蔗产业供给侧结构性改革，对于促进甘蔗产业健康发展、提升产业基础竞争力、稳定蔗农收入稳定、助力主产区脱贫攻坚均具有重要意义。

（一）甘蔗产业供给侧结构性改革的主要目标

1. 提升甘蔗产业基础竞争力

竞争力是产业存在发展的基础条件。当前，我国甘蔗产业在糖料种植、食糖加工环节与国际先进水平相比仍有较大差距，糖料收购价格与食糖生产成本均处高位，竞争力孱弱。因此，推动甘蔗产业供给侧结构性改革，要牢牢抓住“降成本”这个“牛鼻子”，通过提高甘蔗种植的规模化、机械化水平，减少人工投入，提高生产效率；通过良种良法的推广，提高甘蔗单产水平；通过更新设备、优化管理等方式改善甘蔗糖生产加工条件，降低甘蔗糖生产成本。

2. 确保主产区蔗农收入稳定

收入稳定是维护蔗农种植意愿的基础，尤其是我国甘蔗种植主要集中在广西、云南等边境地区和集中连片贫困地区，县域经济和当地农民收入对甘蔗产业高度依赖，甘蔗不仅是农民收入的主要来源，亦是确保扶贫任务按时完成的重要抓手。据统计，广西、云南蔗农人均纯收入分别是本省区农民人均纯收入的88%和64%。因此，推动甘蔗产业供给侧结构性改

革，首要目的是确保主产区蔗农收入稳定不降低。通过完善糖农与糖厂之间的利益联结机制、保证政府对甘蔗生产扶持力度、建立健全甘蔗产业风险分担与补偿机制等手段减少自然灾害和下游食糖市场波动对糖农收入的影响，保障糖农切实享受甘蔗产业发展带来的收益。

专栏 1 “甜蜜事业”助力脱贫致富

中国蔗糖看广西，广西蔗糖看崇左。广西崇左市被誉为中国“糖都”，是广西乃至全国甘蔗生产第一大市。全市原料蔗和蔗糖产量约占广西总量的1/3、全国总量的1/5。所辖7个县（市、区）均有甘蔗种植。

糖业是崇左市重要的支柱产业。2015年制糖业产值达到286.04亿元，占全市工业总产值的43.49%，蔗糖业直接提供税收10.65亿元，占全市税收总额的19.8%。

目前，崇左市甘蔗种植面积达412.7万亩，2015/2016榨季全市入厂原料蔗产量1 495.06万吨，混合产糖178.55万吨，连续13个榨季居全区全国首位；甘蔗种植涉及全市农民28.71万户132.43万人，占全市农村人口的67.7%，甘蔗种植收入约80亿元，占农民年收入的60%左右，是全市农民脱贫致富最稳定的途径。

资料来源：二次创业：崇左糖业走出转型升级新路径 [EB/OL]，崇左新闻网-左江日报，http://www.gxnews.com.cn/staticpages/20160727/newgx579845f0-15197284.shtml.

3. 保障国内食糖有效供给

当前，我国国内食糖产不足需，缺口较大，未来随着人口规模的扩大和城镇化水平的提升，国内食糖消费量将会进一步增加。因此，如何稳定国内甘蔗种植，保障国内食糖有效供给，成为推动甘蔗供给侧结构性改革的重要目标之一。2015/2016榨季我国食糖产量870万吨（其中，甘蔗糖产量785万吨），已经下滑至10年前的水平。因此，推动甘蔗产业供给侧结构性改革，一方面，应立足国内，稳定甘蔗种植面积，确保甘蔗生产加工能力，保障一定的食糖自给水平不降低；另一方面，要统筹利用好国际国内两个市场两种资源，在保证国内产业不受损害的前提下，利用国际食糖市场，调剂国内市场余缺。

（二）甘蔗产业供给侧结构性改革的基本思路

1. 坚持体制改革与机制创新

自2001年加入世界贸易组织之后，我国食糖进口关税不断降低，已经成为世界上关税水平最低、开放程度最高的食糖市场之一，国内外食糖市场联系十分紧密。这一方面为我们融入国际市场、利用国际资源创造了条件，另一方面也对我国的行业管理体制机制提出了更高要求。我国甘蔗产业链较长，涉及一、二、三产业，行业管理部门众多，政出多门的现象十分普遍。因此，为了更好地适应开放环境条件下甘蔗产业的管理问题，需要部门之间紧密配合，生产支持、进口管理等政策工具要形成合力，同时要充分利用国际贸易规则，积极参与国际贸易规则和国际标准的制定修订，为我国甘蔗产业发展创造良好的外部环境。

2. 处理好政府与市场的关系

甘蔗产业是典型的订单农业，一头连着农民，一头连着企业。作为第一产业中的重要农产品，甘蔗种植关系着广大蔗农的切身利益，需要政府予以扶持保护；作为市场经济的参与者，制糖厂则参与市场竞争，应尊重市场规律，充分发挥市场在资源配置中的决定性作用。因此，在甘蔗产业发展中要处理好政府与市场之间的关系，明确政府与市场的边界。一方面，政府应优化产业扶持政策体系，加大产业扶持力度，保障糖农收入不降低，保证行业稳定发展；另一方面，则应发挥市场机制的作用，推动制糖企业合并重组，淘汰落后产能，推动行业良性竞争。

四、深化甘蔗产业供给侧结构性改革的对策建议

当前，我国甘蔗种植成本高企，产业发展短板突出，甘蔗产业供给侧结构性问题明显。为了应对上述问题，需要结合我国甘蔗产业发展特点，深入推进供给侧结构性改革。

（一）提升甘蔗种植的机械化和规模化水平

1. 引导土地流转，加快土地整治，推进适度规模经营

第一，鼓励种植大户、家庭农场和农民专业合作社等新型农业经营主

体承包蔗地，开展规模连片种植，对规模种植给予项目倾斜。第二，加快土地整治工作，将小块分散的土地集中起来连片生产，实现甘蔗规模经营。切实落实奖补政策，有条件的地区加快推进“小块并大块”的土地整治工作。第三，加强蔗区生产建设规划，对规模化甘蔗种植区重新规划土地、修建机耕道路，为甘蔗全程机械化作业提供条件。

2. 优化农机补贴政策，发展农机作业及维修服务，加快甘蔗机械研发

第一，放宽专业机械的农业补贴范围，提高甘蔗农用机械的购机补贴额度。补贴比例在国家最高限定的基础上，可由地方政府和糖厂进行再补贴。第二，鼓励糖厂购买甘蔗机械，为本蔗区农户提供农机服务，国家优先为糖厂购买的甘蔗机械进行补贴；扩大甘蔗农机作业补贴的范围和实施强度。第三，充分利用国家科技支撑计划以及甘蔗产业技术体系等公益性农业行业科技项目和地方科研项目，建立稳定的投入机制，加快研发适用于坡地生产的小型甘蔗机械。

专栏 2　四部委联合推进广西甘蔗实现全程机械化

2017 年 6 月，农业部、国家发改委、财政部、工信部联合制定并印发《推进广西甘蔗生产全程机械化行动方案（2017—2020 年）》（以下简称《行动方案》），统筹推进广西甘蔗生产机械化加快发展，提升蔗糖业发展的质量效益和市场竞争力。

《行动方案》明确到 2020/2021 榨季，广西 500 万亩“双高”基地糖料蔗生产综合机械化水平将达到 80%，其中机耕、机种、机收水平分别达到 98%、85%、50%。机械化中耕培土水平达到 70%。带动蔗区收获机械化率提高到 16%。

《行动方案》提出要实施土地整治推进行动、机具研发供给行动、农机农艺融合推进行动、榨糖企业前处理工艺改造行动、重大技术推广行动等“五大行动”，制定了目标任务落实计划表，将任务分解到不同单位，并明确了年度任务指标或实施措施，以实现机械化发展目标。

（二）加大甘蔗良种研发和推广力度

1. 加大资金支持力度，加强良种繁育体系建设

建议国家加大对各级科研院所种质创新、优新品种选育的资金支持力度。设立育种专项基金，保证科研经费的持续稳定投入，鼓励科研人员积极地投入到种质创新、优良新品种选育和引进工作中去。同时广泛开展国际与国内糖料蔗良种选（繁）育合作，引入境内外资金、技术、人才和优良品种，争取尽快筛选培育出能替代新台糖22号的新品种。对于推广效果较好的新品种，要对其科研成果及科研人员进行奖励，确保劳有所得，提高科研人员的育种积极性。

建议国家采取中央财政支持和地方财政配套的投资模式，加强繁育基地建设。支持广西加大育种基地和甘蔗种质资源圃建设力度；支持建设甘蔗种子种苗及品质检测中心，加强甘蔗种苗质量监管能力建设；支持广西各地建立引（育）筛选、试验示范、综合鉴定、繁育推广、技术培训、辐射带动等多功能配套的糖料蔗良种繁育基地。通过良种繁育基地进行试验示范、技术培训，辐射带动蔗农推广应用新品种。

2. 开展技术培训服务，促进新品种推广应用

建议围绕基地建设，支持甘蔗主产区建立和完善糖料蔗良种与新技术推广服务机构，在良种推广过程中开展相应的技术培训服务，促进糖料蔗生产良种、良法的全面推广。服务主体可以有四种形式：一是基层科技推广部门。相比其他技术服务主体，政府的基层科技推广部门更容易获得蔗农的信任，开展技术服务相对容易；二是糖厂。糖料蔗作为糖厂的唯一原料，糖厂的技术服务最能产生直接效果，因此重点要调动糖厂参与良种推广的积极性；三是科研院所和繁种企业。作为新品种的提供者，最了解品种种性，最能为蔗农提供详尽准确的技术指导；四是专业合作社，要求基层核心人员熟练掌握种苗管理技术。在运作过程中可以做到统一培训、统一示范展示、统一市场推广价格、统一宣传模式、统一精细制种方法、统一社员服务。地方政府要加大对合作社的监管，让农民信任合作社，充分发挥合作社的作用。

（三）完善国家食糖储备制度

合理确定储备糖规模。应明确储备糖政策目标，重点发挥储备制度在调剂市场余缺、稳定价格方面的作用，并根据我国食糖供需情况设定合理的储备规模。当前，我国食糖储备规模依然较大，且由于收储价格较高，为食糖抛储带来困难。因此，应在保证市场稳定的前提下，在国内食糖价格高位运行、国内食糖供给偏紧的时候投放储备食糖，以减轻库存压力和国家财政负担。

完善投放储决策机制。建立专家决策委员会，科学研判市场走势，根据市场价格、供需情况等科学确定投放储时间窗口。食糖市场化程度较高，且影响因素众多，价格波动较大，且我国食糖市场开放程度较高，与国际市场紧密相关。因此，食糖投放储要加强对国内外市场走势的研判分析，不能仅仅关注国内市场供需的变化。同时要加强对食糖储备政策绩效的评估，分析投放储与市场走势之间的关系，以更好地确定食糖投放储时点。

健全储备糖内部管理制度。建立储备糖轮库机制，合理确定库点分布；简化投放储流程，提高政策执行效率；处理好中央储备糖和地方储备糖之间的关系，发挥二者合力；合理确定原糖和成品糖在储备糖中的结构比重。

（四）完善产业链利益联结机制

规范蔗区管理。政府、行业组织应根据区域内压榨能力划分相对固定的蔗区，按照“谁投资、谁受益”的原则，保障糖厂对蔗区内甘蔗原料的收购权，防范甘蔗外流，维护正常的市场秩序。

积极发展农民合作经济组织。引导蔗农参加合作社，充分发挥专业合作社等在农户与糖厂之间的协调作用，减少交易成本，平衡糖厂与农户之间的利益关系。一方面指导蔗农的甘蔗种植，提高生产管理水平；另一方面及时向糖厂反映农户诉求，保护农民利益。

建立和完善监督约束机制。国家有关部门对糖料蔗收购合同纳入法律化管理，确保合同内容的规范、公平。加强宣传引导，提高糖厂和蔗农的履约意识。同时加大对违约行为的监督，一方面要防止糖厂“打白条”，监督糖厂按时足额支付糖料收购款，同时提高其收购环节的科学性，杜绝恶意损害蔗农利益；另一方面要保障糖厂的合法收购权利，加大对扰乱蔗区正常收购秩序企业的处罚力度，防止抢甘蔗行为发生，同时要引导督促蔗农认真履行合同约定。

（五）合理调控食糖进口数量和节奏

合理调控食糖进口。食糖作为我国重要农产品和战略物资，必须本着基本自给的精神，坚持“以国产糖自给为主，进口糖补充不足”的原则，加强进口关税配额管理，充分利用好行业自律、自动进口许可、贸易救济等贸易政策和手段，控制我国食糖进口规模，把握好食糖进口节奏。

严厉打击食糖走私。目前，针对西南边境和东南沿海地区食糖走私抬头迹象，要加强对非设关地走私的缉私力度，实行地方政府责任制；在广西、云南等主产糖省区加强边防、公安、铁路、质检等部门的联合执法工作；加大对销售、使用走私糖企业的处罚力度。

专栏3 实施保障措施 保护产业发展

2016年7月27日，广西糖业协会代表国内食糖产业，正式向商务部提起对进口食糖产品发起保障措施调查的申请；2016年9月22日，商务部发布立案公告，决定对进口食糖产品发起保障措施调查；2017年3月17日，商务部发布公告，宣布由于情况较为特殊和复杂，将对进口食糖进行保障措施调查期延长2个月，即在2017年5月22日前结束；2017年5月22日，商务部发布《关于对进口食糖采取保障措施的公告》（2017年第26号），国务院关税税则委员会根据商务部的建议作出决定，自2017年5月22日起，对进口食糖产品实施保障措施。

保障措施采取对关税配额外进口食糖征收保障措施关税的方式，实施期限为3年，自2017年5月22日至2020年5月21日，实施期间措施逐步放宽。2017年5月22日至2018年5月21日，保障措施关税税率为45%；2018年5月22日至2019年5月21日，保障措施关税税率为40%；2019年5月22日至2020年5月21日，保障措施关税税率为35%。保障措施的出台，提高了食糖进口成本，对于国内食糖产业去库存、保护产业稳定发展具有积极作用。

（六）加强产业扶持政策衔接配套

加强政策调研，完善制度供给。要强化对国内外食糖市场形势的监测分析，对市场运行中出现的潜在性、苗头性、倾向性问题加强研判，并制定政策工具箱，做好各种情况的应对工作；在政策执行过程中要善于听取和归纳各方意见，及时调整政策，保证政策“落地”；要适时开展对政策执行效果的评估，不断修订和完善政策。

专栏4　广西试点糖料蔗价格指数保险

2015年，广西壮族自治区开展糖料蔗价格指数保险试点，探索建立糖料蔗产业风险保障机制，应对糖价波动对糖料蔗市场价格冲击，稳定蔗农生产预期。

（一）试点时间

糖料蔗价格指数保险从2015/2016榨季起开展试点，试点期限1年。

（二）试点范围

2015/2016榨季糖料蔗价格指数保险在南宁市武鸣区、来宾市武宣县、崇左市扶绥县和自治区农垦局“双高”糖料蔗基地开展试点工作。试点面积40万亩，其中武鸣县5万亩、扶绥县12万亩、武宣县3万亩、自治区农垦局20万亩。

（三）保险对象

种植糖料蔗的农户、农业生产经营组织、企业。

（四）试点内容

糖料蔗价格指数保险按亩投保，保险费每亩180元。保险费由自治区补贴80%、糖厂补贴10%、投保人自行承担10%。

（五）保险责任

1. 对蔗农的保险赔付。以白糖平均销售价格为基准，保险公司根据在保险期间内实际白糖平均销售价格水平，给予蔗农赔款补偿。

（1）当白糖平均销售价在 5 500 元/吨（不含）以下时，每亩糖料蔗赔偿 18 元。

（2）当白糖平均销售价达到 5 500 元/吨（含）以上时，每上涨 100 元，每亩糖料蔗赔付金额增加 30 元，每亩糖料蔗最高赔付金额不超过 90 元。

2. 对糖厂的补偿。根据“白糖平均销售价格下降，糖料蔗收购价也相应下降”的补偿原则，当白糖平均销售价低于 5 400 元/吨（不含）时，白糖平均销售价每下降 100 元，每亩糖料蔗补偿金额增加 30 元，下不封底。该部分补偿金额由保险公司根据合同的约定补偿给糖厂。

明确职能范围，优化管理体系。要按照中央体制改革的总体要求和产业发展的规律特点，加强顶层设计，对现有行政管理职能进行系统梳理，并将管理权限适当集中，加快形成边界清晰、分工合理、权责一致、运转高效、依法保障的政府职能体系；要发挥市场在资源配置中的决定性作用，逐步减小政府在良种研发、机械制造等市场机制能够良好发挥的领域的介入，做好服务工作；发挥行业组织在政府与企业间的桥梁作用，引导制糖企业公平竞争、守法经营。